组织心理学

Organizational Psychology

[美] 埃德加·沙因（Edgar H. Schein）- 著

马红宇　王斌 - 译

第三版

中国人民大学出版社
·北京·

推荐序一

研究人员和企业管理者的必读经典

心理学与工业领域的结合应该追溯到20世纪初期闵斯特伯格所开创的工业心理学研究与应用探索。经过一个多世纪的变迁，心理学所积累的理论研究和实践应用成果在推动社会进步、经济发展的过程中，扮演了重要的角色，作为一个相关学科，组织心理学也在这种结合中得以形成和发展。

今天，人们对组织心理学的一些重要概念，如人性假设、领导行为、组织文化和组织变革等，早已耳熟能详，但是，对于卓有成就的组织心理学家、本书作者埃德加·沙因在这方面的重要建树，可能了解甚少。大家知道，在2002年麻省理工学院（MIT）斯隆管理学院成立50周年的庆祝大会上，著名校友、时任联合国秘书长科菲·安南（1972年毕业于该学院）受邀致辞，他特别提到自己的老师埃德加·沙因的名字。安南回忆说，自己在联合国非洲事务管理中，特别是处理众多的文化融合的棘手问题时，曾多次回斯隆管理学院面见沙因教授。在寻求咨询和指导后,很多问题迎刃而解。

作为组织心理学领域的重要开创者,沙因教授著述颇丰,迄今已经发表了数十篇文章,出版了十多本专著,他的不少著作,如《组织文化与领导力》《组织心理学》《员工精神》等,已经成为研究人员和企业管理者必读的经典著作。1965年出版的《组织心理学》是沙因撰写的第一部学术专著,该书先后在1970年、1980年再版,广受读者欢迎,目前已经被译成法语、德语、意大利语、西班牙语、瑞典语、葡萄牙语、芬兰语、荷兰语、日语、马来西亚语等多种语言,影响遍及全球,始终畅销。

《组织心理学》共分为五个部分,分别从个体与组织、动机与人性假设、领导力与参与性、组织中的群体、组织结构与动力学等方面来介绍。作者引用大量的材料,展示了组织心理学领域最重要的概念和研究成果,其基本线索是,从个体层面到整体层面,从组织中的员工到领导,从人的普遍动机、复杂的人性到难以分析的"领导心理",再到组织中的群体,从各个不同角度剖析作为组织的心理行为。在对各种理论的探讨中,作者始终保持了一条"故事主线",围绕一些关键主题或概念来进行,如人性的管理学假设,心理契约,如何从动态的、开放的、应对性的和发展的系统角度来看待组织中的心理学问题。最后,作者还就怎样提高组织的效能和保障组织健康、应对组织变革提出了很有价值的建议。仔细阅读此书,能够感受到作者写作时逻辑严密、语言精练、论述深入浅出,如作者在第2章引用了"花衣魔笛手"的典故来剖析领导者的"超凡魅力"的重要性,不仅恰如其分,而且生动形象,便于理解。此外,作者还对不同的职业生涯发展理论提出了自己的分析和见解，对人性的复杂性的一些观点以及实现有效组织应对的必备条件等进行了详细的论述，这些观点和建议对于正经历快速变化的中国研究者和企业管理者具有重要的参考价值。

本书的译者马红宇、王斌夫妇均为中国科学院心理研究所的博士后研究人员，目前已经成为华中师范大学组织行为学的学术带头人。我在阅读译稿的过程中，能够体会到两位译者不仅忠实于原著，而且对书中的许多典故和专业术语进行了准确的注释，使得原著在中文背景下得到更好的展示，对此，我为译者的严谨感到欣慰。相信这也是沙因教授希望看到的。

回顾组织行为学（或称管理心理学、组织心理学），从1978年我的导师徐联仓研究员以及凌文铨教授在《光明日报》首度发表关于我国员工满意度的调查结果至今，我国的组织心理学经历了三个阶段：引进国外成果、结合利用改进和独特性探索。虽然取得了不小的进步和发展，但与我国经济发展的客观需求相比，还是显得滞后，不能完全满足实践的需求。究其原因，我国的社会经济发展走的是一条独特的道路，我国有独特的文化背景和管理制度。我们面对的是一个快速变化的世界，因此，需要做更为深入、持久的科学研究和实践探索，就此而言，借鉴和学习是必要的，但不能照搬。这也是我向中国读者慎重推荐沙因所著的《组织心理学》的原因所在，相信大家阅读后会受益匪浅。

时勘
中国社会心理学会原副会长
中国科学院研究生院社会与组织行为研究中心原主任

推荐序二

管理思想史上的重要篇章

20世纪五六十年代,随着管理学术界行为学派的出现,心理学以前所未有的规模向企业管理更广更深的领域渗透和扩展,并且综合运用了跨学科的方法,来研究组织尤其是工商企业组织中的行为问题。该学科无论从研究范围上还是从研究方法上,都已经大大突破了传统心理学的界限,成为一个崭新的知识领域。作为现代管理科学体系中的一个重要组成部分,同时也是现代管理教育与培训中一门不可或缺的重要课程,组织心理学已受到管理学界的普遍关注。

数十年来研究组织心理学的有关书籍与文献汗牛充栋,埃德加·沙因的《组织心理学》当属其中最具影响力的名作之一。埃德加·沙因博士,对于比较关注管理学或者管理心理学的中国人来说并不陌生。沙因在组织心理学和组织文化领域有着卓越的研究和建树,被誉为组织文化和组织心理学领域的开创者和奠基人。

人们在《哈佛商业评论》《华尔街日报》《金融时报》等报刊上经常能够读到他深具影响力的文章。

作为管理学领域的经典著作之一，埃德加·沙因的《组织心理学》被美国许多知名大学列为 MBA 课程的重要参考书目，并且对现实管理工作有很强的指导意义。从 1965 年的第一版，经过 1970 年的再版，再到这本第三版，可以说《组织心理学》的出版伴随并见证了组织心理学这一学科兴起、发展和成熟的各个阶段。本书提出的四种人性假设，即理性-经济人假设、社会人假设、自我实现人假设、复杂人性假设，是管理思想史上的一个重要篇章，时至今日仍被广泛引用，奉为经典。

《组织心理学》第三版在保留第一版中的一些基本观点的基础上，在内容上作了相当彻底的更新。本书以组织心理学领域的一些关键主题与概念为主线，引用与介绍了丰富的新材料与新观点，吸收和反映了大量最新研究成果，全面地展现了组织心理学领域突飞猛进的发展，内容精辟、发人深省。因而本书不仅被许多国外大学选作相关专业的教科书或必读参考书，而且因其具有普及性专著的特点，所以也被广大管理实践人员用作自学读物，广受欢迎。它已被翻译成多国语言，传播到世界各地。很荣幸能为这样一本经典著作在中国的传播作推荐序，相信会有越来越多的中国读者从本书中受到更多的教益。

赵曙明

南京大学商学院名誉院长、教授、博士生导师

推荐序三

组织管理的真知灼见

欣闻《组织心理学》第三版将推出中文版，很是兴奋。这本奠基之作，已经成为全球组织管理的经典著作，也是著名管理学家和心理学家沙因的代表作之一。

埃德加·沙因，1928年出生于美国，在芝加哥大学获得学士学位；1949年在斯坦福大学获得心理学硕士学位；1952年获得哈佛大学社会心理学博士学位，毕业后先在美国军事科学院从事研究工作；1956年起，加盟麻省理工学院斯隆管理学院；1964年晋升为组织心理学教授，先后担任本科生教学主任、组织研究系主任、斯隆管理学院教授。

沙因一直从事教学、科研和咨询工作，是一位多产的学者、作家、教师和咨询顾问。他在专业学术期刊上发表了数十篇文章，著书十多部，其研究专题包括组织心理学、职业动力、组织文化与领导力、过程咨询等等。其中《组织心理学》是组织心理学领域的奠基之作，这本集教科书与专著于一身的著作，结构严谨、内容翔实、论述清晰、语言精练，是同类教科书中最受欢迎的作品之一。正如作者自己在本书第三版前言中所说，20世纪60年代时，组织心理学还是一个"新兴且不断变化的"领域。沙因正是抓住了当时学术界的兴奋点，并凭借自己的思维体系，为这个学科勾画了至今仍具有指导意义的理论框架。细心的读者不难发现，今天的组织行为学，无论是内容还是结构，都没有超越沙因当年勾画的这个框架。

沙因的第二个重要研究领域是组织文化。他率先提出了组织文化本质的概念，对组织文化的构成要素进行了系统分析，并对文化的形成过程提出了独特见解。他对组织文化的五个维度的界定，为后来的组织文化研究奠定了重要的概念基础。

沙因的第三个研究领域是职业生涯管理，他对于职业动力的研究，为组织管理开辟了一个全新的领域。

沙因为多家世界著名的企业和机构提供管理咨询，其专长集中在组织文化、组织发展、职业动力等方面。他先后在数字设备公司（DEC）、苹果、花旗银行、宝洁、萨博、摩托罗拉、惠普、埃克森、壳牌、英国石油、新加坡经济发展局、国际原子能机构担任管理顾问或提供管理咨询。

沙因获得了很多殊荣，包括"职场学习与绩效"终身成就奖（美国培训经理学会，2000年）、学术生涯奖（美国管理学会职业生涯管理分会，2000年）、高级管理人员领导力开发奖（波士顿大学管理学院，2002年）。

现在的这个版本翻译自第三版，其中所介绍的概念、观点、理论，乃至全书的结构，都具有与时俱进的新意，相信读者会从中发现针对当今中国组织管理的真知灼见。

是为序。

孙健敏

中国人民大学劳动人事学院教授

北京社会心理学会副理事长

中文版序

我非常高兴能够为中国读者撰写此序。

我写作本书的初衷是希望对组织心理学进行梳理和介绍，以便给学生和管理者提供能够运用于他们自身组织的一些模型和基本原理。过去，大多数心理学只关注个体选拔。而今，我们必须要考虑群体、群际关系、领导力、组织设计，以及最重要的组织创新、发展和变革问题。

虽然这一领域已经得到了长足发展，新的研究成果不断涌现，但是我在本书中所描述的那些基本概念仍然是思考组织与领导力的有效方式。特别是所描述的组织发展和变革过程模型，这部分内容即使在今天，仍然非常实用。

我希望中国的读者朋友们能够从本书中获得一些启示。中国正处于快速发展的阶段，管理组织的能力是要发展的核心能力之一，这种能力必须增强。

埃德加·沙因

前言

当我在 1965 年撰写《组织心理学》的第一版时，我评论这个领域是"新兴且不断变化的"。在 1970 年本书第二版的前言中，我称这个领域"仍处于形成的过程中"。历时三年写作第三版后，我才得出"组织心理学这一领域已经形成了"这一结论。纵观现有组织行为学、管理心理学和工业与组织心理学方面教科书的数量，《心理学年鉴》(*Annual Review of Psychology*) 和《社会学年鉴》(*Annual Review of Sociology*) 上综述文章的数量，以及有关组织中人的行为的研究报告的绝对数量，所有这些汇集在一起，不能不称作是本领域的一次爆炸。而且，这种爆炸不仅发生在学术领域，各商学院中针对组织"科学"各领域的课程开始迅速增多；在实践领域也出现了类似情境，大量公共组织和私营组织利用内部和外部顾问来解决组织中的各种心理和人性问题。

这种领域性的爆炸引发了构建《组织心理学》第三版的某些现实问题。由于组织心理学领域的重点已经发生了变化，仅对之前版本进行简单修订和更新是不合适的。这一领域较以往更具跨学科性；组织理论已有了新的发展，这使得更具建设性地探讨组织结构与设计问题成为可能；某些主题，诸如领导力，已颇受关注，我不可能再在其他概念背景下对这些主题展开讨论。我尝试去做的是：从先前版本中保留那些对我而言仍有助于构建与理解本领域的组织概念。虽然在我看来"组织心理学"这个名称仍是适宜的,但是为了反映本领域日益增强的跨学科性,在本次修订中我还是注入了一种明确的发展的社会学观点。此外,我增加了大量的新素材,力求展示最重要的新概念和新研究成果。我还试图保持一条"故事主线",因为我相信组织心理学领域的构建仍旧需要围绕一些关键主题或概念来进行,这些主题或概念包括:(1)人性的管理学假设;(2)心理契约;(3)作为一个动态性、开放性、应对性和发展性系统的组织。

我也意识到自己难免会有很多遗漏,有些是出于我自己的选择,而更多的是由于我实在无法跟上本领域的急剧变化。在本书的开始,我就要为自己无意的遗漏向本领域的同行们致歉。此版本的篇幅比前两版大得多,但我仍试图只在本领域著述,而不是像一本全面的教科书那样覆盖方方面面。

在完成此书的过程中,许多人以对原稿各部分提意见的方式,帮助我思考并改进原稿。在此,我要特别感谢我的同事约翰·范·马南、洛特·贝林、拉尔夫·卡兹、迪克·贝克哈德和吉姆·迪瑞克,他们给予我不断的启迪,并为本书部分章节提供了具体的帮助。我十分感谢为出版社审校本书原稿的教授们,他们是弗吉尼亚理工学院的伯纳姆、乔治·华盛顿大学的戈登·利皮特、密歇根州立大学的约翰·沃克利、纽约州立大学水牛城分校的罗伯特·赖斯、加利福尼亚大学洛杉矶分校的比尔·麦克尔维、东北大学的马修·阿内特、南加州大学的史蒂夫·克尔和南卫理公会大学的约翰·斯洛克姆,他们对我个人理解受限之处提供了非常诚恳、详细而有益的反馈和进一步完善的建议。还有普林蒂斯-霍尔出版公司（Prentice-Hall）的理查德·吉塞克和约翰·埃里，我必须向他们致谢，在修订过程中，有很多次我想放弃修订时，是他们给予我不断的支持与鼓励。

我的妻子玛丽帮助我进行了编辑和校对，我的秘书布伦达·韦努蒂负责将手稿汇总，谢丽尔·芬尼西用打字机将书稿打出来。谨向她们表示我的谢意。

埃德加·沙因

目录

第一部分 个体与组织

第1章 组织心理学的领域 / 003

组织心理学的多维视角 / 004
本领域的发展 / 006
系统论和发展观的推进作用 / 010
本书计划 / 013

第2章 组织中有关人的问题 / 015

组织是什么 / 016
组织的初步定义 / 019
正式组织的模型 / 022
组织是怎样创建的 / 025
招募、选拔、培训、社会化与岗位安置 / 026
利用与管理人力资源 / 029
组织各部分之间的协调与整合 / 039
组织效能、生存和发展 / 043
小 结 / 046

第二部分　动机与人性假设

第 3 章　人性，为什么难以捉摸　/ 051

生物学谬论　/ 052

社会 / 情境观　/ 055

发展观　/ 057

组织观　/ 058

权变论　/ 063

小　结　/ 064

第 4 章　人性的管理学假设　/ 065

引　言　/ 066

理性 – 经济人假设　/ 069

社会人假设　/ 073

自我实现人假设　/ 089

小　结　/ 096

第 5 章　动机的发展观和情境观　/ 097

引　言　/ 097

人性的生物性起源　/ 098

社会化和早期发展的影响 / 100

职业选择和职业生涯发展 / 104

基本需要理论的回顾 / 114

工作价值和工作维度 / 117

小　结 / 123

第 6 章　人性的复杂性 / 124

权变论——对管理的启示 / 126

复杂人性假设的证据 / 127

正确看待动机和心理契约 / 131

第三部分　领导力与参与性

第 7 章　为什么分析领导力那么难 / 139

问题 1：确定谁是"领导者" / 139

问题 2："领导力"的范围是什么 / 141

问题 3：文化情境是什么 / 142

问题 4：任务是什么 / 145

问题 5：领导者与下属之间的发展阶段如何 / 146

分析领导力的诊断性框架 / 148

第 8 章　领导力理论和参与性　/ 150

注重领导者：菲德勒的领导者匹配理论　/ 150
注重任务/情境：弗洛姆的权变理论　/ 155
注重下属：赫塞和布兰查德的情境领导理论　/ 162
注重领导者行为：阿吉里斯的模型Ⅰ和模型Ⅱ　/ 166
总结1：任务取向与人员取向　/ 172
总结2：专制、协商、参与和授权　/ 174
作为一系列职能分配的领导力　/ 175
决策领域：任务本身、交互情境和组织政策　/ 178
小　结　/ 183

第四部分　组织中的群体

第 9 章　群体的结构与功能　/ 188

群体的定义　/ 188
组织中的群体类型　/ 189
群体所履行的功能　/ 193
影响群体中组织目标与个人需要整合的因素　/ 198
何时不用群体　/ 215
小　结　/ 221

第 10 章　组织中的群际问题 / 222

群际竞争的某些后果 / 223

减少群际竞争的消极后果 / 227

预防群际冲突 / 232

对整合问题的展望 / 233

第五部分　组织结构与动力学

第 11 章　作为复杂开放系统的组织 / 239

引　言 / 239

早期的系统模型 / 243

交叠群体、角色组和联盟式组织 / 251

新结构主义者——构建正式组织理论的新尝试 / 256

小　结 / 270

第 12 章　作为动态性、发展性系统的组织 / 272

组织的动态性模型 / 273

关于"组织"的重新定义 / 289

第 13 章　提高组织效能　/ 291

组织效能是什么　/ 291

组织应对　/ 295

组织变革和发展　/ 302

结论：有效应对的组织条件　/ 314

译后记　/ 320

第一部分

个体与组织

第 1 章和第 2 章主要是对组织心理学领域进行总体介绍。第 1 章对这一领域进行了历史回顾，该领域发展到现在，不断引入新的视角，但仍坚持把心理学作为取向。第 2 章呈现了有关组织中人性（心理的）问题的相当完整的综述。这些问题共同揭示了组织自身与其成员之间一系列复杂的交互关系。

第1章
组织心理学的领域

心理学的研究领域总是围绕着一系列涉及人的问题而逐步发展起来。这些问题可能首先关注的是那些正试图解决某些紧迫问题的实践者,例如,教师、家长或者管理者;或许,这些问题在某种程度上偏离了实践应用而仅代表纯粹的科学思考。直到有了相应的概念模型、理论基础以及收集、分析有关数据的研究方法以后,这一领域才得以发展。当我们既找到了自己的兴趣点,又有了研究它的方法时,就意味着我们开启了一个全新的"领域"。

在最近的15～20年中,组织心理学经历了相当大的变化,这些变化反映了关于各种问题的理论与研究的巨大发展,这些问题的范围从个人层面的员工动机、生产率、士气,到组织层面的如何管理大型的跨国公司，以及如何有效管理诸如企业和政府部门这类组织之间的冲突。组织心理学已经逐渐发展为一个跨学科的领域，反映了心理学家、社会学家、人类学家、政治学家、系统理论家以及其他人士对致力于理解组织现象的日益增强的兴趣。尽管仍旧沿用"组织心理学"（organizational psychology）这一名称，但是本书在详细介绍相关主题时会采用跨学科的视角，而不仅仅局限于心理学这种单一学科的框架。

组织心理学的多维视角

如何在有组织的活动中有效利用人力，一直是社会生活中的一个紧迫问题。古埃及法老修建金字塔时所面临的问题，与今天的企业经营者或者大学校长所面临的问题基本上是相似的。他们都必须清楚地意识到：（1）自己想要达成的基本目标是什么；（2）怎样去组织相关工作以实现所选定的目标；（3）怎样进行招募、培训、协调，以及怎样对人力资源（员工和管理者）进行有效管理以完成工作；（4）怎样去创造工作条件、设置奖惩体系，以确保员工和管理者都能保持高效率和足够的士气，从而在长时间内维持组织的有效性；（5）怎样对组织进行变革，以应对组织自身内部及外部环境中技术和社会变革所带来的压力；（6）怎样应对外部竞争与其他力量，这些力量来自其他组织，来自工会这样的组织内部，来自管理机构，来自其自身"发展中的困难"。自古以来，政治家、管理者、政府官员以及其他领导者都不得不去面对和设法解决上述或者其他存在于组织中的问题。

至少可以从两个关键性视角来看待上述与组织有关的问题。（1）员工个体视角：我们知道，在现代社会中绝大多数人会在某种形式的组织中度过自己有生之年的大部分时光，他们对组织存有依赖，并将其看成工作、日常生计、群体归属感、身份认同、社会交往以及基本生活方式等的主要来源。（2）组织管理者视角：管理者为了组织的利益工作，制定政策，做出决策，以影响大多数员工的日常工作，最终影响整个组织的命运。可以将这一视角看成"组织的"视角，但并不能据此理解为组织是作为一个抽象的实体在运行。相反，它的活动正是通过某些承担关键管理或者领导角色的核心成员实实在在的个人行为来实现的。

还有第三种视角——组织的产品和服务的消费者视角，这一视角在本书中并未受到太多的关注，但它正变得越来越重要。基于我们所承担的角色，作为顾客、公民、学生、病人，有时甚至是受害者，我们在理解和影响组织如何运行以及它们怎样制定决策的过程中发挥重要的作用。消费者权益保护运动、环境保护主义、尊重雇员的民主权利等活动均是致力于保护个体免受各种组织的不当利用。

我写本书的意图在于提供一些概念、一些精选的研究结果和理论观点，从而帮助读者从个体和组织两种视角去分析组织问题。

本领域的发展

当理论和研究方法逐渐能使心理学家对组织中的个体问题进行建设性思考,并且通过经验研究检验其想法时,他们对组织心理学的兴趣便增加了。其中的一个首要问题就是如何对员工进行评价和选拔。工业心理学家最早的成功探索也正是与招聘测验有关,他们致力于帮助军队或者大型工业企业之类的组织改进人员的选拔方法。通过测量组织所要求的新成员应具备的个体特征,组织的人员选拔工作变得更加科学。

通过这些更加科学和系统的员工选拔方法,心理学家很快发现,在致力于使工作设计和组织流程更加有序的尝试中,他们越来越接近组织问题。工业心理学家发现他们自身正在和工程师们密切合作分析各种工作的基本特征,目的是使每一名员工在以下领域均达到最优:(1)员工的个人能力和局限性;(2)员工之间的相互合作与协同工作;(3)组织的整体效能。为了探讨表现优秀的员工在实践中怎样胜任工作,"时间-动作研究"①(time-and-motion study)得以实施,心理学家还开展了"工作分析"(job analyses)对工作进行标准化,进而帮助管理者更好地选拔和培训员工。物理环境、噪声水平、疲劳、单调乏味程度以及其他的工作伴随状况也得以研究,以确定它们对工作质量和效率产生的影响。

---

① 指在估计工业生产率的时候,分析完成一项工作或一系列工作的不同动作所需要的时间。——译者

随着对员工的研究，心理学家开始清楚地意识到，组织设置的奖惩体系对员工效能有非常重要的影响。心理学家也就开始对作为激励和学习条件的工资或晋升之类的奖赏以及训斥之类的惩罚，表现出浓厚的兴趣。研究人类和动物学习的长期传统，使得心理学家将众多已经在学习实验中研究过的假设在组织情境中进行重新定义和检验成为可能。这样一来，管理部门所采用的各种激励模式也就成为工业心理学家关注的另一个重点。

在对员工动机深入研究的过程中发现，员工彼此之间的关系对生产力和士气发挥的作用比先前预想的大。例如，人们努力工作的程度，与能够拿到多少报酬或者上司驱使他们工作的努力程度相比，可能更多地依赖于同事的努力程度。越来越清晰的事实是，每一个组织内部都存在许多小群体，这些小群体对于其将要完成的工作类型和数量都有自己的规范。对管理部门进行重新审视的时候，心理学家还发现在管理部门中存在着基于管理者职能、级别或地理位置的小群体。在有些情况下，组织内部的不同群体，如生产部门和销售部门之间会相互竞争，以至于不仅降低了部门自身的效能，还会削弱组织作为一个整体的效能。

正是对员工动机、激励体系、人事政策以及群际关系的研究，使得组织作为一个整体的系统首次成为人们关注的中心。心理学家开始认识到，对于个体成员而言，无论是员工还是管理者，组织作为一个整体，都是以一个他们会对其做出反应的心理实体而存在的。员工的工作质量和数量与组织作为一个整体的形象相关，而不仅仅与当前的工作特征或者金钱激励有关。此外，人们还认识到，员工个体并不是孤立地和组织发生联系，而通常是被整合在各类群体当中，这些群体彼此之间具有合作、竞争或中立的关系模式，这种认识已经引发当前人们对工作生活质量（quality of working life）的高度关注。换句话说，心理学家对组织中的个体行为研究得越深入，就会发现越来越多的证据表明组织是一个非常复杂的社会系统，要想真正理解个体的行为就必须对整个组织系统进行研究。正是这一发现，促成了组织心理学作为一门独立学科的出现。

现在，让我重申一下这一观点，因为它已经并将继续成为这门学科的主题。作为一个独立领域的组织心理学，是与这一认识紧密联系在一起的，即"组织是复杂的社会系统"，一个人可能提出的几乎所有关于组织中个体行为决定因素的问题都需要从整个社会系统的角度去理解。20世纪20年代、30年代或者40年代的工业心理学家与今天的组织心理学家之间的不同主要体现在两方面。首先，有关招聘、测验、选拔、培训、工作分析、激励以及工作条件等传统问题，在今天的组织心理学家看来都是相互关联且与整个组织系统紧密联系的。其次，组织心理学家开始关注一系列基于组织系统特征的新问题。与其说这些问题涉及个体行为，不如说更多地关注群体、子系统甚至是整个组织在对内部、外部刺激进行反应时所表现出的行为。传统的工业心理学家或是没有考虑诸如此类的问题，或是由于缺乏必要的理论和相应的研究工具而无法科学地研究。

下面两个例子将突出传统问题与组织心理学正在解决的"新"问题之间的不同。首先，如果有一种迅猛发展的科学技术，要求组织拥有很强的适应能力，那么怎样才能创造好的内部环境，使所有的组织成员都可以在自身独特的能力方面获得成长？其中一个潜在假设就是，如果没有员工个人的成长，那么组织也将无法有效地应对不可预期的外部环境的变化。

其次，应该怎样去设计组织，以培植倾向于在组织内发展的各种子群体之间的最佳关系？例如，怎样把破坏性的群际竞争转变为建设性的群际合作？这背后的潜在假设是，群际合作不仅与整体组织效能（organizational effectiveness）有关，还与员工个体的生产力和士气有关。这类问题表明，施加在员工个体上的心理力量与他们所隶属的群体或者整个组织所发生的情况息息相关。

近年来，其他一些来自系统动力学和发展理论的观念开始对组织心理学进行塑造。这两种观念均认为没有哪种系统是静止不变的，更确切地说，任何系统都在不断发展变化以应对来自内、外部的各种力量。依据个体发展的观点，一个人在 20 岁和 40 岁的时候所面对的问题是截然不同的。在每一个年龄阶段，在退休时以及在老年期，人们对于生活意义的问题、工作和家庭之间如何关联的复杂问题、追求什么以及如何衡量成功的问题，看法都是不一样的。近年来，对于个体在其整个生命历程中的发展已经进行了大量的研究。显然，这种发展的观点对于一个人能否理解组织是怎样运行的至关重要。

与此同时，人们对大型系统如何随着时间变化、成长和发展，以及这些发展变化可能给组织内部运行带来什么影响的理解也在不断深入。例如，与那些由职业经理人管理的大型跨国公司或者政治家掌管的政府机关相比，一家由创始人管理的新成立的公司所面对的组织内部问题完全不同。尽管目前还没有确定，组织是否通过类似于生物有机体那样的"阶段"来发展，但是组织心理学家正在从发展的视角去考察组织，以帮助管理者了解并应对可能发生的组织发展问题。

系统论和发展观的推进作用

通过前面的探讨，我们已经明白这一领域是如何从个体取向的工业心理学逐步演变成系统和发展取向的组织心理学的。哪些力量引导和推动了这一演变的发生呢？

1. 社会学和人类学观念在心理学中的渗透以及社会心理学的发展使心理学家接触到了一套全新的概念和研究方法。尽管社会角色、地位、社会阶层、参照群体、文化和社会系统这些概念都是在传统心理学之外发展而来的，但是这些概念的心理学分析已变得日益重要。诸如通过大规模问卷或访谈方式进行调查，运用参与式观察和现场实验，这些研究方法促使心理学家超越了内省法和实验室实验。正是这些观念和研究方法的出现，使得心理学家解决各种组织问题成为可能，并且使分析重点由作为自己的个体转向作为群体一员的个体。

2. 物理学和生理学中新理论的发展也给人们思考心理学问题提供了新的途径。基于某一领域内同时作用的多种力量的多重因果关系的观念,已经取代简单的因果效应的观念;相互依存、交互作用、反馈环以及自我调节能力等概念的提出,使得人们对复杂系统及其与外部环境之间的相互关系进行分析成为可能。这些新概念也使得人们开始在组织心理学框架内发展出一些有意义的理论。这些理论大多数属于复杂的"权变理论"（contingency theories）,认为变量 A 的某一特定行动（如管理者的特定行为）对变量 B（如某员工的生产率）的影响将因任务性质、原来的关系情况、组织"气氛"、员工年龄等条件的不同而发生改变。特别是,发展理论的引入使人们更清晰地意识到,动机、价值观以及人格这类变量将在个体的整个生命历程中发展变化,因此,建立以所要分析的个体或者系统自身的特定状态、年龄或者发展阶段为基础的权变理论也就变得非常必要。

3. 过去几十年中科学技术和社会生活发生了快速、巨大的变化,这种变化迫使科学家和从业者认识到人与技术因素之间的相互依存关系,以及创建能涵盖这类依存关系的理论和概念的迫切需要。例如,我们已经看到复杂的"人机系统"（man-machine systems）的发展,询问人应该在哪里停止,电脑或者机器应该从哪里开始这类问题已不再具有科学或实践意义。我们正越来越多地仰仗于社会技术系统（sociotechnical systems,

STS），这种情况下，工作的物理构成会影响员工之间的社会关系模式，而这些社会关系模式反过来也会影响各种可能的工作产出。

4. 从业者和管理者已经意识到他们面对的是复杂的世界，并且在试图解决组织问题时越来越愿意接受社会科学家的帮助。随着心理学家和社会学家越来越多地参与高层管理决策，他们已经能够更好地认识到组织的复杂性。随之而来的必然趋势就是管理日益专业化。因为现在的管理者比以前更多地意识到环境的影响，并且技术水平更高，他们也更愿意接受其他专家的帮助。这样，管理者不仅更能意识到需要从心理学家那里寻求帮助，而且更愿意去利用这些帮助。反过来，这种发展也使得研究者更容易接近组织。

5. 最后，心理学家自身处理复杂系统问题更加娴熟，因此也就能在更大程度上帮助组织。相应地，组织也就愈加支持心理学家为解决更加模糊和困难的系统问题付出努力。随着这种交互关系的不断发展，针对下面几点不断涌现出更好的理论、新的研究技术和新的方法：（1）解决管理者面临的日常问题；（2）帮助个体更有效地应对在其整个生命历程中各种组织的成员关系问题；（3）帮助个体以消费者与公民的角色来应对组织。

总之，组织给人的神秘感正逐渐减少，这种过程让组织既能够在为社会所认可的价值目标服务时变得更加有效，又能对它们的成员更加负责，而不仅仅是对其创建者或者产品与服务的消费者负责。

本书计划

本书共分为五个部分，每个部分都由相应的几章构成。

第一部分阐述个体和组织之间的基本关系，并且介绍了可用于帮助分析这一关系的若干概念。

第二部分主要解决动机与人性这一持续困扰管理者与心理学家的共同问题。人们为什么要工作？组织怎样做才能最好地诱发员工适宜的动机水平？个体期望自己可以从工作或者职业中寻求什么？我们能否概括人性？人的动机和需要会随着年龄以及发展阶段而变化吗？

第三部分介绍与领导力有关的问题，这也是组织心理学发展历程中另一个受到极大关注的主题。管理者或领导者的哪种行为会引起下属有效的个体或群体产出、高水平的动机以及个体的成长？

第四部分是关于群体的。群体是什么？群体为满足其成员需要发挥什么功能？在组织内部为什么会有群体存在？在成员自身方面以及在群际关系方面，什么因素对群体有效？最后，怎样管理群际关系才能确保组织效能和个人满意度的最大化？

第五部分则转向组织作为一个整体系统的视角。我们回顾几种致力于澄清组织与外部环境之间相互关系的分类方法，以及相应的理论观点，然后探讨应该怎样设计组织才能确保其更有效地运行。考虑到个体和组织的发展变化，还要讨论效能和健康的概念。我们以一个对组织心理学和社会学均有许多启发的问题作为本部分的结束：怎样以概念的方式来解释组织"应对"日益变化的环境这一过程？答案是通过解释这一问题的计划性变革、组织发展以及行动研究模型这些概念给出的。最后我们以变革过程模型结束本书。

本书试图帮助读者发展一种对组织现象更有诊断力的观点。其目的是更好地理解在个体、群体以及更大的系统中所发生的事情。到目前为止，我们并没有很多能够指导实践的确定性原则，但在任何情况下，作为行动的基础，对组织问题的透彻理解并对其进行诊断的能力是至关重要的。

第2章

组织中有关人的问题

为了更好地认识组织心理学，我们必须首先了解一些与组织相关的重要问题：组织是什么，人们是怎么看待它的？组织中可能出现哪些与人相关的问题？

要给组织下一个简明的定义，是非常困难的事情。虽然我们所有人都在各种组织中度过自己的一生——如学校、俱乐部、社区、公司和其他企业团体、政府机关、医院、政党以及教会等，然而要回答组织是由什么组成的，并不容易。为了更好地探讨这一问题，让我们先来分析一些相关的背景资料——由社会学家和政治学家提出的一些观点。

组织是什么

协调

认识到这样一种观点是很重要的,即组织之所以产生,是基于个体一个人无法满足其所有的需要和愿望这一事实。尤其是在现代社会,个体发现他们在满足对食物、住所、安全的基本需要时,缺乏能力、体力、时间或者耐力。但是他们也发现,只要大家协调努力,就能比他们任何一个人单打独斗做的事情更多。社会,这一最大的组织,正是通过众多个体活动的协调(coordination),才使得其所有成员满足自身需要成为可能。可见,构成组织这一概念基础的一个基本理念是,要在互相帮助的工作中协调努力。

共同目标

然而,为了确保协调是有益的,就必须有一些需要实现的目标及就这些目标所达成的某些共识。因此,构成组织这一概念基础的第二个基本理念是,通过对活动的协调,实现某些共同目标(common goals)或目的。

劳动分工

我们都知道,组织总是存在于规模更大一级的组织当中。整个世界由许许多多文化和语言群体组成。在这些群体中,存在着不同的社会和国家，它们不仅通过共同的语言和文化联系在一起，而且因为追求共同的政治和经济目标而相互联系。在每个社会或者国家里面，又存在着各种经济、政治、宗教以及政府组织与机构。在每个这样的较大型单位中，我们又可以区分出许多较小的单位——例如，个体企业组织、政党、教会、县城及城市。并且，在每个这样的单位中，还有更小的人群，他们又构成了组织——比如，公司中的生产和销售部门，政党中的各种派系和派别，教堂里的唱诗班，城市中的警察机关等。

依据一些理论，这些渐进性划分主要是基于劳动分工（division of labor）这一基本理念，这是人类组织的第三个共同特征。如果不同的人在相互协调的方式下完成不同的任务，那么这种目标能够最佳实现。这一观点与协调及有目的地实现已达成共识的目标有密切联系。人类社会的发展历程表明，如果人们可以对所要完成的各种任务进行相应的劳动分工，就能最好地实现他们的目标。人们希望分工能以不同的资质或技能为基础，但是不一定非要如此，因为人们可以通过培训学会做不同的事。

劳动分工与职能划分的概念密切相关。以任务类型、地理位置、要实现的目标和子目标、组织内部可利用的才能或者其他任何符合逻辑的原理为基础，通过职能划分，组织就能更好地实现各种目标。例如，在对整个社会进行分析的过程中，我们要区分经济系统及其包含的组织，以及政治系统及构成这一系统的各种政府组织。一个社会的经济系统，通过组织来发挥向其成员提供食物、居所、产品及服务的功能，同时这些组织还提供工作和报酬，以使其成员能够购买所需要的产品和服务。政治系统则主要是管理社会，为成员提供安全和保障，并且协调社会的各个不同部门。教育系统通过将知识创新、保存和传承给未来的世世代代，使社会得以维持并持续发展。可以这样认为，社会的每一部分为了整个共享目标的利益，都在履行各自不同的职能。

同样的分析可以用于一个单独的企业组织。在这一组织中，理解将组织依据职能划分成不同的组织单位这一逻辑更容易：开发和设计新产品（研发设计部），定位潜在的客户群并把产品销售给他们（市场营销部），制造产品（生产部），为建造生产设备和支付员工报酬筹集必要的资金，并且依据生产成本确定某一产品的销售价格（财务会计部），招聘并培训可以执行每一种职能的人员（人事部），将生产好的产品配送至客户（物流运输部），以及进行售后服务（客户服务部）等等。我们会看到，当组织变得更复杂时，这种简单的劳动分工模式将无法令组织运行得最好。把组织看作一个复杂的相互依存的群体体系，就会形成更加错综复杂的划分模型。当然，根据组织内的不同成员或子群体所承担的完全不同的职能，还是可以对任一组织进行初步分析的。

整合

要理解组织需要弄清楚的第四个，也是最后一个基本理念，是与职能划分和劳动分工的观点密切相关的。如果不同的部门做不同的事，就需要某种整合（integration）职能，以确保所有部门的努力都指向已达成共识的目标。无疑，最典型的整合形式就是权威层级（hierarchy of authority），也就是上级的子群体或个体通过指导、限制、控制、通知和以其他方式管理那些部门的活动，以确保部门之间的协调而形成的某种系统。

这种协调的观点就意味着，任何部门为了实现组织的共同目标必须服从于某种形式的权威。如果每一部门都只追求自身利益，而对其他部门的活动漠不关心，彼此间的协调就自然会遭到破坏。但是，这种服从于某种权威的观点并不必然意味着外部控制。原则上，协调也可以通过自愿的自我控制活动来实现，就像两个小孩自愿一起玩跷跷板一样。由此可见，协调所显示出的权威可以在从完全的自我控制到完全的专制这个范围内变化。不过，用于保障整合职能的控制性原则始终是解释组织的重要观点。

如我们从日常生活经验中所熟知的，大多数组织的权威是在一个复杂的职级或者职位层级中体现。理想的情况是，每一职位都应该界定其职责范围，而且理论上，每一职位有权力确保这部分工作按照全面、完整的计划开展。因而，协调也就可以通过确定一种"谁负责什么"的蓝图来促成。这种蓝图，通常是在促进整体目标的职位分工与协调的合理标准的基础上，由组织中职位最高的人员来制定，然而，有时未必如此。

组织的初步定义

可以把前面阐述的几个基本理念整合成关于组织的初步定义。

这一定义和早期组织理论家所使用的组织的最后一版定义非常类似。正如我们将要看到的,当我们运用系统论和发展观时,这个定义不得不进行实质性的修改,以符合我们在周围真实组织中所观察到的情况。

在本书中,我们将组织定义为:为了实现某种共同的、明确的目标,通过劳动分工和职能划分,通过权力和职责层级,对若干人的活动进行有计划的协调。

在这个定义中有一点非常重要,也是此前没有探讨过的,即协调的对象是成员的活动而不是成员本身。以切斯特·巴纳德(Chester Barnard)为代表的许多组织理论家认为,任一特定成员的活动中只有部分活动与特定组织目标的实现有关。事实上,由于在每个人身上只有其自身活动的一部分与组织有关,故一个人可以同时从属于多个不同的组织。因此,从组织的角度来看,只要清楚地说明那些为达成共同目标所必须完成的活动或者职责就足够了。在一个企业组织里,必须有人购买原材料,有人设计产品,有人制造产品,还要有人销售产品。虽然组织这一概念很明显地与组织如何很好地运转相关,但是可能与由哪个特定的人员来承担上述职责毫不相关。

由于组织基本上是一种职责模式和一张职责协调的蓝图,它的存在独立于特定的人,即使有百分之百的人员流动率,它仍然能够继续存在。只要将对职责的期望通过文件或者管理者、父母、教师的记忆记录下来,组织就将随着新成员履行这些职责而一代又一代地生存下去。原则上讲,只有当这张蓝图本身发生变化时,也就是说，只有更高级别的负责人或这些职责的承担者对职责进行重新界定时，组织本身才会发生改变。

一个组织（organization），正如我们所定义的，是指社会学家所称的正式组织（formal organization），它有别于另外两种组织类型——社交组织（social organization）和非正式组织（informal organization）。社交组织是自发地或潜在地源自人们相互作用的协调模式，它不包含为实现明确的共同目标而进行的理性协调。朋友们组成的一个群体，可能会将他们的活动协调至一个高度，并且拥有诸如"愉快相处"的共同而模糊的目标，但不是一个正式组织。如果大家为了确保"愉快相处"，决定让目标变得更加明确，在某种协调模式上正式地达成共识，并且建立相应的职级来保证适宜的协调，他们就将成为一个正式组织。在社会中，存在着很多类型的社交组织，例如家庭、俱乐部、帮派和社区。我们应该将它们与企业组织、学校、医院、教会、协会这类正式组织区分开来。

非正式组织指的是，在正式组织的成员之间产生的其他协调模式，这些协调模式不是组织蓝图所必需的。组织蓝图要求的只是某些特定活动的协调。然而，由于各种原因，那些承担组织角色的人几乎不可能把自己仅仅局限在这些特定的活动中。同一装配线上的两个工人，只被要求完成他们特定的工作；但是，他们希望能够互相交谈，一起吃午饭，分享对工作、对上司的抱怨，以及通过另外一些方式，建立组织正式要求之上及之外的关系。这样的关系在所有的正式组织中都可能存在。正如我们要看到的，组织的许多重要心理问题的产生源于正式组织与非正式组织之间的复杂交互关系。

正式组织的模型

如果向一个管理者了解其所在组织的结构,他很可能给你绘制一幅组织结构图,从下面两个维度来描述组织:

(1)不同的层级水平;

(2)基于劳动分工的不同职能领域(functional areas)。

图2-1显示了一个简单的企业组织的典型组织结构图。

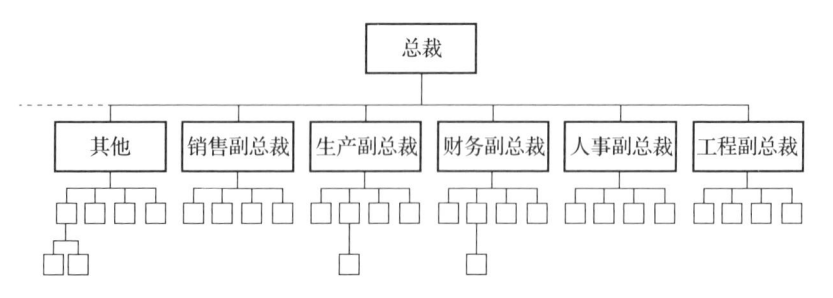

图 2-1 典型的企业组织结构图

然而,如果有人去访谈该组织的成员,询问组织日常工作如何开展,以及组织内部门的地位和重要性怎样确定,他会发现,组织结构图对实际情况的描述非常不完整,并且可能不准确。作为替代,他需要一个如图2-2那样更复杂的结构图,它描述了组织的三个基本维度。

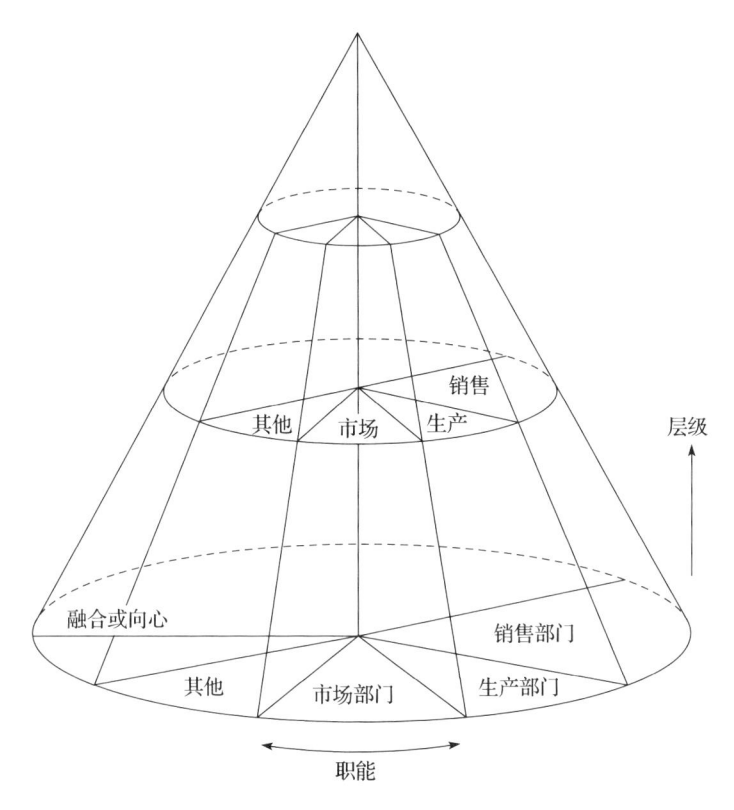

图 2-2　组织的三维结构模型

1. 层级维度（hierarchical dimension）：以类似于前面的组织结构图的方式来反映组织中的相对等级。

2. 职能维度（functional dimension）：以圆锥面上的不同饼状区块来反映要完成的不同工作类型。

3. 融合或向心维度（dimension of inclusion or centrality）：以既定成员接近或者远离组织核心轴的程度来反映。

组织生活的事实是：一个人不仅从事特定工作，具有特定职级或正式地位,而且可以进行某种程度的改变。即使来自基层的员工也可能得到领导的信任和授权从而影响组织的关键决策。20世纪50年代,梅尔维尔·道尔顿(Melville Dalton)的一项经典研究发现,组织不但有跨越多种职能和层级边界的非正式群体存在,而且它们对组织的正常运转非常重要。高级管理层会经常性地越过组织内的诸多层级,与基层工长甚至是工人一起审视重要决策,这些工长和工人或是他们认识多年的,或是与他们共同参与业余活动的。由此可见,这些工长和工人虽然居于较低的层级,但仍被认为在组织中拥有很高的向心度。

如果一个人持有组织的发展观,这种向心维度就尤其重要了。因为随着时间的流逝,有可能出现非正式群体,而这在正式的组织架构中是反映不出来的。从组织或管理层的角度,了解非正式群体如何产生,以及它们在组织运行中扮演怎样的角色是非常重要的。从个人事业发展的角度来看,关键是意识到事业沿着上述三个维度发展,一个人的层级可能一直不变,甚至被固定于特定的职能部门,然而,在组织的非正式群体中,他仍然可以进入更核心、更具影响力的位置。进入组织角色的社会化过程便是以这种向心维度为前提的,即关注个人被授权接触组织机密以及参与决策制定的程度,而不管他的正式职级是否保证了这一点。

运用上面所提出的概念和模型,让我们回顾一下组织中可能出现哪些心理学问题或者说与人有关的问题。我们将看到,这些问题中有很多反映了层级、职能群体以及变化着的正式和非正式组织之间复杂的交互作用。为了完整地理解组织中与人有关的问题，有必要提醒自己：这些问题产生于复杂的交互作用，同时，随着构成组织的个体及组织自身的变化、成长和发展，这些交互作用本身也在改变。

组织是怎样创建的

组织的出现始于人类思想家的想法。虽然这不是本书所关注的重点，但是必须认识到：任何组织的首要问题是，一个或者更多人怎样让想法变为可供两个或者更多人一起活动的蓝图。车库里的发明家召集五个工人到店铺里一起将他的发明制造出来；社会活动家在校园里试着成立一个新的俱乐部或者政治组织；宗教领袖通过四处布道吸引信徒并最终成立一个教会；有远见的年轻教师决定创办一所自己的学校……所有这些人都是在创建新的组织。

如果组织能够成功实现它的目标——拥有一批追随者或创造出对新产品或服务的需求，它就能够生存、成长并得以建立。该组织的创建者或创业者可能会离开、去世，或者被那些对组织运行有新观念的新管理者取代。然而，组织只要能够持续成功，就可以历经一代又一代的领导而依然存在，并焕发它自己的生命力。这种稳定性会产生这样的结果：当组织不仅实现其最初目标，而且开始发挥更大职能的时候，它就变成雇主，为自己的雇员提供成员身份，并开始在社区扮演新的角色，同时形成与其生存和发展目标有关的意识形态和神话般的故事。另外，当企业这样的组织无法继续维持提供产品或服务这种基本的或主要的功能从而为其所有者创造利润时，它就会破产、消亡，甚至原来的正式成员也会加入新的组织。类似地，当社交组织、宗教组织或者政治组织流失太多的追随者或者被其他更强大的组织吞并时，它们也将不复存在。

如果一个人想了解组织的创建过程，他就应该去读那些创业者或者伟大领袖的传记。尽管在企业研究方面已经有过一些努力，但是与组织创建有关的正式研究成果还是少之又少；关于这方面的具体内容，本书将在激励和领导力部分进行回顾。要特别指出的是，我们大多数人遇到的是成熟组织，其特征是它们已经形成了规章、制度、行事方式、传统、规则、职位描述、独特的词语以及可以供新成员学习的其他模式。因为组织是"规定好的"，所以它的一项重要工作就是招募、培训和录用新成员。从个体角度看，这一过程也是一个人学会如何适应组织文化并被组织文化"社会化"的过程，或者是一些社会学家所称的与组织的"磨合"过程。

招募、选拔、培训、社会化与岗位安置

组织是为人类活动设计的蓝图，只有通过将人招募进来完成特定职责并提供相应的活动，组织才能正常运转。因此，任何

组织中与人有关的第一位也是重要的问题就是怎样招募员工,并对其进行选拔、培训,将其社会化,以及对其进行岗位安置以追求最有效的职责绩效。在这里,培训是指教会新成员完成工作所需要的技术性技能;相对地,社会化是指教会新成员如何适应组织,应遵守的行为方面的关键性规范及规则是什么,以及如何表现出对组织中他人的尊重——这就是常说的"懂规矩"(learning the ropes)。新成员必须学会在特定的时间出现在哪里,穿什么样的衣服,怎样称呼上司,遇到问题时向谁请教,如何认真从事工作,以及学习组织内部人员一直在学习的各种其他事情。

组织招募新成员的问题又可以分为两个子问题。首先应该指出的是,组织为获得最好的业绩而设计的那些招募、选拔、培训、社会化和岗位安置等政策,并不能自动地确保组织中的个人需要和期望真正得到满足。这就出现了组织心理学中的一个两难困境:确保组织有效运转的政策和措施常常无法满足其成员的个人需要,甚至还给他们带来新的问题。如果组织难以满足个体对安全、自尊,以及成长与发展机会的最基本需要,员工可能就会疏远组织、缺乏安全感并感到痛苦。

那么,接下来的根本问题就是,怎样发展组织政策或者社会实践,以使组织需要与个人需要有某种合理的匹配?如果它们在根本上是矛盾的,心理学家就必须请现有的或者以后会出现的其他社会机构,来改善个体-组织冲突(individual-organizational conflict)带来的问题。

其次，可以通过基于完全不同假设的两种策略来实现人力资源的安置与有效利用。一种策略是像人事心理学所认为的那样，将注意力集中于挑选合适的人去适应工作职位。在这里，职位是常量，而人是变量。组织可以对人进行筛选和培训。组织可以从整个人力资源库中挑选那些已经符合组织要求，或者只需要通过一定培训就可以符合组织要求的人。另一种策略最初来自工程心理学，强调对工作和物理环境进行再设计，以使其与人本身的局限性和能力相适应。在这里，人被视为常量，而职位则被视为变量。理想的情况是，工作职位应以一种任何人都能够接受的方式来设计。这两种策略都能起作用，并且在过去已经发挥了作用。

那么，应该怎样使"测验-选拔"方法（testing-selection approach）与工程方法和职位再设计（job-redesign）方法保持平衡，从而使组织可利用的员工潜能以及个人需要的满足这两方面都达到最大化呢？

贯穿本书的一个重要主题就是两种观点共存是可能的。这两种观点，一种是个体希望利用组织满足他自己的需要，另一种是管理者希望积极发挥人力资源的作用以满足组织的需要。可以预见，发展观使这些存在分歧却有部分一致性的问题变得更加复杂，因为组织和个体双方的需要都会随着时间和经验而改变。因此，组织在其历史上某个时刻所采用的解决办法放在另一时刻可能不再适用。相应地，我们将看到，个体与组织间的交互作用将始终处于动态的变化中。

利用与管理人力资源

心理契约

一旦完成对员工的招募、选拔、培训和岗位安置,组织就必须集中精力为员工创造条件,促使他们长时间做出高水平业绩,并且确保他们通过成为组织成员和在组织中工作来满足一些对他们自己来说最重要的需要。传统上,这一问题是通过对员工的动机、需要进行探索和归类,并将其与组织提供的激励、报酬相关联来解决的。随着研究的积累,我们发现很显然这个问题是非常复杂的,而且能通过引入个体和组织间的"心理契约"(psychological contract)这一概念更好地描述。

心理契约的概念意味着,在一个组织中的每个成员与其各种管理者以及其他成员之间,总有一系列不成文的期望在发挥作用[1]。这一思想蕴含在组织角色(organizational role)的概念里,任何角色本质上都是一套行为上的期望。心理契约还意味着,作为角色扮演者的员工,同样对工资、工作时长、福利、与工作相关的特殊待遇,以及保证不被裁员这类事情有着期望。这当中的许多期望是潜在的,包括个人的尊严和价值感。员工希望组织真正把他们当人看待,提供值得去做而不是贬低自身的工作,提供成长和进一步学习的机会,并对他们的所作所为提供反馈,等等。

---

[1] 心理契约的概念是在社会哲学家提出的社会契约(social contracts)基础之上的一个延展。

虽然公开协商中通常会关注报酬、工作时长以及工作安全等更为外显的问题，但某些导致员工骚乱、罢工和离职的极端感受，一定与这些心理契约方面的破坏有关。

相应地，组织对其员工也有着更加含蓄和微妙的期望——希望员工提升组织形象，忠于职守，保守组织秘密，尽力维护组织利益（总是充满激情并且乐意为组织做出牺牲）。让管理层感到失望的是，自己器重的员工变得激情不再，或者"不愿意再为公司费神"。

在这里，发展观可以再次为我们提供理解这些问题的解释。心理契约会随着组织与员工需要的变化而变化。同一个人，在25岁和50岁时希望从工作中寻求的东西全然不同。类似地，处于高速成长期和平稳期或经济低潮中的组织，对个人的期望也全然不同。

例如，在职业发展的初期，个人的需要和期望完全基于对自我测试的考虑。他们需要知道，自己是否真的能为组织效力，是否具备工作所需要的技术和能力，是否能为组织做出贡献。因此，他们希望组织给自己提供挑战的机会以考验自己的才干。如果总是被委派毫无意义的任务或者根本不受重视的工作，他们就会感到非常失望。如果这种情况发生了，无论是个人还是组织都无法了解他们真正的潜能。

当职业发展到后面的阶段，个人的需要和期望就变成找寻一个能让自己体验到成就感的工作领域，并发展这一专业化的领域；个人也期望组织通过各种方式对自己的贡献表示认可。在职业发展的中期，个人的工作效率最高，因此期望得到最高的组织认可和回报。接下来的职业阶段，随着事业稳定以及能做出的贡献慢慢减少，个人对各种保险和安全感的需要将会增加，心理契约的潜在期望也就变成希望"被照顾"，而不是被"弃之不顾"或扫地出门。退休者常常会抱怨组织突然破坏了他们之间的心理契约。他们为公司奉献了那么多美好的年华，公司就是他们全部的生活，他们真正为公司献身了几十年，作为回报，公司应该"感激"他们，而不是在他们仍然可以为公司做贡献的时候被要求从工作岗位上退下来。

另外，对于组织而言，当它刚创建不久、正处奋斗期或者与其他组织进行激烈竞争时，是需要并期望其员工有更高的动机和努力水平的。在处于发展低谷或者困境的时候，组织希望员工对自己更加忠诚；而在稳定期，组织希望员工能创造出更稳定的业绩，因为它认为自己给员工提供的是长期的安全感。

员工个人和管理者形成他们的期望，都是基于他们内在的需要、从其他人那里了解到的信息、可能正在起作用的传统和规范、他们自身过去的经验以及众多其他资源。当内在需要和外部力量发生变化时，期望也会相应地改变，从而使心理契约成为需要不断调整的动态结构。心理契约虽然是不成文的，但它是组织行为的一个强有力的决定性因素。

权力和权威

心理契约的一个关键要素，就是组织期望新成员认可组织已有的权威体系。决定加入组织,也就意味着对构成组织权威体系基本规则的接受。在特定的领域,个人必须接受其他人或者一些明文规定的指示,接受对自己行为的限制,如果个人的爱好违反了组织规则或命令,就需要约束自己的爱好。

权威(authority)不同于权力(power)。纯粹的权力是通过使用强势的力量,操纵对他人有意义的奖赏或惩罚,或者操纵信息,以真正控制他人的能力。权力意味着其他人没有选择的机会,因为他们没有强大到可以进行自我决定,或者没有机会获得自己需要的资源。这是社会学家所称的"非法定权威"(nonlegitimate authority)。合法权威意味着下属愿意遵守规则、制度或者命令,因为他们认可制定规则、制度或等级的体系——也就是说,他们承认居于权威位置的人拥有命令自己的权力。当组织或社会成员之间就以下事情达成一致的时候,权威就是合法的:(1)规则或者制度产生的基础;(2)决定个人获取权威位置的制度。换句话说,只有当大家对规则制定的方法达成共识,规则才可能被遵守;只有当大家一致认为工长的晋升程序是公平的时候,工人才会服从他。正是对整个制度的赞同,使下属即使偶尔遇到一个糟糕的上司,也能容忍并服从命令。

组织可以通过操纵权力和运用权威来强化组织那一方的心理契约。那么,员工怎么来强化自己那一方的契约呢?根据整体的情况,个人有许多选择,例如退出组织、减少工作投入、罢工、怠工,或者努力影响环境使其朝对自己有利的方向改变。要让个人对作为组织一员感到轻松自在,就必须让他们相信自己拥有能够影响自身状况的权利，强化契约中员工一方的权利，确保在某些关键情况下组织无法满足其期望时，员工至少有被倾听的权利，至多有不受严厉处罚的权利。

无论员工一方是作为引入变革的自主代理人，还是作为工会的一员，其实际影响模式不如心理契约得不到满足时有一些影响现状的权利这一基本信念重要。社会或组织的权威及影响模式依赖于其成员的认同度。接下来，我们将对几种不同的认同基础加以分析。

合法权威的基础

许多概念和理论模型被用来解释权威赖以存在的不同基础。前面已经提及，纯粹的权力或者非法定权力可以建立在占有兵力（包括武器在内）、控制奖惩（顺从则予以奖励，不顺从则进行惩罚）或者控制信息上。然而，为了真正理解组织，我们必须了解合法权威的基础——组织成员自愿达成一致，服从权威的基础。对权威基础最早和最好的阐述之一就是德国社会学家马克斯·韦伯（Max Weber）的分析，他试图通过下面一些概念来理解政治体制的演变。

1. 传统。大多数早期的政治体制，除了那些直接建立在纯粹权力之上的政治体制，都是通过被统治者接受这样一种信念来获得自身的稳定，即相信统治阶层拥有统治的权力，并且这种权力体现在传统和社会规范之中。这些传统往往包括有关统治者出身"神圣"的传说以及类似于嫡长子在国王死后继承王位的权力更替原则。下层的权威则经由国王或者高阶神父对社会其他人的授权。让整个体系看起来"正确"和"公平"的，是蕴含在君主制传统中的信念。一旦这些传统不再受认可，革命的种子就被播下了。整个体系的稳定仅仅取决于对它的基本共识稳定与否。

如果我们观察自己对世袭"权力"的态度，就会在我们自己的社会中发现与上述体制类似的组织。在许多组织中，创始人将高层职位移交给其家族成员被认为是法定的，即使大家质疑继承者的个人能力也会认可这种权威。虽然这种获取管理权的制度在那些工业化水平较高、经济发展较好的地方已经不多见了，但是在经济较落后的一些国家，这一制度仍然十分普遍。组织的权威与家长式权威非常相似，从而相应产生了家长式作风。心理契约基本上就是，管理者/家长"关照"其员工，作为报答，员工保持忠诚并且高效率地工作。谁可以成为管理者主要是那种文化下特殊传统的问题，然而最重要的是，权威是沿着家族血统相传的。

2. 理性-合法原则。社会成员在选择社会体制以及统治他们的政治领导人的过程中应该享有一定的话语权，这一观点加速了更多议会民主政治制度取代传统君主制度。要使这一观点发挥作用，合法性的基础必须向理性-合法原则（rational-legal principle）转变，即每个人都认可一套共同的法律以及法律制定的程序。制定法律的程序一旦得到认可，个人就必须同意遵守所有制定的法律。这一过程可以在制定"有意义"的法律时，做到"理性"最大化，符合多数人的利益，保障人权，并且提供基于明确权限的统治制度。

正如我们所知，这一原则或者大家认可的基础并不总是能够产生完美的法律，或者选出真正称职的领导者。但是，这样一个原则是较少受制于碰巧登上权力之位者的独断想法的。只要社会成员同意接受法律的约束，就至少会有一种机制，可以用于撤换那些实在太无能或者极力想利用权力谋求非法目的的领导者，尽管这一机制还不尽完美。需要指出的是，整个体系获得认可的基础是人们同意接受过程合法的管理。这一过程很容易受到那些通过使用纯粹权力确立地位的独裁者的伤害。不过，在今天这样的社会，即使一个"仁慈"的独裁政权也注定是不稳定的，因为它不是建立在被统治者的认可之上，也没有提供大家认可的决定权力继承的有效方法。因此，绝大多数现代国家和组织都倾向于某些理性-合法体制，以避免一旦传统体制被瓦解而引起的专断和动荡。

在美国，这些原则通过立法系统以及基于对候选人的能力、动机和先前服务进行理性评估的公务员选举而表现出来。具体到组织情境中，基于理性共识的权威体现在以功绩（能力加过去的绩效与经验）作为晋升基础的思想中，体现在通过个人的专业技能或者能力而不是家族关系、金钱或者政治势力等获得权威的思想中。上司所擅长的事情可能与下属所擅长的截然不同，正如一个研发经理监管十个研究型药剂师一样。上司可能在技术方面了解不多，但是对如何管理一个研究团队却非常在行。药剂师对上司权威的认可则取决于他们对上司是不是一个好的管理者的判断，以及对上司是不是通过合法晋升程序获得当前职位的信念。

3.超凡魅力。① 尽管可以通过传统和理性－合法原则的方式赋予特定职位或职级以权力，但是韦伯指出，许多政治运动或者宗教运动常常以领导者某些吸引人的个人特质为基础。一个人可以从他的传奇经历中挑选出许多体现其吸引人的个性的事例，通过赋予其神秘、神圣、简单但是非凡的美德，吸引追随者。广为流传的例子当属耶稣基督、甘地以及近代的肯尼迪、马丁·路德·金等人。这些领导者总是能够激发其追随者强烈的情感反应，就像"花衣魔笛手"②一样，仅仅因为他们人格特质的力量，就常常能够影响其追随者去完成许多在一般情况下追随者不大可能去做的事情。

某些领导者或者管理者在非常个人的基础上激发下属对自己的忠诚，在这样的组织里，人们可以看到类似的现象。某些时候，我们仅仅因为自己完全信任某位领导者，就服从命令、追随他，并且视他们的话为信条，即使他们既不拥有正式职位所需的专长，也没有这一职位的合法性。我们常常发自内心地追随这些领导者，因为他们树立了一个让我们认同他们的非常生动的典范，也就是说，让我们更想成为他们那样的人。可见，吸引他人追随自己的能力是领导者激发下属忠诚和服从的最强有力的基础。

将超凡魅力作为权威基础的主要问题之一是，它不可能像以传统为基础的体制或是理性－合法体制那样提供清晰的继任原则。

---

① 卡里斯玛（charisma）出自古希腊，指那些被神赐予天赋、拥有非凡人格魅力和领导才能的人，后来泛指领导者的超凡魅力。——译者
② 在现今西方政治中，花衣魔笛手的故事经常被用来讽刺那些空口许诺但不兑现其政治承诺的政客。——译者

一旦现有领导者去世或者失去原来的超凡魅力，也就失去了挑选继任者的坚实基础。因此，基于超凡魅力的体制或组织存在着的一个问题是，它们大多只能在领导者的有生之年确保稳定。我们可以在列宁逝世后、西班牙佛朗哥逝世后发生的权力斗争中以及在拉丁美洲的若干独裁政权中找到这样的例子。君主制和理性－合法体制都有明确规定的继承制，前者基于家族关系，后者以书面的协议或者法律为基础。

4.纯理性权威——专家。是否拥有与我们正经历的某种问题有关的特定信息、能力或专长，是决定我们是否追随某人的最后一个理性基础。原则上，这些专长与个人的人格、社会出身或者正式地位无关。我们认可学者在其研究领域的权威，也认可医生、汽车技师、电视修理师以及当我们有什么需要时可依靠的人的权威。理想状况是，权威应该总是以这类纯粹的能力为基础。在这一基础上创建组织的问题在于，人们并不总是能够以能力或者专长做出判断，尤其是牵涉到复杂任务的时候。因此，组织和社会创建了教育、评价制度，随之而来的有学徒制、实习制、证书制以及鉴定制，这些制度用来保证宣称自己是专家的人确实是专家。然而，应该说明的是，要让人们相信专家，就必须首先保证教育和认证体系的合法性。可见，纯理性模型也有赖于反映在如何界定资格上达成一致的理性－合法体制。

要从心理学的角度来阐明权威基础的复杂性，个人只需要对一个群体提出下面的问题：一架飞机不幸迫降在一个丛林小岛上，飞行员受了伤，他对丛林求生，甚至对如何做一个逃生的筏子等一无所知。这时候,谁应该负责呢——是飞行员,副驾驶员,某位在丛林求生方面经验丰富的乘客,某位拥有坚强性格并且能够将陷入困境的幸存者团结在一起的乘客,还是所有幸存者一致选举出来的某个人,抑或是一个由上述所有人组成的团队?这时候,应该运用少数服从多数的原则吗?如果某人身强体壮或者占有枪支和生活必需品并要靠这一点成为权威,大家又该如何对待这个人呢?这一讨论揭示出来的主要问题是,在大家就权威的基础应该是什么达成共识之前,没有人可以明确回答谁应该拥有权威这一问题。除非达成共识,否则有很大的可能性出现混乱、无序。

心理学家已经开始对权力(我倾向于称之为权威)形成的基础感兴趣,并且开发了一种与社会学分类相似的分类。两种分类均呈现在表 2-1 里面,可以用来总结这一讨论。心理学家称社会学家眼中的非法定权威为强制权力,或者奖惩权力;社会学家眼中的理性-合法权威则与心理学家所说的职位权力(position power)类似;可以将超凡魅力分解为两个主要的心理成分,即基于领导者潜能的个人权力与基于领导者激发追随者模仿和认同的感召权力;最后,纯理性权威与专家权力相对应。作为权威基础之一的传统则找不出明确的心理学对应面。

表 2-1 权威的社会学基础与权力的心理学类型

社会学家的分类	心理学家的分类
非法定权威	强制权力 奖惩权力
传统权威	无对应概念

续表

社会学家的分类	心理学家的分类
理性-合法权威	职位权力
超凡魅力权威	个人权力 感召权力
纯理性权威	专家权力

我在这里引入对权威及其基础的探讨是为了强调一点：除非组织成员认可现有的权威体系，否则组织是不可能正常运转的，而这种认可取决于双方心理契约的维持。如果组织无法有效满足其成员的期望，又不能强迫他们留下来，多数员工可能就会离开。可见，员工动机与组织激励或报酬的问题，最好被视为双方之间复杂、持续的讨价还价的情况。这种谈判涉及是否加入组织的决定、努力工作的程度、怎样创造性地工作、对组织的忠诚感和承诺感、被关怀的期望，通过组织角色找到认同感，以及众多其他的决策、感受和期望。

组织各部分之间的协调与整合

如前所述，劳动分工是组织的一个重要方面。分工过程通常始于达成某一特定目标的方式的确定。所确定的每一种方式也就成为由被指派个体所组成的群体的目标。这种亚组织（sub-organization）为了完成其目标又产生了新的方式，并让它们成为更小一级组织的目标。让我们举一个典型的企业例子。为了组织的生存和盈利（最终目标），高级管理层必须进行产品开发和市场拓展，并且投入资金进行商品生产，然后将其卖出去（实现最终目标的最基本方式）。通过市场、销售、技术、财务以及生产部门的活动，这些方式得以具体运行，不同的运行方式也就相应地成为下属各部门的首要目标。也就是说，融资是财务部的目标，设计好的产品是技术部的目标，等等。为了最有效地达成目标，每个单位又可以对其任务进一步细分。例如，市场和销售部可以选择分派不同的销售队伍将产品卖给不同类型的客户，以此作为实现其目标的一种方式。当每个这样的队伍建立后，整个销售队伍的运行方式也就成为下一级单位的最终目标或目的了。类似地，生产部可以划分为几个工厂生产不同的产品，整个生产集团的运行方式就成为每个工厂的针对性目标了，这样的情况处处可见。

因此，可以将组织视为一个"方式-目标链"（means-ends chains）体系，在组织中较高层级人员所确定的方式就成为其直接下属的目标。组织的主要蓝图通常只规定第一层级的运作方式，赋予下属一定的自由去发展自己的子组织。现实中，这样的情况可能引发一些问题，即组织不同部门之间在具体运行中可能出现目标交叉、功能重叠，或者为了稀缺资源（如"好"员工或"预算中的份额"）而互相竞争的现象。

每个子单元同样可以调整它们自己的目的与目标。在前面的企业例子中，每个工厂为追求良好业绩，认为需要有自己的技术部，这可能与集团技术部想要通过单独的、集中控制的工程师群体实施共同的工程技术政策发生冲突。或者,各销售团队为最大化自己的销售额,可能会向客户做出一些与产品要求相关的承诺——这就可能与生产部希望通过对产品进行标准化而尽可能降低成本的决策发生冲突。如果各部门为了提升自己的业绩都要求增加预算,或者一些部门把自己最优秀的人才藏起来,而不是让他们到其他比自己需要更大的部门去做贡献,各部门之间就会为了获得这些稀缺资源而互相竞争。组织的规模及任务越大,整合的潜在缺口就越严重。可见,组织面临的一个关键问题是不同部门之间如何整合,才能确保整体绩效的有效性。

但是,为什么这会是一个心理学问题?为什么应该在组织心理学而不是组织理论本身的背景下探讨这一问题?为什么不能通过更细致全面的组织规划来分配功能以消除重复和竞争,从而确保整合?

要获得这些问题的答案,就需要了解非正式组织如何起作用,及其对正式组织的影响。正如前面所提及的,组织角色只需要每个人从事有限的特定的活动,但是前来工作的却是整个人。人们会附带许多不是组织预期的,与计划不完全适合的态度、情感和感知。当人们与别人一起工作的时候,他们会发展与他人的人际关系、非正式的协议以及合作方式,所有这些都是在组织正式规定之外的事情。事实上,人们往往正是通过发展这种非正式程序来处理那些正式程序和规则所没法解决的问题。

这些非正式程序所反映的态度、情感和感知往往体现了人们对自己所隶属的子单元的高度忠诚,而且是由子单元从事的工作类型所决定的。当人们认可所在的子单元，就开始将个人自尊与群体业绩联系在一起，要他们了解和关注其他单元或者整个组织的问题就变得越来越难。慢慢地，他们可能只为自己所处的单元工作，对其他单元变得漠不关心甚至产生敌意。正式组织常常通过奖励群体间的竞争和在群体内部激发团队精神的方式强化这一过程。

心理契约的一个重要部分，也是最能决定日常行为的部分，构成了亚群体规范（subgroup norms）。归根结底，个人基本的认同感很大程度上来自亚群体内部成员之间面对面的接触，而不是正式的组织规则。可见，组织中发生的群体之间或者单元之间的争执，最后都可以视为反映人的特征的心理力量的产物。这些力量在组织中发挥作用，促成了影响和改变正式规范的非正式模式的建立。因此，实现更好的整合不仅包括对正式组织进行理性的再设计，还包括旨在增进组织内各亚群体间交流和相互理解的心理过程。

我们将会看到，传统的组织定义对理解组织内部发挥作用的事情帮助不大的一个重要原因在于，它忽略了正式组织与非正式组织间的复杂交互作用，忽略了要使分化系统与整合方法适应所要执行的具体任务与其执行者的特征。现代组织理论的一个基本观点就是"形式服从功能"（form follow function）。也就是说，没有对组织所要达成的任务和目标进行认真评估，就不可能真正设计一个有效的组织，而且许多对组织各部分的努力进行整合的方法，并不是靠传统的职权层级。组织设计的主要难点在于，怎样平衡分工的收获与欠缺整合所付出的代价,以及如何创造对两者都有利的组织设计模式。

组织效能、生存和发展

本章将要探讨的最后一组关于人的问题涉及组织与其所处环境之间的关系。任何组织都存在于多重的环境当中。它们存在于更大社会的文化和社会架构之中,与其他有着相似目标的组织或者完全各异的社会组织和人群紧密联系、相互依存,这些人群可能是业主、管理者、职员、顾客、客户或者就是"广大公众"。

组织要想存活下来,就必须执行一些有用的职能。组织创始人所设立的共同目标必然会为其成员、其他组织或者广大公众提供有意义的产品或服务。例如,在布劳(Blau)和斯科特(Scott)对正式组织的分析中,就使用了谁能从组织的生存中获益这一标准,并将之作为分类的主要基础。他们定义了四种组织类型:

1. 互利社团(mutual-benefit associations):指那些主要有益于其组织成员、民众的组织(如工会、俱乐部、政党、宗教团体、专业社团)。

2. 企业公司(business concerns):指那些主要有益于业主、管理者的组织(如工业、商店、银行和保险公司)。

3. 服务组织(service organizations):指那些主要有益于客户的组织(如医院、学校和社会工作机构)。

4. 公益组织（commonweal organizations）：指那些主要有益于广大公众的组织（政府组织，如税务局、国防部、公安局、消防队以及科研组织）。

任何组织的生存最终都取决于为其主要受益者持续创造利益的能力。组织的生存并未涉及与前面探讨的有所不同的心理学问题。为了生存，组织必须通过招募、正确使用、激励以及整合组织中的人员来持续执行其主要职能。

然而，如果将注意力转向组织发展，我们就会发现一些新的心理学问题。例如，为了提升公司的竞争地位，一个公司的组织发展可能涉及新产品的开发和产品生产的新工序。产品和工序的新创意都来自组织中的人。因此，组织就面临这样的问题，即怎样创建一种环境及一套管理政策，不仅可以有效履行主要职能，还可以激发创新思维。

这并非一个无关紧要的问题，因为组织所发展的许多为了使日常工作效率达到最大化的程序，可能会导致组织内部形成一种创造和革新实际上会受到惩罚的心理氛围。如果这样的氛围开始形成，在不损害日常工作效率的情况下，组织怎么着手改变呢？创造和革新应该是对组织所有成员的期望，还是只是研发部门小部分成员的分内工作呢？如果真的设立这样一个群体，那么应该怎样引进合适的人，应该如何管理，它与组织其他部门又该如何联系呢？

组织的发展问题与其适应以及管理变革的问题密切相关。现今的很多组织都意识到自己正处在一个不断变化的环境当中。突飞猛进的技术变革造成持续的"过时"问题。全世界范围内发生的社会和政治变革创造了对新服务及扩张现有服务的需要。随着计算机和汽车的出现，组织自身也在改变，对受过高等教育和培训的员工以及管理人才的需要远远超出了现有劳动力市场的供应。工作伦理、工作和家庭在个人生活中扮演的合适角色、女性以及少数族裔的公平就业机会，所有与这些有关的正在变化着的价值观，已经改变了组织员工对合理、公平的心理契约的期望。各级政府部门和公共组织已经开始向组织传统上在产品安全、污染治理、为社区提供就业机会的义务以及在社会中扮演的最终角色等方面的行动提出了挑战。

这些环境方面的压力不仅需要组织成员的创新思维，还涉及一个更根本的心理学问题。下面将这一问题概念化。现今的许多技术和社会变革都是不可预测的。对于十年以后组织将要面临的环境变化，我们无法做出准确的预测。因此，组织想要适应快速、不可预料的环境变化，就必须增强灵活性以及应对大量新问题的能力。这些特性最终归结到组织的人力资源上来。如果管理者和员工自身都很灵活，那么组织蓝图也就可以在面对变化的外部环境时有意识地、理性地加以改变；但是如果成员始终被僵化的反应模式所限制，那么改变组织蓝图就是一个无用的行动。因此，组织的心理学问题也就变成了怎样培养员工的灵活性和适应能力，以使组织在不断变化的环境中能够生存下来。

例如，十年前热衷于纯数学并在公司的鼓励下做研究的一位员工可能突然发现，自己现在在通过计算机对数据进行自动转化方面充当了关键角色。组织如果想使自己能够适应和管理变革,就应该致力于鼓励员工的多样性技能以及员工的心理成长。员工的心理成长不仅会让组织的变革管理更容易,而且有助于改善前面提及的一些问题,例如怎样激励员工,怎样创建对组织的承诺,还有最重要的——如何同时满足个人和组织两方面的需要。

最后,如果关键的管理者开始培养态度和技能,以使他们能应用关于组织自身发展方面的组织心理学的研究成果,就有助于提升组织灵活性。随着组织心理学领域的发展,组织的健康和有效性将最终取决于它诊断自身问题以及解决自身问题的能力,这一点已变得越来越清楚。专门从事变革规划的人员有必要成为核心管理者,他们需要对组织有系统的认识,对组织问题的复杂性进行诊断,利用那些对组织诊断和干预有用的外部资源,并且教会组织中的其他成员也这样去做。所有组织都面临着如何在核心管理层中培养上述态度和能力的问题。

小　结

在这一章,我们力图概述作为正式组织这一概念基础的主要理念,以及组织中出现的有关人的问题。这些问题相互影响并且互有交叉,为了对其作一粗略的区分,可以将其分为以下几类:(1)有关创建和设计组织方面的问题;(2)招募、选拔、培训、社会化以及安置人力资源方面的问题;(3)源自组织与个人之间的心理契约方面的问题,也就是怎样在组织中获得权威以及个人如何对组织施加影响;(4)对复杂组织中各部门进行整合的问题,解决这些问题大多需要增进正式组织结构下各种非正式组织之间的相互沟通;(5)源于组织对有效性、生存、成长以及培养其在快速变化的世界中适应和管理变革的能力等需要,而产生的问题。

第二部分

动机与人性假设

什么真正激励人——人类的哪种本性使得他们表现出特定的行为？纵观历史，人们已经多次试着给这个问题一个综合性的答案。但是这个答案还是让我们感到困惑，而且现今关于是什么激励了人们在工作中的行为的讨论，还是与以往一样热烈。

在接下来的几章，我会首先回顾历史上管理者对动机所持有的几种观点，来说明为什么确定人性的"本质"是如此困难。然后，简述一下监管策略的各种管理假设给予我们的启示。回顾涉及每一组主要假设的研究结果，将会得出这样一个论点：每一个理论都是部分正确，而且仅仅是部分正确。要想完全理解动机和人类行为，我们必须发展出一组复杂的关于人的假设，还必须将这些假设置于发展的背景下。

主要的结论是：没有什么唯一的答案，对于管理人，没有唯一"正确"的方法，对于组织或设计工作，也不存在十全十美的途径。相反，人们必须对特定情境下的事件及参与者的主观解释具有鉴别力和灵活性，这样才能选择一个适合那种情境的行动计划。

第3章

人性，为什么难以捉摸

组织心理学的永恒主题之一是发展出一个关于人性的概念，为管理者提供如何招募、选拔和管理员工的信息，以确保组织生产率和员工满意度。我们特别期待从动机理论中发现这样一个概念——什么因素促使人们工作？什么根本需要和动机在驱动他们？金钱作为一个诱因到底有多重要？每个人的动机又有多相似？如果想提高员工的工作效率，员工将对哪种诱因有积极反应？为什么一些人动力十足而另一些人却松懈偷懒，甚至把他们的精力和创造力用来破坏组织？

有许多彼此矛盾的动机理论都声称自己解释了组织中人的行为，但是几乎没有清晰的研究支持其中的任何一个理论。好像每一个理论——如安全的需要、发挥个人能力的需要、自我实现的需要，都被提及——每一个理论只是部分正确，都只能在某些时候解释某些员工或某些管理者的行为。但是每一次我们想对这些理论进行概括的时候，就会发现那些看起来更重要的其他现象与所提出的理论相悖。员工有时候为了钱而工作，但是有时候却出人意料地对财务奖励制度无动于衷；显然员工都想展现自己的能力，但是有时候却会拒绝接受一项明显更具挑战性的工作；有时候他们会情绪低落，对工作失去了兴趣，但是仍然能保证较高的工作质量。我们该如何解释这些矛盾呢？管理者为了处理好员工问题，又该如何制定出明智合理的政策呢？

生物学谬论

对我们所看到的人类行为差异的一个主要解释是：作为一个生物物种，我们与生俱来的所有内部需要或动机只是部分地决定了某种行为。决定我们做什么更重要的一个因素是我们习得的动机和反应，它们反映了我们的文化、家庭情况、社会经济背景以及任何特定生活情境中即时起作用的各种因素。换言之，我们的动机和需要主要取决于我们对自己所处情境的感知，而这些感知本身很大程度上又是由我们先前的学习决定的。

比如，金钱能否激励我可能多半由我对自己需要多少金钱的感知决定，而这种感知又部分地取决于我是如何把自己的身份地位与那些与我有关的人、能代表我的参照群体中的人联系起来。

如果我出身卑微但是最终达到了较高的生活水平，按照从我成长的亚文化环境中汲取的那套标准来说，我觉得自己"已经成功了"，这样我对金钱激励做出的反应就会和一个事业刚刚起步、渴望在企业中高升并跻身富商之列以向世界证明自己真的成功到达了顶峰的商学院毕业生大不相同。

换言之，即使人类最初拥有相似的生物遗传倾向，他们也会发展出不同类型的需要、动机、才能、态度和价值观，这些都反映了他们特殊的成长和社会文化情境，他们从中找到了自己。让我们再来看看另一个例子：一位管理者可能已经学会了用这样一种方式来对待员工，即让他们参与决策、建立彼此信任的气氛以及开诚布公地与他们沟通。如果员工的父母是成长于中产阶层的商业社区中，上面的策略可能很管用。但员工如果是政治激进主义者的后代，他的家庭曾参与发起工会运动，并且用管理者从来不可信这样一种原始假设来看待问题，上面的策略就会失效。

所以，不但从我们的生物起源来探究"人性"是一个谬论，而且有压倒一切的证据表明，决定人类行为的最重要的动机性因素是情境和相关的角色。例如，一个一向温顺的人，如果受到了上司的侮辱，或者遭到了有损尊严的对待，他可能会勃然大怒，辞职不干；一个绝对诚实的人，如果正面临家人生病急需钱款，他可能会挪用公款；一个懒惰的员工，如果感到他的合作者是一个与其有强烈竞争关系的人，他可能会突然变得精力充沛；一个总是不愿意出差的员工可能会突然要求出差，因为他的孩子们长大了，他和他的配偶也需要一些旅行的机会来促进彼此之间的关系；一个员工可能会为公平对待他的上司卖力干活，可一旦发现自己受到了不公正的待遇，就会变成一名消极怠工者。

社会学家提出过一个概念叫做"情境定义"，它的意思是：人们总是在某种情境下行事，这种情境的意义是由一个人对这种情境所拥有的集体感知、假设和期望来确定的。我们决不会在社会真空中活动。我们总是从一个情境转移到另一个情境中去，我们如何应对，我们的动机又如何，这些很大程度上取决于我们对情境的定义和建构。当我们进入新的情境中——比如当我们获得一份新的工作或者加入一个新的组织，社会化过程可以看作别人教我们或者我们自己学习如何定义或考虑该情境的某一特定部分的过程——上司在场时要做什么，最后时刻工作的努力程度如何，等等。

如果我们想要理解在一个特定的情境中一个人要做什么和他为什么要这样做，就必须试着理解这个人的情境定义。如果一个组织已经引入了一套金钱奖励制度来提高生产率，但是生产率并没有因此提高，答案很可能就是员工对情境进行了如下定义：一个人如果干得比别人卖力，很可能会破坏他和别人之间的友谊，丧失令人愉快的社会关系，并且很可能会使他们以后的某项工作报酬降低。从这种观点来看，为这种金钱奖励不值得冒险，行为也就没有改变，这并不是因为金钱在某种激励方案中不重要，而是因为在特定的情境下，员工会把他们对金钱的需要与其他正在起作用的价值和动机做一番权衡。那些对特定的金钱奖励制度没有做出反应的员工可能会辞职，到另一个地方去寻找报酬更高的工作。这是不是相互矛盾呢？不。这只不过意味着动机是和特定的情境相联系的，我们不能假定同样的动机适用于任何时候、任何情境下的所有人。

人性是固定不变的，并且是由一套在每个人身上以同样方式起作用的单一动机所组成，这种人性假设一直没有得到多少科学研究的证实。然而，在人们如何表现行为方面，却存在一致性。这些一致性可能来源于人们在被社会化到一种文化、一个家庭、一个社会经济阶层、一个社团甚至一个组织角色中的各种经历情况下采用的共同观点。

社会/情境观

某些最具预测性的人的反应，是发生在面对面的交往中的，而一些最强烈的人类动机也是源自直接的、面对面的相遇。像爱德华·霍尔（Edward Hall）这样的人类学家和欧文·戈夫曼（Erving Goffman）这样的社会学家都已经非常清楚地向我们表明了我们的社交行为是多么高度规范化以及我们对维持"交往秩序"的情感体验多么强烈。比如，我们都知道，要惹某个人发火，最简单的办法就是侮辱他；而愚弄别人（说些蠢话或者干些愚蠢、出格的事），最容易使他或她的同伴感到尴尬。绝大多数父母都极力要求他们的孩子学会有礼貌、举止得体、处世机警，尽管具体的对策规则（什么才是有礼貌或者什么才是得体的）会随着亚文化的不同而变化。

南非心理学家雷蒙德·西尔伯鲍尔（Raymond Silberbauer）讲过，必须使金矿的白人工头意识到他们所招募的员工来自不同的种族部落，并且每个部落都有自己的文化习俗。比如，工头会觉得员工是不可信赖的或者是"贼眉鼠眼的"，就因为员工从不直视他的眼睛。然而工头并不知道在员工的文化习俗中直视上级的眼睛是一种不尊重人的表示。在拉丁美洲，男子之间的拥抱表示友好，但是一位不了解这种习俗的美国总管就会因此焦虑，并且怀疑对方有同性恋倾向。在绝大多数跨国公司里，来自某种文化背景的管理者由于不了解另一个文化中简单的交往规则而导致管理不善的糟糕故事非常多。但是在我们自己的圈子里，不同的社会经济阶层之间、不同的地区之间、不同的宗教信仰群体之间，也会发生同样的现象。

自豪和尊严都是强有力的情感，而一个人维持其尊严或"面子"的渴望，或许比我们在人格心理学家罗列出来的单子上所能找到的任何一种激励因素，如权力的需要、成就的需要、安全的需要等等，都更为强烈。正如工业心理学家诺曼·梅尔（Norman Maier）在他的著作中指出的，公司会花大量的金钱来掩盖某个高管的错误以便保护该高管的感受，也就是不使其"丢面子"。戈夫曼和其他一些社会学家也指出，这种动机之所以如此重要，是因为如果我们不相信别人会保护我们的脸面和尊严，整个社会秩序就会变得不安全。我要在与别人相处时感到安全，就必须让我相信他们不会不正当地利用我，并且我必须用老练得体的行为举止向他们证明自己也是可以信赖的。一旦我们违反了这些交往规范,这种社会结构就会土崩瓦解。违反者会遭到排斥并且可能会被认为情绪不稳定,需要接受精神治疗。那些顽固不化的基本行为规范违反者可能会被送进精神病院,直到他们学会如何"与他人相处"。

许多严重的劳资危机只有从工人受到的威胁和侮辱这个角度去观察才能够理解,这种因素的影响往往比工资或工作条件等其他因素的影响更为深远。若从这种观点去看待问题,拿员工洗手间"开玩笑"会比管理者缺乏幽默感更让员工感到不公平。重要的结论就是,如果不采用社会观和情境观,不研究所考察群体中特定人的行为规范和价值观,是不能真正理解哪类事件将威胁到某人的尊严的。

发展观

发展观提醒我们这样一个事实:人们的需求、动机、价值观和行为规范都会随着社会的发展、组织的成长、个体的成长与发展,而发生改变。在这一点上,发展观只不过是社会情境观的一种延续。在人生的某个阶段上极为重要的需求和价值观,到了另一个阶段可能完全不同。在科学地研究人类行为的过程中,一个重大的问题就是人们很难区分需要保持稳定的因素与那些应该改变和发展的因素。正像我们后面将要看到的,个体的生命发展是一个使自我形象和自我价值趋于稳定的过程，不过也不能忽视在中年和老年出现的戏剧性变化。管理者必须注意到这种变化，不要只根据适用于某一年龄或某一文化群体的激励理论进行决策。

组织观

决定动机模式的主要情境因素之一就是行为发生的组织背景。我们工作或隶属的组织怎样对待我们，组织所实施的规范与价值观的类型、所行使权威与权力的类型，都会有力地影响我们的行为以及导致行动的动机类型。只有注意到组织确实改变了权力与权威的基本模式，才能最好地在历史背景中理解这个观点。从组织与其员工基本的心理契约方面去比较不同类型的组织，我们也可以体会到这一点。

埃齐奥尼（Etzioni）根据组织使员工顺从的权力或权威类型和组织引发的员工参与类型，对组织进行分类，并通过这种方式提供了一种非常实用的个人－组织关系的类型。在权力维度中，埃齐奥尼根据是否使用纯粹的强制权力、与理性－合法权威相结合的经济性或其他物质性激励，以及"规范型"奖赏物或激励物，区分出三种不同的基本组织类型。最后组织通常会给员工提供一些机会，让他们致力于实现一些有价值的且符合个人追求的目标，同时显示出魅力型或理性型的领导风格。表3－1列举了每一种纯粹的组织类型，同时列举了一些多种权力类型的混合结构。

表 3-1　基于所用的权力或权威类型的组织分类

1. 强制主导型，非法定权威
集中营
监狱和劳教所
战俘营
监护性精神病院
强制性联合会

2. 功利主导型，理性-合法权威，使用经济奖赏
工商企业（个别除外）
商业联合会
农民组织
和平时期的军事组织

3. 规范主导型，使用成员身份、地位、内在价值奖赏，基于感召力和专长的权威
宗教组织（教会、女修道院等）
基于意识形态的政治组织或政党
医院
大学
社会团体
志愿团体和互助协会
专业协会
初创时期的企业组织

4. 混合型结构
规范-强制型：作战部队
功利-规范型：大多数的工会
功利-强制型：某些早期工业组织、某些农场、企业城等

资料来源：Based on Etzioni（1961）.

这种分类方法所依据的基本原则有别于第 2 章中布劳和斯科特的分类方法，它关注的是社会中组织的内部氛围而不是不同类型组织的最终目的或功能，因此对我们的研究会更有用。

埃齐奥尼还把组织员工参与类型划分为以下三种：

（1）疏离型（alienative）。意味着员工并没有心理上的归属感而只是被强制留在组织里。

（2）精明型（calculative）。意味着员工只不过"干一天的活，拿一天的工资"。

（3）道德型（moral）。意味着员工内心重视组织的使命和自身工作的价值，并全身心地投入和认同组织。

表 3-2　权力-权威类型与参与类型

	强制型	功利型	规范型
疏离型	※		
精明型		※	
道德型			※

资料来源：Based on Etzioni（1961）.

表 3-2 显示了由这种分类方法从逻辑上衍生出来的九种组织关系类型。然而埃齐奥尼指出，员工参与类型很大程度上取决于组织所采用的权力、权威类型。因此组织有聚集至表中特定表格的趋势，基本上是从左上到右下呈对角线分布。如果我们回头看看表 3-1 中的例子，就可以发现，在强制型组织中，会有非常典型的疏离型员工。同样，功利型组织中最常见的是精明型员工，他们首先期望获得劳动的经济报酬，但他们并不会觉得非要喜欢他们的工作或雇主不可。而规范型组织倾向于拥有道德型员工，因为他们重视组织的目标并且乐于实现他们的组织角色，即他们认为应该从精神上归属于组织。

用我们的术语重申这个观点就是,分布于对角线上的组织类型都有与员工之间行得通的或者说"公平的"心理契约。组织获得的员工参与类型是与它们所使用的奖励方式和权威类型相符合的。如果制造企业这样的功利型组织期望员工热爱工作,即做到精神上的参与——它们可能希望员工付出的比得到的更多;如果学校这样的规范型组织希望教师保持精神上的归属感,那么它们必须采用与之相符的奖励-权威体系。例如,如果学校的管理者限制教师的地位或学术自由,那么,他们就会破坏与教师之间的心理契约。对此,教师很可能做出这样的反应:要么重新定义他们的角色,并且把参与类型由道德型转变为精明型——这就意味着他们会按照所得的工资尽可能少地上课和上班;要么干脆变成疏离型,也就是只按要求完成教学和研究工作量,但是毫不关心工作的质量,也没有工作热情。

由以上分类方法得到的纯粹的组织类型,在现实生活中很难找到。绝大多数组织是若干类型的复杂混合体。不过对纯粹的组织类型进行描述,考虑基本权威、权力类型的维度和心理归属感的类型还是非常有用的。从历史的角度来看,有一种从纯粹的强制型和规范型组织类型向与规范型或功利型相结合的多元组织类型转变的趋势。特别是在近期工商业的发展过程中,我们目睹了处于强制型氛围中的员工要求公司给予足够经济报酬、工作安全和许多其他员工福利的运动。在强制型氛围中,由于缺乏工作岗位、生活水平普遍较低,员工被迫遵守公司的规定。工会和集体谈判的增加促进了劳资双方功利的、理性-合法型契约关系的建立。

随着工商业的复杂化以及对管理者和员工良好业绩的更多依赖，企业经营管理出现了使心理契约更加功利、规范化的趋势。这意味着企业正在寻求与其员工建立一种新型的关系，这种关系在一定程度上放弃了纯粹的功利概念而认同规范化。企业越来越期望员工喜欢他们的工作，全身心地致力于实现组织目标，并且在实现目标的过程中更具创造性；而作为交换，员工可以获得更多的决策权，这样管理者的权威就相对降低了。

解释20世纪60年代末期许多美国大学事件的方法之一，就是注意到学生把他们的参与类型，由道德型（上大学是因为他们认定教育自身的价值）或精明型（上大学是因为教育可以换来更好的工作和更多的收入）转向疏离型（上大学只是迫于必须接受教育的压力，结果发现教育所提供的是无关紧要的、脱离实际的、降解性的东西）。教授的权威建立在某个特定领域的专业知识之上，只有学生觉得这个领域与他们的价值观和目标相符，教授的权威才能起作用。一旦学生认为教授的专业知识与自己不相关，教授就不再拥有任何理性权威了。这样他们就必须依靠功利型权威（期望学生会为了他们自己未来的经济收益而接受教育）或者强制型权威（威胁那些无礼的或不好好学习的学生给他们不及格）。20世纪60年代末期，学生的愤怒和教授的焦虑多半归因于他们之间心理契约的破裂。这种破裂主要显示出对教授与学生关系（基于共同的价值观和目标）的根本性质疑。一旦这种情况发生了，就可以预期到沟通的中断、相互理解的失败和持续增加的挫败感，继而会引发学生和教授各种各样的情绪反应。

20世纪70年代已逐渐恢复到有更多的精明型和道德型学生的参与。但是20世纪60年代的许多基本价值观——拒绝专权、更加关注教育与自己的相关度、更加关心自然与环境、更多的利己主义以及更强调自我表达，依然保留着。

权变论

关于对人性进行界定这一问题，其中的一个解决方法就是发展"权变论"（contingency theory）。这个理论强调组织中的人类行为没有一个简单的普遍的定义，如果一个人能把先前的情境条件、情境中人的角色、任务的性质以及执行任务的环境都讲得足够清楚，就能提出具体的假设或命题。

这种假设的典型形式就是，如果某些假设条件成立，那么管理者就应该这样做。简单来说就是：如果一个管理者正负责一组来自经济条件不好的少数族裔地区的员工，他们缺乏经验和技术，那么管理者就应该提出一个培训计划，制定结构严谨的章程，提供优厚的经济性奖励，尽力提供支持以帮助他们获得自信。如果管理者负责的是一组成熟、富有经验的工程师，他们准备设计一种新型的高科技设备，那么管理者就应该给他们最大的自由，提供其所需的咨询建议，多考虑赏识而不是金钱激励，在制定规章制度的时候与之协商，而不是将制度强加于他们。

在如何组织工作这个方面，人们还在努力发展与权变论类似的理论，用于解释如何进行劳动分工，如何整合多方的努力，放权到什么程度，以及如何控制组织，等等。很重要的一点是应该认识到，这些理论代表了对现实的理解的进展，而这种现实又是社会科学家从文化、经济、组织和科技力量的相互影响中发现的。所以问诸如"人性是什么？""组织是什么？"之类的基础性问题仍然是有必要的，我们必须认识到我们不会得到简单的答案。我们有机会通过本书来尝试发现这些简单的答案，但我的论点的关键是人类以及人与人相互作用的方式太复杂了，以至于任何一种通用性的理论都无法对它做出解释。

小　结

在这一章，我们广泛地考察了一些能帮助我们定义"人性"的相关因素和组织与其成员之间的心理契约。第一，我们有必要提醒自己，脱离了社会/情境和发展的观点，人类行为和动机就不能被很好地理解。第二，重点是应该认识到不同的组织类型取决于不同的权威和权力类型，而这一点又反过来制约了员工的参与类型，即导致了不同的心理契约。第三，我们应该意识到权威和权力的使用从强制型转向理性－合法型和规范型已成为趋势。在第4章，我们会探讨更多的细节，看看这种历史趋势在人性的管理假设和基本的工作动机中是如何反映的。

第4章

人性的管理学假设

"跟我解释一下什么是激励,"球队老板问,"是教练告诉他的队员,冲出去,为马克斯·扎斯洛夫斯基①赢一个奖杯回来,以此来提供激励?还是他说'赢了这场比赛,那么当我们下次再来底特律的时候,我会让你们通宵观看约翰尼·卡森②的表演'?"

"不,"总经理回答,"激励是一种更精妙的艺术,教练必须要让他的队员感觉到自己被需要,他必须让队员感到自己是在做贡献。他要让他们感觉良好。"

老板仔细考虑了一下。

---

① 马克斯·扎斯洛夫斯基(Max Zaslofsky),前芝加哥雄鹿队职业篮球员兼教练。——译者

② 约翰尼·卡森(Johnny Carson),美国喜剧演员及 *The Tonight Show* 电视节目的主持人。——译者

"最近我查看了我的账簿,"他说,"一个季度,我在工资上就投入了250万美元,这难道没让他们感觉到被需要?这难道没让他们感觉良好?"

"对我来说可能是这样,"总经理说,"但是时代变化了,那些钱只会让我们的队员自满,大量的金钱捆住了他们的手脚,使他们不能奋力扑救球,并且把他们的脑子都变成了浆糊,让他们无法领会到在比赛中什么时候要换位盯防对方球员,什么时候要自己防守。"

引 言

行为是我们的行为意向、我们对即时情境的知觉、我们对情境和情境中人的假设或信念的复杂结果。反过来,这些假设是以我们过去的经验、文化规范以及他人教给我们要期望的东西为基础的。想要理解组织是如何发挥作用的,首先必须要明白组织中的人,特别是制定组织决策、政策、规则的管理者,是如何行使职责的。因此,在这一章,我们将关注管理者所提出的关于人性和动机的几种假设,因为这些假设在很大程度上决定了组织关于激励、报酬和其他人事问题的政策。

比如,如果一个企业家坚信人不会自发地努力工作,那么他将建立一个控制严密的组织,以保证员工按时上班并且受到密切监督。但相同行业中的另外一个企业家也许会基于以下假设——

人们之所以会工作是因为他们对产品感兴趣并对它产生认同,来确立鼓励员工参与管理、建立企业认同感这样一种管理风格。这个企业家也许会分配股权、鼓励员工自治,在管理上主要依靠员工自我约束而不是严格监控。这两个企业家都是以一定的假设来运作他们的组织,但仅就某个特定员工所关心的事情来说,这些假设可能是部分甚至完全错误的。但是,这些最初的假设仍强烈地影响着我们对组织激励、报酬和控制的预先设计。因此这些假设的正确与否就成为组织设计中的一个关键问题。

组织心理学的这一领域与社会心理学的一种悠久的传统紧密相连,这个传统就是研究人们如何感知情境;在他们努力使情境有意义的过程中,如何对因果关系进行归因;反过来,他们个人的态度和价值观依次是怎样影响这些感知和归因的。例如,莱茨曼(Wrightsman)曾试图测量被他称为"人性哲学"的六个维度:

1. 我们相信人是值得信任的还是不值得信任的程度;
2. 我们相信人是利他的还是利己的程度;
3. 我们相信人是独立的、自力更生的还是依从性的、服从于群体或其他权威人物的程度;
4. 我们相信人是有坚定信念和理性的还是被内部或外部的非理性力量所控制的程度;
5. 我们相信人是有不同的思想、知觉、价值观还是基本上有相同的思想、知觉、价值观的程度;
6. 我们相信人是简单的还是极其复杂的生物的程度。

研究发现,在如何从两个角度看待人性的问题上,不同地区的大学生所持观点的人数存在相当大的差异。这两个角度分别是以前四个维度为基础的犬儒主义①和以后两个维度为基础的简单－复杂性。正如我们会看到的那样，历史上对于人性的思考同样是沿着这两个方向发展：从更愤世嫉俗到更理想，从更简单到更复杂。

我们回顾管理学上对人性的假设时，用麦格雷戈（McGregor）的话说，我们可以把它们看作一个管理者的整个人生观或宇宙观的一部分。换句话说，每个管理者都有一个整体的世界观，而他对于人们为什么要工作，如何激励、管理员工等问题的看法则是这个世界观的一部分。反过来，这个世界观又将反映在管理者所处的特定社会占主导地位的、有关人性的文化理论中。这些更广泛的文化理论本身在19世纪逐渐发展，已经趋向于反映它们各自社会更根本的政治系统。也就是说，一个组织中可能存在的心理契约的类型最终是对整个社会中有影响的、更广泛的社会契约类型的反映。社会契约又会折射出在这个社会中占优势的、对权威合法性基础的假设。

在这一章，我们会看到三种对管理思想有重大影响的假设，并调查一些研究证据，发掘这些假设对管理行为的启示。这三种假设分别是：

（1）理性－经济人假设（rational-economic assumption）；

---

① 犬儒主义（cynicism）在字典里有两个解释：一是指古希腊的一个哲学派别；二是指愤世嫉俗、玩世不恭。现在一般是指第二个解释。韦氏辞典将其解释为，相信人的一切行为都是自私自利驱使的。——译者

（2）社会人假设（social assumption）；

（3）自我实现人假设（self-actualization assumption）。

第 5 章和第 6 章将会呈现另外一种以一定研究证据为基础的、能反映一个更多变和更复杂的人性模型的假设，这个证据能使我们把愤世嫉俗和理想化的观点融合到一个关于人类动机和行为的更现实的模型中。

理性 - 经济人假设

人性是理性、经济的，这一理论假设从根本上来源于享乐主义哲学，认为人们行为的目的是最大化他们的个人利益。基于相似的人性假设，亚当·斯密的经济学理论持有这样一种观点：市场中的组织与组织之间的关系、顾客与购买者之间的关系必须保持无管制状态，因为他们对各自利益的追求会形成一个自我平衡的系统。

从员工行为的角度，这种常规的思考路线导致了以下假设的形成：

1. 员工主要受经济刺激的激励，他们会做任何能够提供给他们最大经济收益的事情。

2. 由于经济刺激是由组织控制的，员工从本质上来说是被组织操纵、驱动和控制的被动接受者。

3. 感情从定义上来说是非理性的，因此，必须阻止它干扰个体对自身利益的理性评估。

4.组织能够而且必须按照使员工情感中立并得以控制的方式进行设计,这样它才能控制员工不可预测的个人特质。

隐含在这些假设中的还有另外一些附加的观点,麦格雷戈在分析了组织对员工的态度之后,将这些观点提取出来,与稍后将会讨论的 Y 理论形成对比,他把这些附加的假设称为 X 理论。

> **X 理论假设**
>
> 1.人生来就是懒惰的,因此必须被外部刺激物激励。
>
> 2.员工的个人目标是与组织目标背道而驰的,因此他们必须被外部力量控制,以保证他们为组织目标而工作。
>
> 3.由于人们的非理性情感,他们基本上没有能力自我约束、自我控制。
>
> 4.所有人大致能够被分为两类——符合上述假设的人以及能够自我激励、自我控制、较少被自己的情感所左右的人。后一类人对其他人负有管理责任。

最终,理性-经济人假设把人分为两种:不值得信任的、由金钱激励的、精于算计的大众,组织和管理大众的值得信任的、更具能动性的道德精英。在许多行业中,员工被刻板地认为符合 X 理论假设。但就像我们所看到的那样,这个理论最主要的问题不在于它不适合所有人,而在于它过度概括、过度简化了人类行为。

隐含的管理策略

管理者对人性的假设将决定他们的管理策略，以及他们对组织和员工之间所应存在的心理契约是什么的理念。例如，上面提到的这种假设，用埃齐奥尼的话说，本质上指的是精明型参与。组织用经济奖励从员工那里买来服务和顺从，并且通过一个权威和控制系统，来阻止员工本性的非理性因素对组织和员工自身的干扰。权威从本质上来说存在于一个指定的职位或位置，员工被要求服从任何一个处于这个权威职位的人，而不论这个人的专业能力和人格如何。

管理的重点是在获得高的任务绩效上，而管理者对员工的感情和士气的责任则处于次要地位，除非这些感情直接与任务绩效有关。其中出现的管理策略，已由孔茨（Koontz）和奥唐奈（O'Donnell）在对管理的主要功能的概括中很好地归纳出来：（1）计划（planning）；（2）组织（organizing）；（3）人员配置（staffing）；（4）指导（directing）；（5）控制（controlling）。

如果员工产出不高或士气低落，那么解决办法要么是重新设计工作和组织中的人际关系，要么是改变奖励和控制系统，以此来确保适当的激励和产出水平。这样，一个以这种假设运行的工业组织将会发现，提高员工整体效率的办法集中在组织自身——谁向谁负责，谁做什么工作，工作设计是否兼顾了效率和经济，等等。组织的第二种选择方案是重新检查它的激励计划——组织用以激励员工和奖励绩效的系统。如果生产力低下，组织也许会尝试一个个人奖金计划来奖赏高产出者，或者在员工中发起竞争，对优胜者给予特殊的奖励。最后，组织将会重新检查它的控制结构。监督者是否给员工施加了足够的压力去迫使他们生产？组织能否分辨那些没有完成任务、工作偷懒的员工并加以惩罚？是否有适当的信息采集机制来确保管理层能够鉴别组织的哪个部分没有承担起它们所应承担的责任？

提高组织绩效的重担完全落在管理层身上。员工被认为不会做超出激励和控制系统鼓励、允许他们所做的事情，所以即使员工并不符合管理者对他们所做的假设，他们也不可能表现出其他的行为。因此，以这些假设发挥作用的组织，它的最大危险在于这些假设倾向于自我实现。如果员工被认为是冷漠的、敌对的，仅仅是由经济刺激激励的，并且是相似的，那么管理者相应的管理策略就极有可能恰恰是训练他们以这种方式去行事。

理性－经济人假设的证据

在我们的日常生活和工业发展的历史中，存在着一些理性－经济人假设的有力证据，这个假设以及相应的管理规则适用于很多不同的情境。比如，流水线已经反复被其自身证明是一种有效提高产出的方法。金钱和个人刺激已在许多组织中被发现是对个人努力的成功激励因素。如果员工没有这方面期望，员工对工作的情感需要没有被满足则是无关紧要的。尽管基于人性的理性－经济人假设的管理策略取得了成功，但仍然存在着相应的问题以及失败的案例。如果薪水是员工唯一期待从组织中得到的，那么他们会要得更多。而且随着工业社会中生活标准的提高,员工也会改变对薪水和福利的提供方式的期望。大型工业组织最初会发现剥削员工是轻而易举的,但这种剥削最终却导致了工会的发展。如果员工的期望没有得到满足,工会会为他们提供一个更强有力的工具去影响企业的管理层。

工作变得越来越复杂,组织之间的竞争也越来越激烈,这就意味着管理将不得不更多地依赖于员工的判断力、创造力及忠诚度。随着组织对员工期望的增多,它们必须重新审视自己对于员工的假设。而在组织期望增多的同时,员工的期望也越来越多。总的来说,组织变得愈复杂、愈来愈依赖于其人力资源的时候,组织中的心理契约类型也就愈发要随之改变了。

同时,工业心理学家和工业社会学家开始更仔细地研究组织成员真正的动机和行为模式。随着研究结果的不断丰富,有一点变得清晰起来,那就是员工的许多动机、需要和期望并不符合理性-经济人假设,而这些动机、需要、期望又影响了他们的工作质量和产出,以及他们与组织之间的关系。这些研究导致了另外一种更重视社交需要和动机的假设的产生。

社会人假设

首先,两个经典的研究展示了社交型动机在组织生活中的重要性。霍桑实验成功地将人们的注意力吸引到这样一个事实上——员工渴望被同伴接纳和被喜欢的需要可能比组织提供的经济刺激更重要。研究者进一步揭示出，个体通常会拒绝被安置在一个与其他人充满竞争的位置上。而对于竞争给失败的一方所带来的威胁，个体可以通过与其他人团结在一起来很好地对抗。组织心理学发展历史中的第二个经典研究——埃里克·特里斯特（Eric Trist）对煤矿工人的研究，也发现了类似的现象。

霍桑实验

20世纪20年代末，伊利诺伊州西方电气公司霍桑工厂的一批组装继电器的女工成了一系列研究的被试，研究旨在确定诸如工作日的长短、休息的次数和时长、照明条件的改善、免费午餐等工作条件以及"非人文"环境等方面对员工产出的影响。这些被特别挑选出来参加研究的女工，被安置在有一个监督者的专门房间里，并且被仔细地观察。

随着研究者对工作条件的改变，他们发现在每一次重大变化之后，女工的产出都有大幅度提高。作为训练有素的实验者，研究者决定当所有要改变的条件都被实验过后，他们会把女工重新安排到最初照明条件简陋的工作台上，让她们长时间工作，没有休息和其他福利措施。令研究者吃惊的是，女工的产出仍然在提高，甚至超过了在最好的实验条件下所达到的水平。

此时，研究者不得不去寻找在实验中被人为操纵以外的因素。首先，非常明显的一点是，在实验中，女工培养出了高昂的士气，变得积极主动地去工作，而且完成得很好。产生这种高士气的原因是这样的：(1) 女工感觉她们很特殊，因为她们被单独挑选出来参加研究，这种选择表明管理者认为她们很重要。① (2) 女工之间以及女工和她们的监督者之间都建立了良好的关系，因为她们有相当大的自由去形成她们个人的工作节奏，并且可以用她们都认为最舒适的方式来分配任务。(3) 女工之间的社交和宽松的人际关系使工作总体上变得更令人愉快。在这些初步发现的基础上，一种新的假设形成了：工作动机、生产力以及工作质量都与工人之间以及工人和他们的监督者之间的社交关系性质有关。

为了更系统地研究这一假设，研究者重新挑选了一个由14名男工组成的工作群体，其中一些人负责往某种设备的接线柱上绕线，然后一部分人焊接，另外还有两个检查员对前面两项工作进行检查，并在设备上贴上"完成"的标签。这些人被安置在一个专门的房间，由一个坐在房间角落里的、训练有素的观察者进行全天候的观察。起初工人对这个观察者持怀疑态度，但是随着时间的推移，观察者的存在并没有导致任何特殊事件的发生，工人就松懈下来，回到他们正常的工作状态。于是，观察者在这个绕线车间发现了许多关于这个工作群体的饶有趣味的事情。

结果1：尽管群体成员对其自身群体身份有敏锐的认识，但仍然存在两个小团体，分别位于房间的前部和房间的后部。房间前部的工人认为他们的地位更高，因为他们觉得他们的绕线工作比房间后部工人的任务难度更大。每个小团体都包括一部分绕线工

---

① 由于感觉到是在参加一些新的或者特殊的活动而工作格外努力，这种现象被称作"霍桑效应"。

人、焊接工人以及检查员，但是仍然有一些人不属于任何一个小团体。每个小团体也都有自己特别的活动和习惯，团体之间也存在大量的竞争和相互戏弄现象。

结果2：作为一个整体，群体有一些"规范"，其中某些原则是关于事情应怎样做才是正确的和公平的。这些规范有一些与群体的生产率有关，可以用"给一天钱，干一天活，公平薪酬公平工作"这种观念来很好地描述。换句话说，群体建立了一个标准，关于多少产量才是"公平"的——具体来说，6 000件——这个数字可以满足管理者的要求，却远远低于以疲劳作为唯一限制因素时员工所应有的产量水平。与这个基本规范相关的规则还有另外两条："不能成为一个'冒尖者'"，这意味着任何一个成员的生产率相对于群体中的其他成员来说不能过高；"不能成为一个'包袱'"，这就是说，任何人相对于其他人产出不能过低。其中任何一种条件下的异常者都会引来嘲笑和指责，社会压力会使他们回到正常的水平上来，但如果个体对这种压力无动于衷，他们就会遭到社会排斥。事实上，工人会串通好以低于他们实际生产能力的水平进行生产，这被称作"产出限制"（restriction of output）。

影响工作关系的另外一个重要规范与群体的检查员和监督者有关。事实上，这条规范被描述为："当权者不能多管闲事或者滥用职权。研究者试图弄清楚如果检查员多管闲事或者滥用职权，他是否会触犯群体的规范，以此来支持这个假设。结果有一个检查员确实表现出了优越感，其他人就用设备搞恶作剧，排挤他，给他施加巨大的社会压力，最后他不得不主动要求调到其他群体中去。另外一个检查员和群体的监督者是"一丘之貉",因此就被接受了。

结果3:观察者发现,在许多重要问题上,群体成员并没有遵守公司的规定。比如,公司禁止不同工种之间互换工作,因为每种工作都是经过仔细评估的,需要某一特定的技术水平。然而,绕线工人却经常要求焊接工人去绕线,而自己做焊接的工作。这样,他们就可以从单调的工作中解放出来,与车间中的其他人保持社交接触。每天下班的时候,每个工人都要报告他们当天的工作完成量。事实上,监督者本应承担这一报告工作,但是他意识到工人希望自己报告,于是就让他们这样做了。尽管每个人每天的实际产量存在很大的波动,但他们报告的却是每天规定的标准数字。与工人报告的"直线式产量"不同的是,由于个人的疲劳程度、当天的士气以及其他很多环境因素的作用,工人每天的实际产量波动很大。当工人报告的比他们实际生产的要多的时候,他们并不感觉自己是在欺骗。当然,有时候工人会少报实际生产量,这样就把超出的产品列入他们实际产量低的那一天。

结果4:每个人的生产率都有非常显著的差异。有研究者试图通过熟练测验来解释这种差异,但是结果与个人生产量毫不相关。随后的一个智力测验也没有获得成功。最终被证明对产量起关键作用的因素是员工在某个小团体中的社交成员身份。高地位团体的成员的产量一律比低地位团体成员的要高。但是最高产量和最低产量的生产者却是社交孤立者,不属于任何一个团体。那么显然,与个人的产量联系最紧密的因素是员工的社交成员身份,而不是他们的先天能力。

每个人的基本工资加上以总产量为基础的、一定比例的群体奖金就构成了薪酬，由于这种薪酬分配系统，生产率实际上成为两个小团体之间争论的主要焦点。高地位团体的成员认为低地位团体的成员是"包袱"，并因此而责骂他们。而低地位团体的成员则感觉受到了侮辱被瞧不起，并且认为对高地位团体成员的最好报复方法就是继续保持低产量。如此，两个小团体就陷入了自我挫败的循环之中，进一步从总体上降低了群体的产量。

结论：这个研究使工业心理学家认识到了社交因素的重要性——员工的工作绩效在很大程度上并不取决于员工个人，而是依存于员工所处的社交关系网络。随着对更多组织的研究，有一点已变得很明显，这就是几乎每一个组织中都存在非正式组织，它深深地影响了员工的工作动机、产量高低和工作质量。霍桑实验成为把工业心理学重新定义为工业社会心理学的主要推动力量之一。

尽管霍桑实验清楚地揭示了非正式社交组织的存在，以及它对员工工作绩效的影响，但对于作为人的员工来说，这些非正式组织是否具有重要作用还不清楚。比如，如果管理者加强对人的管理、严格纪律、把员工互相调换或者孤立他们，是否会产生一些差别呢？系统地改变非正式组织的尝试并不是在西方电气公司的研究的一部分，但是在对其他组织的研究中却出现了。塔维斯托克研究所（Tavistock Institute）提供的有关英国煤矿工业技术变革的影响的研究就是一个很好的例子。

塔维斯托克研究所的煤矿研究

特里斯特和他的同事深入研究了包括采煤机和运煤机安装在内的机械技术变革对煤矿业的影响。旧工作系统包含许多工作小组，人数从2人到8人不等，工人以一个彼此高度依存的小组进行工作，与其他相似的小组是孤立的。这样的小组通常由一个技术工人、他的助手，以及几个把煤运到"运煤车"的工人组成。每个小组都有一小块采掘场地，并且各自对挖掘、装载和运输的整个过程负责（短壁开采法①）。所有的小组都是高度自治的，组内的成员是由小组领导者以成员间是否相互适合为标准挑选出来的，各成员之间都建立了长期的关系，这种关系包括如果一个人受伤或者死亡，其他人要负责照顾这个人的家庭。由于在地下、黑暗中工作会产生焦虑，以及在采矿过程中存在非常现实的危险，小组成员之间形成了十分深厚的感情联结。

组与组之间的冲突和竞争是非常普遍的，而且为了得到更好的采掘场地，也为了得到足够多的"运煤车"比其他小组运出更多的煤，各种各样的行贿和渎职现象就随之产生了。无论是在井下还是在矿区，打架都是很常见的，但这显然是对由工作本身那些高度令人沮丧的方面所引起的攻击性行为的一种有效宣泄。竞争，作为生活的一部分被人们接受，并不会影响社区和矿山的基本社交系统。

---

① 短壁开采法与稍后出现的长壁开采法是两种不同的煤矿开采方法。——译者

由于在英国煤矿中，煤层的厚度是变化不定的，因此从管理学的角度来看，采煤机和运煤机等机械设备的安置就十分必要（长壁开采法[①]）。这种操作所需要的工作小组的类型与短壁开采法所需要的完全不同。组织机构必须从工作小组转换成类似小工厂车间的大群体。这些新群体包括40～50名工人和一个监督者。先前传统的分组方式是分为不同的工作小组和整个社区，而现在一个中等规模的社交系统必须满足工人多种多样的需要。

由于工人一般都分布在相距200码、宽2码、高1码的坑道里，而且被分成了三个班次，这种中等大小的系统造成了很大的社交困难。这项工作需要各班次之间的高度协调以及班组内成员的协调一致，其中任何一个环节的无效率工作都会显著降低整个群体的产量。那些通过钻孔和爆破把煤层散开、为采掘面做准备的工人，与随后把煤运到运煤机上的工人之间的关系尤其敏感。围绕着共同的工作出现了新的小群体，它们随着工作类型的不同以及在整个社区中所享有的声望地位的不同而区分开。所以，这种新的开采方法不仅决定了不同班组之间的相互交流，而且不同工作的不同声望地位也相应地决定了新的小群体组织。

除了由群体人际关系的破坏而导致的情绪紧张，随之而来的还有其他涉及工作本身的数量和质量问题。工人分布很散，所以任何有效的管理都是不可能的。由于工作环境有隐含的危险，而在紧密的情感关系中又没有机会释放紧张的情绪，工人的产量必

[①] 长壁开采法是一种全自动的机械开采法。——译者

然会变糟。他们逐渐发现，一个低生产力的规范是解决他们面临的各种困难的唯一办法。在心理上，其结果就是"意义"的缺失，混乱感的增强（与其他人、与社会缺乏联系），被动和冷漠感的出现。

这个案例的一个重要教训就是，出于合理的管理考虑而进行的技术变革如此大地破坏了工人的社交组织，以至于新的机械系统根本不能有效地工作。换句话说，正式组织实际上妨碍了可以满足人们情感需要的、有意义的非正式组织的形成。只有在社会学家的帮助下，煤矿企业开始重新设计它们的正式组织和社交组织，而不仅仅是工作机构，它们才可能开始克服所造成的一些困难。

重组的本质就是通过进一步的机械化，为工作群体引入更多的自主性，使得合作而非竞争的人际关系可以在这种专业化的工作群体中形成。建立以群体为基础的薪酬系统，给群体更多的机会为各个班组以及各个工作任务分配员工，允许工人间互换工作，鼓励员工自我调节，这可以使矿工既满足他们的社交需要，又不会降低高度机械化所带来的高产量。同时，特里斯特和他的同事指出，随着自动化和"机器依靠"趋势的进一步发展，一种新型的工作文化和管理技能将逐渐产生。

当工作被重新设计却没有明确考虑这种变化对员工社交关系的可能影响时，上述两个例子所出现的结果在一个又一个公司中变得常见。而非正式组织在满足组织成员重要的情感需要时所起的关键作用也被反复证明，因此它不能被忽略或被禁止。

随着研究结果的积累，关于工作设计和工业管理的传统概念逐渐发生了改变。工作规划大部分是按照管理原理安排的这一最初设想，已经渐渐被一个更精练的概念——人类工程学（human engineering）所取代，这种观点把人和机器（或者是人和工作）的相互作用、相互影响作为基本出发点，被称为"社会技术系统"理论，我们在后面章节中会详细讨论。

早期研究的启示

工人带到工作中的社交需要只有在非正式组织中才能得到表达，而在这些非正式组织中产生的情感和规范又影响了员工的工作绩效、生产水平以及产品质量，对这些观点的认同导致了一种新的人性假设的产生。因霍桑实验而闻名于世的埃尔顿·梅奥（Elton Mayo）和他的同事首先清晰地表达了这些观点，这些观点至今仍引发大量的管理学思考。对于梅奥来说，霍桑实验的结果，以及后来对工人的访谈研究所获得的资料都是令人信服的证据——工业生活带走了工作的意义，挫败了员工的基本社交需要。大量工人对疏离感的抱怨以及认同感的丧失，使得梅奥形成了一种十分不同的人性观点，可以用以下这些假设来描述：

1. 社交需要是人类行为的基本激励因素，而人际关系是形成认同感的主要因素。

2. 从工业革命中延续过来的机械化，使工作丧失了它内在的意义，这些意义现在必须在工作所形成的社交关系中寻找。

3. 相对于管理激励和控制，员工更易对同伴群体的社交因素做出反应。

4. 员工对管理的反应达到什么程度，取决于管理者对下属的归属、接纳、认同感需要予以满足的程度。

隐含的管理策略

这些假设对管理策略有着完全不同的启示。第一，它指出管理者不应该把他们的注意力局限于要完成的任务上，而是应该更多地关注为他们工作的员工的社交需要。第二，管理者应该关注下属的心理幸福感，尤其是他们被接纳的感觉、归属感和认同感，而不是如何指挥和控制下属。第三，管理者应该接受工作群体存在的现实，考虑群体激励而不是个人激励。第四，最重要的是，管理者的角色从计划、组织、控制转变为员工和更高管理层的中介，倾听并试着去理解下属的需要和感情，并表现出关心和同情，在更高管理层面前支持下属的要求。按照这种假设，工作的主动权（动机的根源）就从管理层转移到了员工身上。管理层不再是工作提供者、动机驱动者以及控制者，而成为工作的促进者以及富有同情心的员工感受的支持者。

在这些假设和管理策略中所暗含的权威和心理契约的类型，与传统看法所认为的类型是完全不同的。也许最重要的事实是，管理者承认除了单纯的经济需要外，员工还存在其他需要；承认经济刺激在不同的情境下对不同的人会有不同的效果。管理者必须考虑整个社会情境，在这种情境中当其下属探索自我时，管理者还必须试着去理解每个下属赋予这种情境的意义——他如何去定义情境，他在其中的角色是什么。

在以社会人假设为基础形成的组织中，权威的性质在根本上仍然是合理合法的，但是重点却转移到了管理者的个人因素上，比如上司的领袖气质，上司与员工在情感上亲密交流的能力，以及为了下属的利益去影响更高管理层的能力。

这些假设是被我们称为"家长式"（paternalistic）体制类型的基础。这种模式在当前的美国已经比较罕见了，但是在日本和墨西哥这样的国家，家长式管理者会花大量的社交时间与他们的员工在一起，经常与他们外出聚餐，以此来更好地熟悉他们，了解工作的进展，体会员工的感受，并提供更多非正式的机会去影响他们，而不是直接发号施令。日本的终身雇佣制度不仅为员工提供了安全感，也给了他们一种重要的社会认同感。

这种组织中的心理契约包含着一个由组织做出的承诺，去照顾员工的个人和社交需要，并且在员工中建立这些需要会被满足的期望。作为回报，组织则希望员工保持忠诚、士气高昂、工作努力。在日本这样的国家，法律规定组织必须终身雇用某个员工，那么发展出一种更针对个人的心理契约也许就成为一种必需，因为组织和它的成员高度地依赖彼此。如果员工可以通过加入组织来期望一些重要的情感需要得到满足，那么他们在一定程度上会更积极地投入组织中，而这反过来又允许组织期望得到员工的忠诚、承诺以及对组织目标的高度认同。

如果管理者为员工创造的环境使他们感觉到挫败、恐惧和疏远，那么他们通常会形成一些群体，这些群体的规范与管理者的目标背道而驰。但是如果管理者可以驾驭这些非正式群体，并且使其规范与组织的目标方向一致，那么组织就会得到巨大的潜能和激励力量。

社会人假设的证据

除梅奥、罗斯里斯伯格（Roethlisberger）、特里斯特的经典研究外，还有不少研究证据支持上面提到的假设。

一类证据来自对一些组织中不同类型的工作群体的观察研究。比如，扎莱兹尼克（Zaleznik）和他的同事在一个中等规模制造加工厂的 50 人车间中，观察到了这些现象：（1）工人的生产率和满意度与个人的薪酬以及工作地位都没有关系，却与群体的成员身份有关；（2）正式的群体成员趋向于感到满意，顺从群体关于产量规范以及管理者的期望；（3）与群体不一致的人和被群体孤立的人往往缺乏满意度，并且违背群体规范；（4）与群体不一致的人和被群体孤立的人，如果渴望成为群体成员，并被群体认同，他们的产量往往会低于群体规范；（5）与群体不一致的人和被群体孤立的人，如果不想成为群体成员，则他们的产量往往会高于群体规范。

在一项对餐厅人际关系的经典研究中，怀特（Whyte）发现社交和群体因素与缺勤、对顾客服务的质量以及离职倾向显著相关。如果主管允许非正式组织的形成，并且形成的群体是紧密结合的、完整的，那么群体内的人际关系以及工作质量都是良好的。但如果由于工作的需要而打乱了群体内的关系，那么大量的麻烦就会产生。例如，如果类似女服务员这样地位较低的员工，被安排在一个可以指挥像厨师这样地位较高的员工的（比如，对厨师大声叫喊客人的订单）工作位置上，那么冲突、反抗、低劣的服务质量就会随之出现。但是当制定了这样一个系统，它要求服务员把订单写出来，并放在厨师触手可及的范围之后，服务质量就会得到改善，因为厨师可以按他们自己的步调来接受订单，并拥有主动权。

在一个重型机械工厂，西肖尔（Seashore）通过问卷法测量群体凝聚力的高低，研究了凝聚力与其他多种变量之间的关系。他发现如果群体成员信任管理者，那么高群体凝聚力是与高产量相关的，但如果群体成员对管理者缺乏信任，那么高凝聚力群体的产量反而会比较低。而且，高凝聚力群体中的成员比低凝聚力群体中的个体更难感受到不安、焦虑或者压力。

对装配线和大规模生产的研究也一致证明，员工不满意感的主要来源是社交关系的破裂，尤其是他们不能自由、舒适地与同伴交谈，不能按照他们自己的需要去调整与其他人的社交接触。如果工作任务以促进团队工作和社交互动的方式重新设计，那么员工的生产力和士气都会提高。

对第二次世界大战和朝鲜战争的研究进一步证明了社交关系的重要性。研究者不仅发现战斗的主要激励因素是一个士兵对其同伴，特别是那些与其形成了紧密非正式关系的战友所承担的责任感，还证明了战斗中情绪的崩溃源于自己让战友倒下的负罪感。在这些情况下，士兵在一个与其共同承担战争压力的小群体中倾诉自己的问题，有利于在前线这种情绪的平复。而把这个士兵从前线撤下来，则会加强他已经非常强烈的曾"让自己的战友倒下"的负罪感，这往往会增加这个士兵的情绪问题。

怀特做过一系列非常重要的研究，他试图验证金钱确实是工业组织中激励生产力的主要因素这一假设。通过对工作群体的观察、访谈高产和低产的员工、调查他们的社会背景，怀特得到了以下结论：

1. 在高产的员工中，将金钱作为主要激励因素的员工比例非常小，大约只有10%的工人会忽略限制产量的群体压力而对个人激励方案有反应。

2. 当一种激励方案产生效果的时候，不论是个人激励还是群体激励，都不单纯是经济因素在起作用。在一些情况下，员工将达到生产目标视为一种提供了令人兴奋的挑战机会的输赢游戏。而在另一些情况下，员工为获得更高的产量而工作也许就意味着能与监督者保持良好的关系，或者至少会减少监督者可能施加的心理压力。还有一种解释则简单地认为，相比于以不稳定的或缓慢的节奏来工作，以轻快的节奏来工作通常不会那么无聊和疲劳。虽然并不是所有这些因素都可以证明社会人假设的可行性，但它们的确都显示出了理性-经济人假设的不足之处。

3. "冒尖者"，这些产量在群体规范之上的员工，在背景和人格上都不同于那些生产率与群体规范保持一致的"限制者"。"冒尖者"是高度的利己主义者，他们来自大力推崇经济独立的家庭（比如农村家庭），似乎不需要强烈的社交需要；而"限制者"则来自城市的工人阶级家庭，重视合作以及与他人的交往，参加户外社交群体的比例更高,有更多的社交需要。这些研究显示出,至少有一部分员工符合社会人假设,但是这可能也存在着过度概括化的问题,并不是所有的员工都有相同的社交需要。

群体激励方案可以将群体的努力驱向组织的目标,从这种方案中所得到的收获可以在一些采用了斯坎伦计划[①]的组织中发现。

约瑟夫·斯坎伦(Joseph Scanlon)在工业产业中工作了很多年,观察到个人激励方案、让员工就改进生产方法提建议的计划以及为了使员工对企业产生认同感而设计的利益分享计划的不足之处以后,开发了斯坎伦计划。斯坎伦对学习理论和员工的社交需要都非常了解。为了满足员工的这些需要,他决定,那些改善工作程序的建议必须提交给由管理者和员工共同组成的委员会审核,而且这些建议中的个人功劳必须要降低。如果某个建议被采纳了,并且的确降低了生产成本,那么节约出来的那部分资金应该尽可能快地作为员工基本工资的一部分,而不是简单的一笔奖金发放。

根据学习理论的观点,斯坎伦计划以工作群体获得经济奖励的方式,为员工的努力提供了及时的反馈。与之形成对比的是,典型的利益分享计划很少会把员工的奖金与某个具体的个体或者群体的努力联系在一起;而且常用的建议方案会限制那些不愿意从他们的群体中被挑选出来,以及那些承认所有的想法都是许多人共同努力的结果的个体。通过把节省下来的资金分配给群体的

---

① 斯坎伦计划是指20世纪30年代中期,美国曼斯菲尔德钢铁厂的工会主席约瑟夫·斯坎伦提出的一项劳资协作计划。——译者

做法，斯坎伦计划就解决了这两方面的困难。评估委员会不仅及时满足了其成员的社交需要，而且改善了员工和管理者之间的沟通，提高了员工对组织活动的参与度。

当前有关领导力和激励的许多研究也支持这些基本假设。最近，关于"自治工作小组"的研究计划（稍后会详细讨论），以及对工人的一些人类学的观察研究强化了工作环境中社交因素的重要性。许多员工在多数情境下是被社交需要高度驱动的，这些社交需要可以超越经济需要，这已经是毫无疑问的了。但是否有足够的证据证明社会人假设是完全正确的，可以作为设计和管理组织的基础呢？或者，这些假设也像理性-经济人假设那样是过度概括化的？为了给这些问题提供一个更广阔的视角，我们需要检验另一种假设——自我实现人假设，这种假设认为自我实现才是人类的关键激励因素，是建立组织和管理员工的基本原则。

自我实现人假设

社会人假设的一个重要结果就是"人际关系运动"（human relations movement），这是训练管理者更好地觉察员工的（社交）需要而做出的努力。这种培训通常会提高员工的士气，但是在提高产量方面的效果却不显著。而同时，在组织研究方面，有越来越多的研究者渐渐同意梅奥关于工作已经变得无意义这个基本观点，于是将注意力转向了工作本身的性质。其中麦格雷戈、阿吉里斯和马斯洛等认为员工之所以会对组织目标产生疏离感,是因为他们所做的工作不允许他们以一种成熟、高产的方式发挥他们的能力和技能。他们呈现的证据表明,现代工业中的许多工作已经如此细化、专业化,员工难以发挥自己的能力,也难以发现他们现在正在做的工作和组织的总体使命之间的关系。所以一种新的、更复杂的人性假设开始形成,它被麦格雷戈称为 Y 理论。

> **Y 理论假设**
>
> 1. 人类的动机可以分为几个层次,从最基础的层次开始,分别是:(1)基本的生理需要;(2)生存、安全的需要;(3)社交与归属的需要;(4)自我满足与自尊的需要;(5)自我实现的需要,这是个体最大限度利用自身所有的能力和资源的需要。当大多数最基本的需要(对食物、水、睡眠的需要)被满足了以后,人们就会寻求更高层次的需要的满足。即使是那些我们认为"没有天分"的人,当他们的其他需要或多或少地满足了以后,他们也会在工作中寻求一种意义和成就感。
>
> 2. 个人总是追求在工作中变得成熟起来,并且有能力成为这样的人,在某种意义上,就是锻炼一定的自主性、独立性,学会从长远的角度看问题,发展特别的能力和技能,培养更大的灵活性去适应环境。
>
> 3. 人们基本上是自我激励、自我控制的;外部强加的激励和控制反而可能形成威胁,会令个体退回到一个不太成熟

的状态。

4.在自我实现和更有效的组织绩效之间并没有内在的冲突。如果给员工一个合适的机会，他们就会自发地将个人目标与组织目标整合在一起。

从本质上来说，X理论是一种犬儒主义的人性观点，而Y理论则显然是一种更理想化的观点。

隐含的管理策略

持有这种人性假设的管理者，不会过多担心是否为员工考虑得周到，而会更多地考虑如何才能使工作本身变得更有意义、更有挑战性。管理的问题不在于员工是否能满足他们的社交需要，而在于他们是否能在给其带来自豪和尊重的工作中发现工作的意义。

如此，管理者会发现他们在扮演一种访谈者的角色，试着去确定什么因素会对某个特定的员工产生挑战性。在更多的情况下，管理者是起催化作用的工作促进者，而不是一个激励提供者、指导者或者控制者。最主要的是，他们会授予下属更多的权力，在某种意义上，下属认为他们自己可以处理多少事务，管理者就可以授予多少职权。

从这些假设中派生出来的权威和心理契约的含义是非常深刻的。首先，权威不再属于某个特定的个体，甚至是某个特定的角色，而属于工作任务本身。在某种意义上，通过控制和发展自身来解决某个问题的挑战就是自我实现的核心。管理者实际上是处于辅助地位，将工作所必需的条件传达给员工。所以，激励的整个基础就从外在向内在转移，这就意味着从组织采取一定的措施激发转向组织为员工已经存在的动机提供一个向组织目标前进的机会。

在理性-经济人和社会人理论中，心理契约都包含一个外部奖励（经济奖励或者社交奖励）与员工的绩效表现之间的交换。而在自我实现人理论中，心理契约则包含了获得内在奖励的机会（来自成就和个人能力运用的满足感）与高质量的绩效表现和创造性的交换。很明显，这就产生了一种道德型参与而非精明型参与，员工可以释放出更大的潜力参与到组织目标中去，并在追求组织目标的过程中产生创造性的成就。

如果员工在工作中有一定的自主权，那么他们会有更大的影响力，这意味着管理者必须放弃某些传统的特权，尤其是在控制员工方面。因此，以Y理论假设运行的组织会有更广阔的权力基础——这被莱维特（Leavitt）称作"权力平等"（power equalization），而且也会重视员工在组织决策过程中的参与性。

"参与式管理"（participative management），是指员工应该参与制定那些对他们有直接影响的决策。此概念清晰地源于这样一种假设：员工希望在精神上参与到他们工作的组织中，希望影响组织决策的制定，希望在为组织目标服务的过程中运用他们的能力。根据阿吉里斯的理论，只有当管理者采用了这种假设以后，组织和管理系统才会被设计为可以从员工身上激发出负责任的成熟行为的模式。如果组织是建立在理性-经济人假设或者社会人假设基础之上，那么它把员工当作小孩子对待，期望他们像小孩子那样依赖、服从组织的管理，这种管理模式最终会导致组织的灭亡。这两种组织中的管理者，如果发现员工反叛、情绪化、忽视目标这些像小孩子一样的行为，他们就不应该感到惊讶。

自我实现人假设的证据

20世纪20年代到30年代，在霍桑工厂以及其他一些组织对员工做的访谈实验中，收集到的员工需要为他们的工作寻求意义和挑战的证据，与员工具有社交需要的证据同样多。阿吉里斯在对各种各样的制造业组织的研究中多次发现，如果工作本身太过局限或者毫无意义而阻碍了员工的发展，那么他们就会通过欺骗管理者或者与群体中的其他成员联合在一起等方式，去创造意义和挑战。工人发明出奇特的装配工具以使他们的工作变得轻松，或者制订复杂的方案以使他们逃避工作，生产工人的这种神奇的创造力不断地被发现。这些活动都有一个有趣的特点，工人在其中投入的精力远大于完成管理者分配的工作。积极投入精力去发现一些有意义的事情，哪怕仅仅是对管理者的一个无聊的玩笑，都证明了员工对意义的强烈需要。流水线和大规模生产系统不仅破坏了员工之间的社交关系，而且往往令工作失去了意义和挑战。

目前还不清楚是否所有的员工都希望他们工作的环境可以为他们提供一些意义和挑战；或者是否对于某些人特别是来自较低

社会经济阶层的员工来说,工作并不是位于首位的"主要的生活关注点"。也许对于一些员工来说,与他们的雇主建立一种本质上精明型的、功利型的心理契约——"给一天钱,干一天活,公平薪酬公平工作",也就足够了。如果工作提供了经济保障,那么意义和挑战是可以在其他地方寻找到的——家庭活动、个人的业余爱好或者是社区活动。但是低水平的工作参与程度,本质上并不是反对个体自我实现需要的证据,比如,麦格雷戈曾提出员工已经认识到不能期望从他们的工作中得到意义和挑战,于是就适应了这种低期望。事实上,就像前面提过的那样,理性-经济人假设的最大问题在于它是一个自我实现预言。

同时,阿吉里斯和其他一些研究者指出,满足于员工较低水平的激励是对人力资源的潜在浪费,这是许多组织所不能承受的。从长远来看,在日渐复杂、竞争激烈的世界中,组织让所有的员工全部参与进来以实现产量和创造力最大化是十分必要的。

对自我实现人假设最有力的证据来自对专业工作者、经理、技术工人的研究,他们都趋向于高度投入到工作中,对他们来说,工作的挑战性和意义才是最核心的价值。赫茨伯格(Herzberg)对会计师和工程师的研究清楚地证明,对这些人最好的激励因素是工作的挑战性和工作的完成。监督的性质、薪酬水平、工作条件这类因素,如果考虑不恰当,反而会降低他们的士气,但改善这些条件并不能从本质上提高他们的动机。随着组织中受过良好教育、半职业化员工人数的增加,内部动机的重要性也在提高,因为雇用一个学历高而工作效率低的员工会使组织付出巨大的代价。

从这个角度回顾一些其他研究会发现，我们认为有这样一种可能性：早期在工业领域的研究没能发现真正的激励因素，是因为在马斯洛的需要层次中，低水平的需要还没有被有效地满足。只要员工依然感觉到威胁、不安全、收入过低、无人理睬，他们就必须要应付这些因素。也许只有当这些需要都满足了之后，他们才有可能发现原来重要的激励因素是在工作条件之上和之外的——这些因素与工作的本质有关。

再次回顾那些采用斯坎伦计划的公司，有一点是非常清楚的，一旦员工致力于实现组织的目标，公司不仅能够拥有更高的生产率，还能够有一些降低成本的创新，这通常是工业工程师即使做再大的努力也无法达成的。

自我实现这个概念强调的重点是自主、挑战、成长、最大限度地发挥个人的能力和智力等高层次的需要。它假设所有的人天生都有这样的倾向，但是只有在低层次的安全和社交需要得到满足之后，这种倾向才能体现出来。有清晰的证据证明，追求自我实现是管理和职业行为中重要的、关键的一个方面。但这种激励因素与低水平员工之间的关系如何，目前还不清楚，尽管在所有层次的组织中，许多先前被用来解释阻碍了社交需要的例子，也可以轻易地被重新解释为阻碍了寻求挑战和意义。

我们只能得出这样的结论，那些在工作中没有积极寻求挑战或自我实现的员工，或者是因为他们缺乏这样的需要，或者是因为他们还没有机会表达这种需要。这种情况是有可能出现的，因为低层次的需要还没有得到满足，或者是作为心理契约的一部分，组织已经"训练"了它们的员工不要期望在工作中找寻意义。

小 结

我们已经广泛地回顾了历史上出现的三种主要的、有竞争性的解释人性的假设,并得到了从这三种假设衍生出的对于组织的相应管理策略。每一种关于人性的观点都有一定程度的正确性,因此,每一种观点都为组织如何运行、如何管理提供了重要的启示。但是,正如在新兴领域常见的那样,每一种观点都过于简单,过于概括。随着我们对人类行为研究的增多,我们会愈加发现它的复杂性,也会越来越认识到我们必须采用一种融合了社会学的、发展的、情境的观点来看待组织中的人类行为。在接下来的两章,我将会介绍一种更复杂的人性观点,它包括一系列主张、设想、经验发现和假设。虽然它目前还没有形成一个统一的理论,但可以帮助我们更充分地理解在复杂的组织中,人是如何行动的。

第5章

动机的发展观和情境观

引　言

在第4章，我们通过探讨人性假设追溯了管理理论的主要发展趋势。在所有早期管理理论中，欠缺的一个主要因素就是关于人的发展观，也就是人的动机、需要、能力、态度、价值观不仅在童年期变化发展，在整个成年期也在变化发展。为此，本章将对一些关于人的发展的主要理论与研究成果进行总结，尤其关注这些理论与研究成果所涉及的组织成员身份与心理契约方面。

是什么在激励人，使这一问题存在相互矛盾的观点的原因之一在于：有些理论家探讨来自生物性本源的需要、内驱力和本能。另一些理论家则探讨在童年时期习得的动机，这些动机模式不仅具有文化差异性，还能随亚文化情境的改变而改变。还有一些理论家考察那些更为直接的、与人的工作方面有关的价值观与目标，这些价值观有可能与人们生物性的或社会习得的需要有最终联系，也可能与这些需要没有关系，但它们必定会因个体的不同而显示出巨大的差异，并且随个体的年龄或发展阶段而发生很大的变化。

最后，一些新近出现的理论已经不再试图列出特定的需要或动机，取而代之的是主张研究动机的通用过程模型，这些理论被称为路径-目标理论（path-goal theoy）或者期望理论（expectancy theory）。这些理论本质上都假定员工的行为是员工对某一特定结果（如金钱、责任、成就）的评估和对达到这种结果的某种行为（如努力工作或提高工作质量）的个人期待这两者的函数。一开始我们必须要认识到，这些林林总总的理论并不是相互竞争的，它们试图在不同的分析层面解释不同的现象。

人性的生物性起源

一些最根本的争论仍然很盛行，即关于人的本性是植根于由生物或遗传决定的并在人类身上普遍起作用的"本能"，还是在本质上源于个体成长的文化背景下所经历的基本社会化过程中形成的一系列后天习得的需要。文化人类学家已经对人性具有可塑性这一观点提出了强有力的证据。在一些文化中，人们认为进取和竞争完全是人的天性和本能，而在另一些文化中，人们则认为合作和利他是人的天性和本能。

习性学家和社会生物学家最近的研究指向了由人的生物性所驱动的本能对行为的影响。这一证据支持了弗洛伊德的基本理论，即每个人有一组生本能和一组死本能。生本能引起个体成长、爱、人格发展以及人与周围世界整合的建设性内驱力；死本能则导致个体攻击、憎恨、人格退缩以及与周围世界的疏远并最终死亡的破坏性内驱力。可能所有的人既是好攻击的又是友爱的，既是利他的又是利己的，既是社交的又是孤立的，并且，这一组组广泛的"本能"在特定的文化背景和一系列人生经历中可能被塑造成许多种特定的动机。

此外，事实已经充分证明，理解人类人格的最佳途径是将人格看成每个人终生不懈努力的一部分，这种努力不仅试图调和由生物性的能量驱使的本能所引起的冲突性的内在力量（被弗洛伊德称为"本我"的部分），而且试图把这些"本能"冲动与产生于外部环境的机遇和束缚协调起来。而要达到这种协调，首先要依靠父母，随后要通过各类社会机构和组织，以及人们在其中可以找到的自己的人际关系。

如果人性的生物性模型带给我们什么启发的话，与其说它激励人的内容与理解人性相关，不如说它与解决冲突、应对内在冲动以及外部的束缚和压力，以及发展出对这些冲动、束缚和压力的防御机制等过程有关。冲突解决的过程就是生命的全部内容，这个过程塑造了每个人的个性。因此，一个员工可能想要努力工作以获取更多的报酬，但如果他与同事已经制定出一些规范认为人不应该成为"冒尖者"，他就会认识到努力工作会使他跟同事产生更多的冲突。于是，重要的问题不是金钱和群体归属这两者中哪一个更重要，而是这个人是如何解决这类冲突的，以及管理者和领导者如何创设使这类冲突最小化的环境。

社会化和早期发展的影响

所有理论都认为，人作为一个生物有机体，在没有某种人类群体的养育下是不可能生存并成为"人"的，语言的习得是人最基本的能力和技能之一。我们主要通过语言来学会如何组织自己的经验，如何感知正发生在我们周围的事情，如何标记外在事物和内在感受，简而言之，我们要学会如何去思考。

正是通过语言，我们习得了价值观，明白了我们应该追求什么，不应该追求什么，如何解释我们的经历并赋予其意义，懂得如何与其他人相处，等等。文化和社会传承其基本观念的最根本方式之一，就是将那种文化的语言传授给新的成员。

社会化过程首先给处于童年期的个体人格打下了烙印，但这一过程可在少年期和成年期所扮演的一个角色转变到另一个角色或从一个组织变动到另一个组织的任何时候再现。理解一个人持什么样的真实动机或价值观的基本方法之一，就是考察这个人在人生的各个不同阶段有哪些社会化经历。

从弗洛伊德学派和精神分析学说的观点来看，社会化的过程涉及自我，也就是理性的、善于计划的决策能力。这种能力是伴随着个体试图使外部惩罚最小化，并使外在的奖赏最大化而控制内在冲动和疏导内驱力，从而逐步发展起来的。在这个过程中，儿童通过对父母的认同来"借得"父母的力量，从而内化来自父母（或父母的替代者）的某些规则、价值观和观念。我们都见过小孩子自言自语地说："不，你不可以那么做。"这是小孩子在试图控制他们自己的冲动时说的，这些冲动是他们在过去的经历中意识到会被大人指责或惩罚的。规范、价值观以及我们希望成为的理想模型的内化，构成了我们的良心，或者说构成了被弗洛伊德称作"超我"的东西。超我，是对自己进行评价的我的一部分，这部分在我们违反一些外在或内在规则时会引起羞愧或内疚，而在我们符合自己的价值或理想自我时，它会引发自豪感。

从社会学的观点来看，社会化过程同样被看作一个学会像他人观察我们一样来观察我们自己的过程。人的大脑具有抽象思考并产生自我意识的能力，这使得一个小孩在与他人接触时能感知到对外部世界的个人反应，而且可以把这种行为延伸到自己的情境中，即当某一特定的行为发生在对自己很重要的人身上时会是什么样的结果。社会自我的发展过程就是一个逐步抽象化的过程。

换言之，每个人都是以他人对自己的感知并结合他自己的自我感觉为基础来发展自我概念的。

社会学家认为，由于自我概念主要是在与他人的交互影响过程中衍生出来的，因此，人类才是真正的社会性动物。如果在一个孩子成长的环境中没有其他人，那这个孩子便没有建立自我概念的参照对象。"你是个好孩子""你长得多高啊""女孩不能玩卡车""你是一个多可爱的小女孩啊""你不应该打你的弟弟，这不是一个好孩子应该做的"……这种从他人那里得来的成千上万条信息的整合，与基于解决内在冲突的个人自我感知相结合，就会激发自我概念的形成，这一过程会贯穿一生。

一个年轻人可能有很多相互冲突的冲动：侵犯性的情感、恐惧、欲望，诸如此类。这些冲动是在他们所处的亚文化中，被对自己很重要的大人所不认可的，但会不断占据这个年轻人的思想。如果这种冲突相当严重，这个人将压抑这些消极的冲动，而变得对这些冲动无意识。然而，这些冲动还一直存在着，其存在可以通过一系列固定的防御机制来证实，诸如否认自己生气、把自己的生气投射到他人身上、激起其他人做出攻击行为来证明自己做出攻击反应是合理的等等。幸运的是，个体能找到一些为社会所接受的释放这些情绪的方式，例如在竞争性强的竞技体育中或是在需要大量攻击行为的高压力职业中。

在极端的例子中，一个人可能变得温文尔雅，把他的整个自我概念建立在对侵犯行为的否认的基础之上，并学会运用积极的动机使自己成为一个有爱心的、愿意与人合作的人，以此作为一种控制强烈的反方向冲动的方式（这被精神分析学派学者称作反应形成和过度补偿）。在某些人身上出现的过度补偿这类防御机制，并不意味着我们能推断每个温文尔雅的人全都在防御强烈的内在攻击性冲动，而是意味着人格的形成是一个复杂的冲突解决过程；意味着冲突的大部分是不可觉察的；意味着表层动机或价值观并不总是与深层需要和内驱力保持一致。

外显的自我是弗洛伊德和其他学者所称的理想自我，是我们所期望达到的那套目标和价值观，是衡量我们在生活中做得如何的那套标准。理想自我是自我中后天习得的部分，它反映了更广阔文化中的价值观，也反映了亚文化或社会经济群体、社区的规范，最重要的是，它反映了家庭自身的内在价值观。只有当我们认识到在每个孩子成长过程中，对孩子起作用的各种因素的多样性及每个人成为理想自我的复杂性，我们才能理解人的动机是多变的。我们选择职业，我们寻求种种亲密关系，我们为自己构筑家庭类型，以及我们想要加入各种组织并为之工作，都可以看成产生自我概念的过程以及接近某些我们所重视的自我概念的过程。

因此，我们可以认为，维持和发展人的自我概念和自尊的需要是成人最根本的动机。我们做那些与如何看待我们自己相符的事情，同时我们总是避免做那些与如何看待我们自己相背离的事情，我们尽力让自己感觉良好，同时避免那些让我们对自己感到糟糕的情境。

寻找自我的过程是一个终身过程。我们不仅会不断寻找能检验我们自我概念的新的外部挑战,而且会寻找那些源自我们内心的新的情感和冲动。这些新的情感和冲动可能与我们的自我概念相符,也可能不符。然后,必须对这些新的感知经验进行整合、否认或以其他方式来处理。当我们着手开始新的关系时,当我们承担新的职业角色或社会角色时,当我们移居到新的社区时,当我们因为疾病、与年龄有关的生理变化而经历身体上的变化时,这种新的挑战和情感便出现了。

这时候,人就会经历社会化进程中的一个新周期,并发现自己要应对这一点以发展对自我的新的整合。这可以是建设性的和促使人成长的,也可以是约束性的和抑制性的,取决于个人的应对能力以及环境提供成长机遇的能力。因此,给领导者或管理者的经验教训是,每一位下属都是一个能够在很大范围内做出反应的复杂人,他将不断尝试建构情境以使事物在主观上具有意义。主观性的重新建构总是以把新的经验和先前的经验整合起来为目标,因而证实了自我概念是在不断发展的。

职业选择和职业生涯发展

在心理学中,有一个与动机问题有很重要的联系但几乎被组织心理学完全忽略的领域,那就是对职业选择和生涯发展的研究。在我们的社会里,能满足个人基本经济需求的个人职业及日常工作已经成为我们自我概念的核心和自尊的源泉。例如,当一些中年家庭主妇的主要角色是作为母亲，而且其所承担的这种角色相比于她们全职工作的丈夫而言并不太重要时，她们所具有的某些内在冲突，可以归因于这些中年家庭主妇没有机会发展与全职工作的丈夫同等的身份或自我概念。这些丈夫的职业生涯在继续，而他们妻子的"家庭生涯"可能会剧烈地变化。人们退休后产生的许多问题都源于正式雇佣关系的终结导致的身份突然丧失，换言之，职业自我形象是我们整个自我形象中的重要部分，对很多人来说，是最重要的部分。

职业选择理论试图把这种选择与人的更基本动机或需要联系起来，但这一理论在支持其假设的过程中遇到了像其他动机理论一样所遇到的困难。例如，罗（Roe）提出了这样的理论，职业选择反映的是源自儿童抚养实践中的基本个人倾向。她假定父母对孩子非常关注，也就是某种意义上要么过分溺爱，要么对孩子高要求，这样的父母往往把孩子培养为"以人为取向"型，以后这样的孩子通过选择服务行业、商业、娱乐业、艺术领域的职业来试图表现这种取向。而对于那些很少关心孩子的父母，他们疏远孩子，否定孩子，或是忽视孩子，他们往往把孩子培养成"不以人为取向"型，这就引导孩子选择科学、工程领域的或林业中"与世隔绝"的户外职业。

证实或反驳罗的发展理论是十分困难的，部分原因在于搜集有关父母教养方式的行为数据是十分困难的，不过成人是或多或少按"以人为取向"来测量和分类的。无论这种取向的起源是什么，在各类职业中，它都会随个体对"与其他人一起工作"的珍视程度而变化。而且比起另一些职业角色，这种取向与某些职业角色匹配得更好一些。例如，工程技术容许人基本上独立工作，而管理工作作为一个职业，本质上则要求与他人一起工作。

人们在职业生活过程中所形成的取向类型，可能会促使他们选择特定的职业，这种取向类型在很多情况中都有反映。例如，贝林（Bailyn）和沙因最近对麻省理工学院毕业约15年的校友进行了职业和工作价值观的调查。研究发现了一种职业类型模式，这一职业模式既反映了人的各种背景因素，又反映了当前的价值观。从中可以区分出三种职业生涯模式。

1.基于工程的职业生涯。这种基本模式可通过同时包含以下四个特征来确定：（1）主修工程学；（2）在学校中成绩处于中等水平；（3）获得学士学位或硕士学位后就离开学校；（4）第一份工作为工程技术职员。这种模式的校友在毕业15年后既可能保持工程技术职员的职位，也可能从事企业职员之类的职业，或者是工程管理、职能管理、一般管理、创业活动以及咨询。这类校友有一套共同的价值观，这套价值观看重有挑战性的工作、晋升的机会、担任领导角色的机会、获取高额收入的机会、对他们所工作的组织做出贡献的机会。这群人需要组织来表达他们的基本倾向和价值观。

2.基于科学的/专业的职业生涯。这种基本模式通过同时包含以下四个特征来确定：（1）主修某些科学领域的学科；（2）在学校中成绩高于平均水平；（3）通过继续接受研究生教育一直获得博士学位；（4）起初的工作不是工程技术职员。这一模式的校友最后从事以下四种职业中的一种：科学教授、工程教授、科学项目或实验室管理者、科技领域职员。他们的价值体系不同于基于工程的职业生涯类型的人，他们相对更看重工作任务内在的挑战性，看重在工作中发挥创造力的机会以及体会到成就感的机会，看重接受更进一步教育培训的机会。在这个群体中，他们相对较少地考虑领导力、收入或对所在组织的成就做出自己的贡献。

3. 纯专业性的职业生涯。这种基本模式通过主修某一更细分更专门的专业领域并在毕业后马上进入该领域工作来确定。在麻省理工学院样本中，建筑学符合这一模式，其他可能符合的例子包括医药学、法律、社会工作等。我们并没有足够的例子来描述这类人的价值体系的特征，但他们倾向于表现出自主职业者（如科学/专业模式中的教授那样）的价值观与基于工程模式的组织性特征。尽管理清其中的因果关系相当困难，但贝林和沙因在所有这三类人中都已经找到了一些证据，表明人的早期取向和他随后的职业社会化过程都影响着人的价值观，这在毕业15年后是很明显的。

为了理解这群校友的工作满意感模式，贝林开发出一个"工作投入"（work involvement）指标来反映这群校友的工作努力程度。这一指标反映了下列内容：（1）来自工作或职业与来自生活中其他领域的相对满意度；（2）工作对该校友的重要性。承担管理、创业、咨询和学术角色的人明显要比承担工程、科学和商业角色的人有更多的工作投入，而在工程技术领域的职员群体中（这一群体通常表现出最低的工作投入和工作满意感），"以人为取向"的工程师表现出的工作投入和工作满意感最低。到了中年仍维持技术取向的工程师，更可能保持很高的工作投入。

这对管理的意义很明显：即使在工程领域这样相当单一的职业中，人们也会发现许多不同的动机模式和不同的工作投入程度，这就要求有不同的管理策略，以使组织对高生产率员工的需要以及员工个人主导的需要即职业的需要予以最大限度的满足。

霍兰德职业生涯理论

霍兰德提出并检验了一个试图使个人倾向与职业环境更具直接关联的一般理论。个人倾向和环境这两者都能从以下六个方面来加以描述：

1. 现实型。现实型的人是一类通过寻找客观、具体的目标与任务来应对他们生活的人。他们喜欢操控事物、工具、机器、人、动物等等。这类人最好能与他们所面对的明确具体的体力任务环境相匹配。建议从事的职业如需要技巧或不需要技巧的体力劳动、农业、工程、户外维护工作等。

2. 智力型。智力型的人是一类通过运用智慧来操控思维、言语以及信息符号以应对生活的人。这类人最好能与他们所面对的要求有抽象和创造能力的任务环境相匹配，建议从事科学、教育、写作等职业。

3. 社交型。社交型的人是一类通过选择要求个体使用人际关系技巧并对与人交往有兴趣的任务，来应对生活的人。这类人最好能与要求他们来解释和矫正人的行为的环境相匹配。建议的职业如社会工作、咨询师、牧师、某类教学和需要组织他人的工作。

4. 传统型。传统型的人是一类通过选择受习俗和社会认可的目标和任务来应对生活的人。这类人最好能与要求对多种信息进行系统常规处理的环境相匹配。建议从事会计、各种办公室工作和行政管理等职业。

5. 企业型。企业型的人是一类通过选择那些能表现出高活力、热情、冒险精神、支配性和冲动的目标和任务来应对生活的人。这类人最好与通过运用灵巧的语言来指导和说服他人的环境相匹配。建议从事推销员、企业家、管理者、政治家和外事服务人员等职业。

6. 艺术型。艺术型的人是一类运用感觉、直觉、情绪和想象力来创造艺术题材或产品的人。这类人最好与要求通过体验、感知和想象来阐释或创造各种艺术形式的环境相匹配。建议从事写作、美术和表演艺术等职业。

显然，人是十分复杂的，他们的倾向能反映出由上述六种基本类型构成的多种组合。这一理论的优点在于确定了具体的可测量的特质，从而可以使职业咨询师改进职业选择过程。这类模型建立在斯特朗（E. K. Strong）和其他学者数十载研究工作的基础上，他们认为不同的职业反映不同的兴趣模式。通过关注一个人的兴趣，人们只需要确认该人此时此刻表现出来的兴趣就可以撇开动机问题。当人到青春期时，他们就已经形成了确定的职业兴趣和职业取向模式，这种模式可以被诊断出来，并用作职业指导的基础。

萨珀发展理论

职业选择在视野方面不可避免地是狭窄的,因为它忽视了在这种选择之前、之中以及之后都不断出现的人的发展问题。人们做出接受教育的选择是为了进入一个职业领域,并且发掘一些新的兴趣点或新的技能。他们的第一份工作往往显示出他们的期望与工作环境现实之间是不匹配的。人们在他们职业生涯的早期会发现一些他们并没有意识到的才能和价值观,这就需要他们做出新的适应或调整。萨珀(Super)和博恩(Bohn)提出职业的发展在本质上是个人的自我概念与外部环境现实进行整合的过程,这一理论模型已成为研究终身过程最为广泛的模型。推动这一过程的一个基本潜在动机就是实现个人的自我概念。人们试图在以下六个主要阶段中,在他们所扮演的职业(以及其他)角色里形成他们自己的概念。这六个主要阶段包括:

1. 探索阶段:自我概念在童年及青少年时期的发展。

2. 现实检验阶段:从学校转变到工作以及早期工作经历。

3. 尝试与实验阶段:尝试通过确立一种(甚至是几种)职业来实现自我概念。

4. 建立阶段:在职业生涯中期,实现和调整自我概念。

5. 维持阶段:维持并继续实现自我概念。

6. 衰退阶段:随着个人职业角色的终止而对自我概念做出新的调整。

发展理论的一个启示就是,一个人从童年及青少年期形成的需要、动机、价值观模式是一套与职业选择过程有关的最初目标与限制条件。此后，这个人总是处于不断尝试把内心的力量和冲动与外部机遇及限制整合起来的动态过程中，以便实现他的自我概念，而自我概念作为新经历的结果，其自身也在不断改变和发展。

职业锚

对麻省理工学院斯隆商学院44名男性毕业生的纵向追踪研究，为发展理论提供了有力支持。对这些人20世纪60年代初毕业前以及1973年他们进入职业生涯10～12年后，以访谈和态度调查的方式，进行了深入的研究。他们在毕业前所显示出的动机与价值观，并不是他们随后职业生涯状况的可靠预测源，这很大程度上是因为：他们在职业生涯早期所确定的自身需要、价值观和才能与其工作的组织环境要求之间存在不匹配的地方。尤其是一个人的才能只有在有了真正的工作体验后才能被清楚地评价，人对于自己才能的感知是自我概念最重要的部分。在这项研究中，很多校友都是在一个职业领域中干了多年后，才意识到自己的某些需要、价值观和才能，而他们中的一些人是在经历了很多不同的工作、组织或甚至不同的职业后，才获得了明确的自我形象。

自我形象围绕着需求和动机、才能、价值观逐步明晰的过程，可以概念化为寻找"职业锚"的过程。职业锚作为职业生涯限制和指导因素开始起作用。职业锚与动机是不同的，因为它还包括对才能和价值观的自我概念，并且以真正的职业经历为基础。我们发现这44个案例可归为五个职业锚组。这里的职业锚是如果迫使人们做出选择,一个人最不愿意放弃的需求、价值和才能。这五个职业锚分别是:

1. 技术/职能型。技术/职能型的人是围绕着一套特定的个人所擅长的技术或职能性技能以及价值观,来组织整个职业生涯,这些价值观能引起使他们留在某一职业领域中的自我概念形成。而这一职业能够不断向他们提供围绕着特定技能的挑战性工作。这组校友都从事着从技术性职员到职能管理的各种工作。

2. 管理能力型。管理能力型的人是沿着某一组织的权力阶梯不断攀升直至获得一个承担全面管理责任的职位,来组织整个职业生涯。在这一职位上所做出的决策以及这一决策产生的后果都是与人们分析问题、处理人际关系及在不确定的条件下做出困难决策时的努力联系在一起的。这组校友明显都在努力争取诸如董事长或执行副董事长等全面管理的职位。

3. 创新型。创新型的人是围绕着某种创新努力来组织整个职业生涯,这种创新努力使得这些人创造出新的服务或产品,或发明了什么东西,或创建起他自己的事业。这组校友都已经拥有自己的事业,其中一些人是成功的,而另一些人还在奋斗和探索中。

4. 安全或稳定型。安全或稳定型的人是围绕着在某一组织中获得一个适当的职位来组织整个职业生涯,这一职位通过达到一定程度的经济独立来保障持续性就业、稳定的前途以及为家庭提供舒适的供养能力。

5. 自主型。自主型的人是围绕着找到像教书育人、咨询工作、写作、经营一个店铺或其他类似的工作，来组织整个职业生涯。这些工作允许个人决定自己的时间、生活方式和工作方式。这组人最可能退出常规型的企业组织，尽管咨询工作或教书这些职业都与企业活动和管理活动有关联。

显然，我们还能想象出其他职业锚，如为他人提供服务，为政治或宗教事务而工作，为追求多样化或权力而工作。但事实上以上所说的五个类型已经完全包括这项研究中的44个案例了。试图把这些职业锚应用到其他职业的尝试也被证明是颇有成效的。例如，范·马南（Van Maanen）把城市警察分为不同类型，分类依据是他们最初是倾向或锚定技术性治安工作，或沿着部门的官阶攀升，或创造性地利用警察工作做一些其他的业务（例如，与有组织的犯罪团伙交易），还是使警察这一职业成为一个安全的、文职性的服务型职业，或是成为一个"独行者"式的私家侦探。类似地，人们也可以研究医学或法律这类职业，分析各种医生或律师的不同的职业锚。与其找到决定人们职业选择的单一动机或价值观，不如认识到任何已知职业都能满足人的各种需要以及使用多样性人才更有效。

总之，职业锚这类概念的价值在于，它们是颇具发展性的，并试图反映每个人对自己明确的而又起作用的自我概念的追寻，这种追寻可能是持续终生的。

基本需要理论的回顾

在介绍完发展观点后,我们现在可以重新审视和总结人们经常引用的马斯洛、奥尔德弗、麦克莱兰和赫茨伯格的分类方式并且指出它们各自的优缺点。表 5-1 将这些理论家提出的基本需要和动机的假设,以并列的方式呈现出来,显示出分类方式的相似性。

表 5-1 基本动机类型的比较

马斯洛的分类(层次)	奥尔德弗的分类	麦克莱兰的分类	赫茨伯格的激励因素(暗含层次)	
1. 生理需要	生存需要		保健因素与激励因素	工作条件
2. 安全需要(物质的) 安全需要(人际关系的)		权力需要		工资与福利 监督管理
3. 归属、爱、社交的需要	关系需要	归属需要		同事
4. 自尊需要(他人的反馈) 自尊(自我认同活动)	成长需要	成就需要		赏识 晋升 责任
5. 自我实现需要				工作挑战性

马斯洛认为人类的基本需要是以层次顺序来排列的,还主张只有较低层次的需要得到满足后,较高层次的需要才会被激活。这个理论的优点在于它使得人们注意到能起作用的各种各

样的需要和动机。但需要层次观念的证据很薄弱，而且需要的分类也过于概括化。例如，自我实现能够通过许多不同的方式达到，并且自我实现的内涵可能会随着各种发展阶段而相应变化。所以，这对于了解每个人都关心的自我实现可能并没有什么帮助。

奥尔德弗接受了马斯洛的需要层次理论并且把它分成三个更基本的类型：生存需要、关系需要和成长需要。当人们试图测定某一特定的成人在某一特定的时间点上的每种需要有多少时，这套分类方式是最有用的。这种分类方式认为有可能每个人的每种基本需要不是一样多，而马斯洛的理论却倾向于暗示每个人的每种基本需要都一样多。

麦克莱兰的基本需要理论用于了解像企业家和管理者这样的组织员工的职业生涯可能是最适合的。麦克莱兰确定出三种基本需要，即成就需求、权力需要和归属需要。我们每个人都经常会表现出对亲密关系、权力或成就的需要，并且我们的需要（与行为）的强烈程度随情境的变化而变化。然而，一般来说，我们可能会对成就、权力、归属这三种需要中的一种存在着某种偏爱。对不同职业的研究已经显示出，与教师或律师相比，企业家更倾向于拥有高于前两者平均水平的成就动机和低于前两者平均水平的归属动机。可以预见，他们对成功地完成任务最为关心。

与此对照，逐步发展起来的高层总经理相对其他职业而言倾向于表现出较高的权力需要，而且通过麦克莱兰和伯纳姆

(Burnham)称之为"社会化"的方式,不以个人的自我扩张为目的来显示这种权力。这种方式试图影响他人去实现有效、可接受的组织目标。很多研究表明,总体动机水平较高、有为企业的利益做事的倾向以及自己"有能力处理人际关系"而影响他人的需要,这些因素与成功的管理有关。

麦克莱兰已经证实了一个社会的经济繁荣取决于创业性活动的积极程度,他认为,从历史上看这种创业性的活动与其社会成员强烈的成就动机紧密相连。为了验证这一理论,他设计了一些培训项目来增强发展中国家管理者的成功动机。虽说很难评估这些努力所取得的成功,但是两者之间已显示出的足够高的正相关关系足以鼓励这一研究项目和行动继续下去。为了达到我们的目的,需要强调的是:在这里我们已经有了一个动机理论,明确提出人的动机即使在成人阶段也是可变的。

赫茨伯格的保健因素和激励因素在表 5-1 右侧的栏目中已列出。从表中我们可以看到这些需要与工作尤为相关,反映了人们希望从工作中得到的一些具体的东西。由于人们在不同时期需要不同东西的倾向,由于人们有赋予特定的工作价值观以不同意义的倾向,在证实这一理论的过程中我们会遇到相当多的问题,这些我们将在下部分内容中谈到。

总而言之,对于各种需要理论,可以确定的是它们已经提供了一套有用的分类标准用于分析人类动机,并将注意力集中于人类的需要是分层次地组织的,尽管层次本身会因人而异。然而,这些理论还不能充分地应对个人差异所带来的问题,不能完全与成人的发展模型联系起来，而且，这些理论通常都是在概括化的水平上进行阐述，这使得它们很难运用于实践之中。

工作价值和工作维度

许多组织研究者都避开了上述关于人的基本动机的争论，转而试图将人在工作中所看重的那些方面与他们在工作中的职业满意感以及工作动机联系起来。从赫茨伯格模型中我们可以将那些与工作人员和他们职位直接相互影响的"内在性"因素，和工资、福利、作业条件以及与工作情境相关的其他方面等"外在性"因素做了根本的区分。卡茨和范·马南在一项对 3 000 名来自不同州、市的政府机构员工的调查中，分析了对员工来说很重要的工作因素，从中发现了三组因素，卡茨和范·马南称之为"工作满意感核心"（loci of work satisfaction）：

1. 工作本身——内在性因素。
2. 交往环境——与同事、上级主管以及在此工作环境中的其他人有关的环境性因素。
3. 组织政策——与工资、升迁政策、工作条件以及一些不属于员工或主管直接控制的其他问题有关的环境性因素。

这三个领域中的每一个都在一定程度上与工作满意感有关联。

为着手弄清工作本身是如何促进满意感以及动机的，哈克曼（Hackman）和他的同事通过分析大量的工作并确定能应用于任何工作的基本维度，提出了一套更为精练的工作因素。表5-2表明了这些维度以及它们与那些更重要的潜在心理状态以及相关结果之间的关系。

表 5-2　工作基本维度及其与心理状态和工作结果之间的关系

核心工作维度		关键的心理状态	结果
技能多样性 任务完整性 任务重要性	→	体验到工作的意义	高度的内部工作动机 高质量的工作绩效
自主性	→	体验到对工作结果负有责任	对工作的高度满意
反馈	→	知道工作活动的真正结果	低缺勤率和离职率
调节因素			
员工能力和技能 员工成长需要的强度 环境满意度			

构成此模型的基本理论是，只有当员工达到三种关键性的心理状态时，才会产生个人和组织都向往的结果。对个人而言，表现在内部满意感和动机方面；对组织而言，表现在高质量的工作绩效以及低缺勤率与离职率方面。这三个关键性的心理状态为：

1. 体验到工作必须是有意义的、有价值的或者说是重要的。

2. 员工必须体验到他个人对工作成果负责，也就是说要对他的成果产品负责。

3. 员工必须能够通过某种有规律和可靠的方式决定如何展示

自己的成果，达到什么样的效果以及这些结果是否令人满意。

通过观察哪些类型的工作特征或多或少有可能引起所期望达到的心理状态，就可以得到这些核心工作维度：

1. 技能多样性：工作要求员工完成任务所需的多种技能和能力的程度。

2. 任务完整性：工作要求员工完成可辨别的整个任务的程度如何，也就是把一个任务从头做到尾并有看得见的结果的程度如何。

3. 任务重要性：工作能对当前组织或较大范围内的他人生活产生实实在在的，并可被感知的影响的程度如何。

以上三个方面结合在一起，便产生了员工体验到的工作"有意义的"程度如何。

4. 自主性：工作给员工在安排工作进度以及确定如何实施工作方面的自由、独立、自主程度如何。

这个方面与给员工一种个人责任感，即与第二种关键的心理状态直接相关。

5. 反馈：员工直接从工作本身（如员工在工作中自己进行质量检测），或是从他们上级主管、同事、质检员以及工作流程中的其他人那里，获得关于他们付出有效性的信息的程度如何。

这个方面与对结果的知晓，即与第三种关键的心理状态直接相关。

任何特定的工作都可以按照这五个维度来分析，运用职业诊断性调查，将工作各方面所得的分数汇总，可得到该工作的"激励潜能分数"[①]。根据这个理论，工作维度、关键的心理状态以及结果间的关系在多大程度上是正确的，会受到三个额外因素的调节。这三个因素分别是：（1）员工对从事这项工作所必备的技能掌握程度如何（如果他们没有掌握这些技能，那么改变工作的任一维度显然都是毫无用处的）；（2）员工受成长需要的驱动以及把工作视为能促使他成长的程度如何（如果对工作不够投入，即使工作内容再丰富，也不能产生更大的激励作用）；（3）工作人员对由正式和非正式组织所组成的环境因素感到满意的程度如何（如果社会条件与工作条件或工资等无法使人满意，即便工作内容很丰富，也可能不会对员工产生激励作用）。

如果有人觉得使工作丰富化能够获得成功，那么他可以通过很多方式来影响工作维度。这些方式有：创建更多自然形成的工作小组，把任务按最适宜的方式组合起来，让员工多与客户或产品消费者接触，即"纵向负荷"（vertical loading），也就是给员工更多的在计划、生产原料、工作流程控制等方面的发言权，需要时开放额外的反馈通道等等。这种理论的真正优点之一在于，它能在对什么困扰员工的直接诊断的基础上，形成实际的工作重新设计，而又不会陷入对人为什么首先要工作的终极动机或缘由的争论中去。

[①] 激励潜能分数（moxivating potential score，MPS）用来测量员工士气的潜在分数的高低程度，MPS 分数高，表示员工拥有正面的士气，工作绩效及满意程度都会提高，缺席率等将维持较低的水平。激励潜能分数是对文中工作的五个主要特性的整合，用公式表示为：MPS=（技能多样性＋任务完整性＋任务重要性）/3 × 自主性 × 反馈。——译者

工作任期

正如哈克曼和其他学者常告诫的那样，工作丰富化并不是解决所有动机问题的万灵药。为了说明这一复杂问题，也为了再次强调发展观的重要意义，我们有必要审视卡茨所提出的"工作任期"这一概念。在前面提及的对员工的调查中，人们可确定出任一特定的员工待在某一特定职位上的时间有多久，这就是"工作任期"的操作定义。我们还可以测量出存在于某一个特定职位中每一个哈克曼提出的工作特征的程度如何，以及确定这些因素存在和缺乏的程度与工作满意感的相关程度。当对所有样本进行这一系列相关分析时，所有的这些工作因素都在相同程度上与工作满意感呈相当低的正相关关系。

然而，如图5-1所示，当把这些样本按工作任期分成不同的组，便会发现不同的因素在不同时期的重要性是不同的。例如：当一个员工新进入一个工作岗位时，技能多样性与工作满意感没有关系，而工作自主性却与工作满意感负相关，且任务重要性与工作反馈和工作满意感正相关。在6个月至5年这一工作时期，所有这些因素都与工作满意感高度相关，但5年之后，这些因素与工作满意感的相关程度都开始下降至工作15～20年后的那个相关值，那时没有任何一个因素与工作满意感有实质上的相关关系。工资、福利、同事与主管的相容性等环境因素在所有不同工作任期的组里都有同等重要性，这意味着随着工作任期的增长，这些环境因素的相对重要性也在增大。

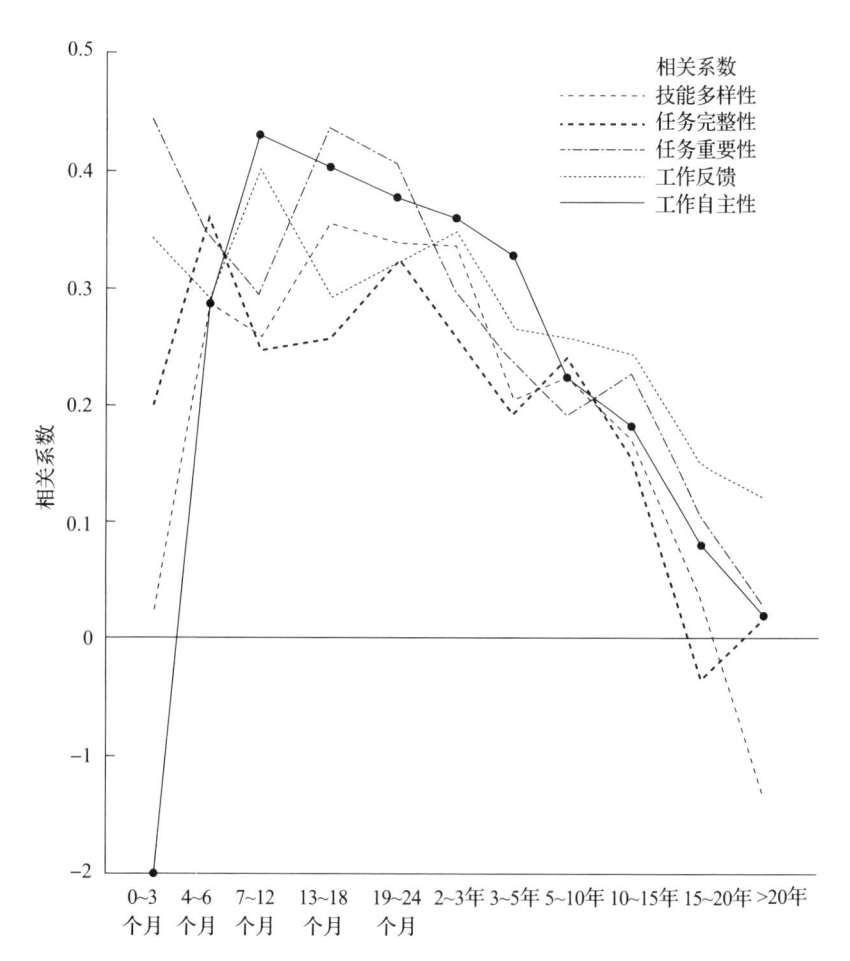

图 5-1 不同的工作任期工作满意感和五种任务维度的相关图

尽管这项研究并非纵向研究，它却明确地证实了对一个人来说重要的因素会随着人在该工作中工作时间的长短而改变。卡茨提出我们在每种职位中都将经历三个阶段：

（1）社会化阶段：在这一阶段，只有任务重要性与工作反馈是重要的。

（2）创新阶段：在这一阶段，所有工作特征都是很重要的。

（3）适应阶段：在这一阶段，环境因素变得相对更重要。

作为已经适应了的员工，工作重新设计可能会比更高的工资或更好的工作条件的激励作用小。

小　结

本章通过回顾生物取向的精神分析理论、社会化理论、职业发展理论，扩展我们关于人性和动机的概念。解决这些问题更有效的方式之一，就是特别关注工作动机，并识别工作自身的特征以及工作环境，因为这些都与工作满意感以及激励相关。这一方式使检验一系列关于发展性的假设成为可能，也利于对工作中激励方面的个体差异进行测量。

第6章

人性的复杂性

组织和管理理论已经有走向简单化和概括化人类动机概念的趋势。实验研究一致地发现了对简单概括化的概念的一些支持证据,但仅仅是一些。因而,数十年的研究所带来的最主要的影响就是使我们有关人性以及如何对人进行管理的模型极大地复杂化了。人有许多需要和潜能,这些需要和潜能的模式不仅会随着人的年龄和发展阶段的变化而变化,而且会随着角色、所处情境、人际关系的变化而不断变化。那么,要公正看待人性的复杂性,我们又可以对人性提出什么样的假设呢?

复杂人性假设

1. 人类的需要是可以被分为不同类型的,并且会随着人类的发展阶段和总体生活状况的改变而改变。需要和动机会因其对每个人的重要性程度的变化而形成某种层次，而这种层次本身也会因人而异，因情境而异，并因时而异。

2. 由于需要与动机之间的相互作用，并组合成复杂的动机模式、价值观以及目标，因此人必须决定在什么水平上理解人的动机。例如：金钱能满足人很多方面的需求，甚至对某些人来说可以满足其自我实现的需要；社会性的动机或自我实现的需要能通过多种方式来满足，并在不同的发展阶段用不同的方式来满足。

3. 员工能够从他们在组织的经历中获得新的动机。这意味着一个人在某一特定的职业生涯或者生活阶段（像个人与组织之间的心理契约反映出来的一样）的总的动机模式和目标，都是人的原始需要与组织经历复杂连续的交互作用的结果。

4. 某个人可能在不同的组织或者同一组织不同的下属机构中显示出不同的需要；一个在正式组织中被孤立的人有可能在工会或非正式的工作群体中满足他的社会以及自我实现的需要。如果工作本身包含了多样技能，许多动机就可能在不同的时期因不同任务而起作用。

5. 人们能够在各种动机的基础上有效地参与到组织中去。个人最根本的满足感以及组织最终的效益，只是部分取决于动机本身的性质。任务的性质、员工的能力和经历以及他的同事所营造出来的组织氛围都会相互影响，从而产生一种特定的工作模式和情感。例如,一个具有高技能但是缺乏动机的员工的工作效率和满意感,可能与一个具有高动机但是缺乏技能的员工一样。

6. 员工依靠他们自己的动机、能力以及工作任务的性质,能够对许多不同的管理策略做出反应。换言之,没有一种唯一正确的管理策略在所有时候对所有员工都管用。

权变论——对管理的启示

如果以上所列举的假设与经验现实极其接近,那么对管理策略的启示又是什么呢?

或许最重要的启示是管理者应该成为优秀的诊断专家并重视探究精神。如果下属的能力和动机各不相同,管理者就应该具有很强的敏感性以及诊断能力,能够觉察并鉴别出他们之间的差别。管理者与其将个体间差异的存在视为希望远离的痛苦事实,还不如学会尊重个体间的差异,并重视那些能揭示这些差异的诊断过程。为充分利用这种诊断洞察力,管理者应该足够灵活并拥有必要的人际技能来改变他们自身的行为。若下属的需要和动机不同,管理者就应该区别对待。

重要的是,人们要认识到这些观点并没有与前面提到的有关管理策略的观点相违背。我并不是说坚持有关下属的理性－经济人假设、社会人假设或者自我实现人假设是完全错误的。我所要说的是，在某些情况下，对某些人来说，这些假设中的任意一种可能都是错误的。我们所犯的错就在于过于简单化和概括化。如果管理者对人的行为采取一种更加科学的态度，那么他们就会检验这些假设并寻求一种更好的诊断。如果他们这样做了，他们就会表现出更适合情境要求的行为。他们可能决定在某个时候对某个员工表现出高度指导性的领导行为，而在另一时间对另一员工表现出完全非指导性的领导行为。换句话说，他们将是灵活的，准备接受各种各样的人际关系、权威模式以及心理契约。

以情境现实为基础的可变的或灵活的行为，被称为"权变理论"，这一理论表明这样一个事实：在某一特定的情境中，什么是正确的组织、管理或领导方式取决于很多因素。权变理论近些年来在本研究领域变得十分普遍，这是因为人们已经认识到人性、任务、情境以及领导和管理过程自身所固有的复杂性。

复杂人性假设的证据

从某种意义上，前面所引用的所有研究都支持本章所提出的假设，但如果我们再引用另外几项突出人性复杂性和人与人之间差异性的研究，将对理解复杂人性大有裨益。例如，在前面已引用过的怀特和扎莱兹尼克的研究，都表明冒尖者的背景与动机模式与低于平均产量的员工是不同的。这两种类型都是群体中的"另类",但为什么一类人对群体制裁满不在乎,而另一类人渴望成员身份却被拒绝,这一现象的原因要从不同的个人背景和社会背景中去发现。

在一项对监狱的研究中,格伦斯基(Grusky)发现人们会对类似的环境做出不同的反应。监狱是一个强制型组织,它会强迫犯人完全从属和顺从,因此,这必然导致犯人产生疏离型参与。但格伦斯基发现那些人格上顺从或从属的犯人相对较少是疏离型的,他们更具合作性而且对监狱生活更积极。皮尔林(Pearlin)和阿吉里斯在研究工业组织中员工的疏离时,也发现了这样的案例,他们不是疏离型的,因为他们的个人需要及倾向使他们在高度专断独裁的环境中觉得轻松自在。在这种环境中,他们别无他求,或许是因为他们并不追求挑战和自主权,或许是因为他们是真正尊重权威和地位的。

在一项对四种类型的工业工人的经典性研究中,布劳拉(Blauner)发现疏离型有不同类型,类型的不同取决于他们工作情境中所涉及的技术的特征。他将疏离界定为四种不同的心理状态的产物,原则上,这四种心理状态彼此独立。这四种状态分别是:

(1)对影响工作情境的无力感及无能感;

(2)工作意义的丧失;

(3)社交孤立感,缺乏对组织、工作小组或职业团体的归属感;

（4）自我疏离，缺乏对工作的投入，感觉工作只不过是达到某种目的的一种手段。

研究发现，从这四个标准来看，汽车装配线上的工人都是疏离型的。印刷行业的工人则是另一个极端，他们感到有影响力，觉得有意义，能融入工作团队并对他们的工作有很深的投入。纺织业的工人类似于汽车行业的工人，但他们已经深深融入社区，社区的传统价值观教育他们不要指望从工作中感受到影响力或找到工作的意义。这些价值观与家长式管理实践相结合，就会使他们对自己的命运感到理性的满足，尽管走向疏离的力量很强大。至于化学行业中的工人，他们表现为另一种模型。化工厂的连续流程趋于高度自动化，所以工人有很大的责任来控制这些流程，有相当大的自主性和自由，与他们的轮班者和工厂中的其他人有一体化的感觉。由于有高度的责任感，他们对工作的投入程度也很高。这四种工人类型的变化，都说明了对工厂工人的疏离的概括化是很危险的，要利用布劳拉所提出的疏离和技术的更精准的概念。

在探讨动机的多样性时，盖勒曼（Gellerman）指出，即使经济奖赏也能而且确实会对不同的人具有大为不同的意义。金钱，对有些人来说，代表着基本安全和爱；对有些人来说，代表着权力；对有些人来说，是他们在社会中取得成就的度量标准；而对还有些人来说，只不过是过上舒适与奢华生活的一种工具罢了。因此，即使在一个关于特定报酬的个案中，也很难判断所有这些象征性的意义对于这个人来说意味着什么，它又是如何与其他动机相关联的。

劳勒（Lawler）在回顾了大量关于金钱动机的文献后，得出了一个结论：薪酬机制必须最终变得个性化，这意味着必须适应组织的特定需要以及组织中员工的特定需要。至今还没有找到把金钱作为一种激励的"正确"方式的概括化原则。

一系列证据来自组织经历导致动机改变的研究。例如，我们很难确定员工是怎么成为疏离型的，是由于他们进入组织时就缺乏成就和自我实现的动机，还是由于长期遭受挫折的工作经历。这一点是很关键的，因为如果人的动机不能被激发，我们就必须更加强调招募那些原本就表现出组织所要求的动机模式的员工。如果改变组织安排和管理策略，就能够唤起所需要的某种动机类型，那么我们就必须更加强调要帮助组织进行变革。

例如：在采用了斯坎伦计划的公司，即使是很多年来对组织目标漠不关心的员工，也能随着组织的变革而变得热情高涨，而且对组织目标做出承诺。在一项有关动机改变的现场研究中，利伯曼（Lieberman）曾试图确定当把一名员工的角色从工会职员变成工会负责人时，这个员工会发生哪些态度转变。在升迁为工会负责人的几个月里，这些员工都表现出一致的态度改变，即从亲工会变成亲管理层。由于这家公司经济状况发生逆转，他们随后不得不将这些工会负责人降职。当实施第二次态度调查时，研究者发现，那些被降职的工会负责人再次转向亲工会的态度。显然，动机和态度是不断变化的，但是至今我们对这种变化的条件和限制还知之甚少。

正确看待动机和心理契约

在前面几章,我们从各种角度探讨了个人与组织之间的关系。首先使用埃齐奥尼的分类,我们考察了组织权力或权威的几种基本类型以及组织参与的基本类型。然后,我们根据对组织中人的行为所提出的主要基本假设,对管理过程进行了探讨。我们清楚地说明了这些假设对上下级权威特征的启示,还清楚地说明了这些假设所包含的心理契约的种类以及现行的管理策略中哪一种是最合适的。紧接着,在可能的范围内,我们回顾了理性-经济人假设、社会人假设以及自我实现人假设的实验证据。在本部分的最后两章,我们着重对人性的复杂性提出一种更均衡的观点。

目前为止,我们把研究的重点一直放在动机,特别是员工的动机上。然而,动机不是决定有效绩效的唯一因素。人的能力,工作环境的特征,工作中可利用的工具和材料,工作本身的特征,管理部门协调员工、群体和部门努力的能力,这些因素都对组织绩效有影响。我们关注动机并对其开展广泛探讨的原因在于这样一个事实,在动机研究领域,有太多荒谬的说法和错误的观念。要想抵制从来自可观察到的组织行为去推知人的动机这一诱惑是相当困难的。因此,在管理中常常把组织环境看作一个特定条件,并把行为的多样性解释为不同动机作用的结果:好员工被假定为有一种高的成就需要,而差员工或疏离型员工被假定为缺乏雄心壮志。在某些情况下,这些假设可能是正确的,但在其他一些情况下，这样看待好员工和差员工可能并不正确。比如，好员工有一个能够给他提供具有挑战性工作的上司，而差员工有一个只能够提供零散的、毫无意义的任务的上司，或者换种说法，差员工的上司对这些员工的需要、目标、兴趣、职业锚或工作价值观、工作参与程度漠不关心。

从总结的角度来看，我更愿意把心理契约的重要性作为一项主要分析变量。我的中心假设是员工工作是否有效，员工是否对组织及其目标产生承诺、忠诚和热情，以及员工是否能从他们的工作中获得满足，很大程度上取决于以下两个条件：

1. 员工对组织能提供给他们什么以及作为回报他们应向组织提供什么的期望，与组织对员工将给予什么以及作为回报员工又会得到什么的期望之间匹配的程度如何。

2. 实际上用来交换的事物的本质是（假设存在某些协议的话）：以金钱来交换工作时间；以社会需要的满足及安全感来交换辛勤地工作和忠诚；以获得自我实现及挑战性工作的机会来交换高生产率、高质量的工作以及在为组织目标服务中付出的创造性劳动；或者是这些以及其他事物的多种组合。

归根结底，个人与组织之间的关系是相互影响、不断演变的，它们通过相互影响与相互协商，建立一个可行的心理契约。如果我们仅仅看到个人动机或仅仅看到组织条件和组织实际，是不可能理解心理动力学的。这两者以一种复杂的方式相互影响，需要一种系统方法才能处理这种相倚现象。

此外，我们的概念必须反映出这样一个事实：心理契约总是在不断进行再协商，而且贯穿组织生涯始终。个人和组织的需要都随时间的推移不断改变，这就要求当组织规范发生变化时，不断重复出现组织社会化的过程。一些组织规范可被看成关键性的，这意味着坚持遵守这些规范是组织对成员的长期要求。例如：美国的经理被社会化为相信自由企业制度的有效性，教授们必须接受从事研究与做学问的规范，工程师们必须相信产品安全的观念。其他组织规范则属于辅助性的，这意味着组织希望成员遵守这些规范，但并不要求必须遵守。例如，从组织的观点来看，理想的情况是经理是男性，具有一定的政治观点，穿着得体，只买知名公司的品牌，等等。对于教授，理想的情况是他们热爱教学工作，乐于给大学的管理机构提供帮助，把他们大部分时间花在校园内而不是外出旅行上，等等。如果他们遵守关键性规范，即使违背了辅助性的规范也不会失去成员身份。

如表 6-1 所示，个人为组织所做出的调整可以根据是否遵守或拒绝关键性规范及（或）辅助性规范来进行。既接受关键性规范又接受辅助性规范的人可被视为"顺从型"（conformity），他们倾向于完全适应组织并按组织过去的办事原则采取保守态度，这使得他们成为忠诚有余而创造性不足的"组织人"。接受辅助性规范但拒绝关键性规范的人可被视为"破坏反叛型"（subversive rebellion），他们拒绝了成为组织成员的基本前提条件，却接受辅助性规范，他们是在隐藏自己的反叛倾向。既拒绝关键性规范又拒绝辅助性规范的人表现出公开的反抗和变革行为，这类人常常导致自愿或非自愿地失去组织成员身份。

表 6-1　个人对组织的适应

辅助性规范	关键性规范	
	接受	拒绝
接受	顺从型	破坏反叛型
拒绝	创新性个人主义型	公开反叛型

如果一个组织关注在面对复杂和不断变化的环境下获得自身发展及革新的能力，那么最理想的个体可能就是"创新性个人主义型"（creative individualism）的人，他是以接受关键性规范却拒绝辅助性规范为基础的。有创造力的个人主义者会对组织基本目标和维持自身的身份认同感都表现出高度的关注，并且他们愿意通过发挥创造力来帮助组织实现基本目标。

站在组织利益的立场上，创造力可以从两个方面来考虑。一个人可以把他的精力集中在创造新产品和服务上，这种创造力在传统上从事研究和开发的大多数组织中都可以看出来。创造力也可以体现在"角色创新"（role innovation）方面，表现为开发出一种完成任务或履行某项角色的新方式，使组织运转得更有效、生产效率更高、更具适应力。一个管理者可以创造出一个新产品（内容创新）(content innovation)，也可以致力于研究如何使两个部门的工作更融洽，或确立有效的财务控制制度的新方法；如何监督员工使他们的生产率达到最大化；等等（角色创新）。一个教授可以推演出一项新的科学定律或发表一项新理论（内容创新）；或发明新的教学方式使教学更有效，更好地利用他人的技能，或使他们投身于社会事业（角色创新）。

人们或许会提出假设，人成为顺从型、反叛型或创新性个人主义型的需要以复杂的方式与它们潜在的动机系统相联系，而且这些需要会随他们的职业生涯进程而改变。例如，在他们职业生涯的初期，学徒这样的人最有可能是顺从型的。当组织发展，并有了相当的保障时，他们就开启了最大创造性时期，但有时也会有一些反叛行为。在职业生涯的后期，可能会出现这样一种倾向，或是变成创新性个人主义型的人，或者变成顺从型的人。这主要取决于个体对工作的投入程度如何。组织如何安排员工从一个部门通过跨职能、跨层级或跨内部边界调动到另一个部门，可能强烈地影响着这个人是变成更保守和顺从的人还是成为更具创新性的人。

关于个人，组织管理者及那些关注社会政策的社会机构成员从整个讨论中得到的最重要结论应该是：人的动机与职业生涯发展的关系是非常复杂的，至今未能完全弄明白。因此，继续保持探究精神，在采取行动之前充分分析所处情境，是唯一安全的途径。现在还弄不清是否"最好"的心理契约类型就是使创造性个人主义者的创造力达到最大化的那种类型。因为人们可以很容易想到，无论个人还是组织都更乐于看到顺从型的人。然而，无论我们持哪种假设，都必须充分利用一切可得到的分析工具，对所有可能的结果进行分析诊断。而且，我们必须意识到，个人所持有的假设和偏见能起到像强大的过滤器那样的作用，可以使外部世界看上去比实际上更简单。

第三部分

领导力与参与性

在组织心理学领域，人们对领导力（leadership）给予了比其他主题更多的关注。前面几章已经论证，任何关于人性和动机的分析都会使我们不可避免地探讨一个问题，那就是领导者或管理者应该如何管理他们的下属。在某种程度上，领导力是动机的另一面。在分析动机和人性时我们主要关注下属，在接下来的几章，我们将明确地把重点集中在领导者身上。首先我们将详细地考察为什么一个有效领导者的行为如此难以确定，然后回顾一些主要的领导力理论。不是所有的领导力理论都将被探讨。我们将集中介绍菲德勒（Fiedler）、弗洛姆（Vroom）、赫塞（Hersey）和布兰查德（Blanchard），以及阿吉里斯的领导力理论，因为这一剖析将呈现出有关领导力问题最重要的比对。从这些理论中产生了一些经过认真思考的实践培训计划。

在第8章，我们着眼于将领导力作为一系列职能来看待，并尝试把各种领导力问题转化为各种观点，尤其是员工对参与式领导力的需求，也就是领导者在多大程度上可以让员工分享权力并参与决策。在组织心理学领域，员工参与管理是一个备受争论的话题，并因一些国家正在将其立法化而争论更为热烈。理解参与性的内涵非常关键，这样我们才能了解哪些条件能够或者哪些条件不能够导致更高的组织效能和员工满意感。

第7章

为什么分析领导力那么难

在这一章，我们将剖析领导力问题，以便认识到究竟是哪些因素导致了领导力问题的复杂性。与我们试图想出人性简易模型所面临的困难相似，不可能找到一个关于有效领导力的简易模型。在这章一开始，我们需要了解几个定义和分析方面的难题。

问题1：确定谁是"领导者"

当我们开始分析领导行为时，了解领导者或是管理者概念吗？一支组织，比如一支职业橄榄球队，应该包括：（1）老板；（2）一名被老板雇用的总经理；（3）在总经理之下设置的一个或多个级别的经理，用于处理球队运行时所遇到的基本商业事务；（4）主教练；（5）许多副教练，负责处理各种专项技能，比如进攻、防卫、射门；（6）由队员选举，或由教练指定，或两者共同决定的一个或多个队长；（7）一个指挥比赛的四分卫；（8）如果队员组成了工会，则还需要队员代表；（9）在队员中间形成的各种"非正式领导者"（informal leader）。

如果我们要分析与球队绩效有关的领导风格（leadership style），那么应该分析谁的风格？谁是我们应该重点分析的领导者？一些人认为我们应该考虑非正式领导者——四分卫或者防卫队长，他们能够在场地上及时地鼓励队员；一些人则认为关键的领导者是主教练；还有一些人坚持认为总经理才是关键的角色，毕竟由他决定应雇用什么样的主教练。一些人甚至认为球队的绩效与老板有关。因为老板能决定投资多少钱招募高水平的天才运动员，而且他们的薪酬计划是否"公平"，也会影响到士气的高低或表现的好坏。

显然，只有每个层级的领导者都发挥了最基本的效能，作为整体的组织才能有好的绩效。如果球队中没有天才运动员，那么最好的教练也不能塑造出一个成功的球队。我们曾经见证过，在进攻线上没有得到足够好的保护，一个优秀的四分卫是不可能准确地传球的。

但是组织中的每个层级都发挥最基本的效能，并不能使组织完全取得好的绩效。虽然许多组织的每一层级都发挥了最基本的效能，但仍然需要组织中的某处有一个或多个领导者发挥得更好，这样才能使组织有效地运行。从某种意义上来讲，研究领导者就是要找出某些特质或某些行为，来定义这些卓越才华，使下属能够为组织做出某种额外的努力。因此，我们通常希望组织中的每个人都能更符合有效领导者的理想模型，以便解决谁是领导者的难题。我们常常假设存在这样一个模型，它包含了能够使每个层级的领导者更有效的通用的领导特质或行为。但是正如我们所要看到的那样，这种假设是很值得质疑的。

问题2："领导力"的范围是什么

在球队和其他每个组织中，第二个难题就是领导者的影响范围。领导力是指主管对他的直接下属面对面的影响，还是指通过一些其他方法，领导者能够影响所有层级下属的一种能力，而不论这些下属是否直接由该领导者管理？对于首席执行官，是通过他们如何领导副总裁，还是通过他们在组织中的总体绩效，来测量领导力？这并非一个不重要的问题，因为更高级别管理者的关键技能可能是选拔下一级别的有效管理者，而不是他们自身管理下属的实际技能。在非个人的立场上，如果一个政治或者宗教领袖能够与大量的追随者进行有效的信息交流，甚至在没有面对面互动的时候也一样，那么我们可以认为这就是好的领导力。我们必须仔细地找寻领导力的关键，以便清晰地阐明我们正在考虑的影响程度有多大，影响种类有哪些。

问题3：文化情境是什么

第三个难题就是任何关于"好的领导力"的定义，通常都反映了开展领导研究的历史、社会或者文化情境。我们所研究的"好的领导力"，不但反映了前几章所描述的人性观点，而且深深地受到其所处的政治意识形态和社会经济环境的影响。表7-1通过呈现埃齐奥尼基本的组织类型伴有各自相应的参与类型与权威基础，并通过将大量领导角色与相应组织类型联系起来以拓展分析，来阐释这一问题。埃齐奥尼的组织类型不仅能够用于政治体制，而且能够用于更广泛的社会组织。

表7-1 不同体制类型中的领导概念

	基本的组织类型 *		
	强制型	功利型	规范型
基本的参与类型	疏离型	精明型	道德型
权威基础	非法定性的奖惩控制	合理合法：职权	基于专长的、魅力性的理性权威
领导者术语或概念	传统的国王或王后 皇帝或皇后 独裁者 暴君 专制者 独裁者 仁慈的独裁者 老板	监督者/主管 管理者 执行官 官员 众议员 参议员	真正的领导者 拯救者 企业家 管理者 执行官

续表

	基本的组织类型*		
	强制型	功利型	规范型
下属的感受	依赖 服从 顺从 或 愤怒 愤恨 反依赖 或 忠诚 认同领导者 承诺	谨慎 多疑 独立 关注平等 自我保护 不参与	参与 承诺 奉献 高动机 共同目标感 相互依存
领导力困境	如何保证正确的目标以及如何"推销"它们	如何创建参与	如何维持参与 如何管理继任问题

* 这些类型可以用于总的政治体制，或者某个既定体制中的组织。

基于奖惩控制或者法定传统的强制型体制，会使我们想到这样一些术语：皇帝、国王、女王、独裁者、专制者、老板等。下属的基本感受取决于领导者的仁慈程度，包括：（1）依赖、服从和顺从；（2）愤怒、愤恨和反依赖；（3）对领导者的忠诚和承诺等。

强制型组织如何运行主要取决于独裁者或专制者对需要做什么进行正确分析的能力，以及通过操纵奖惩让基本被动的下属取得合理绩效的能力。在许多发展中国家，人们通常认为只有强权独裁型的领导才是有效的。因为只有小型的精英群体才真正知道国家需要什么，只有高度集中的控制才能确保必要的协调以满足人们的需求。如果这些领导者能够让他们的公民或组织成员相信，领导者正在做的事情最终是为了使成员的利益最大化，那么，正如我们在一些独裁者受到崇拜和支持的国家里经常见到的那样，这些公民或组织成员就能产生相当高的动机。

而在功利型体制中，情况就大相径庭了。这种体制的基本假设是，下属和他们的领导者之间的关系建立在合理合法的原则之上。除非领导者能够满足下属的一些需要，否则下属可以按照合约的规定，通过投票来决定让领导者离开职位或是被解雇。在这种体制下，诸如监督者/主管、管理者、执行官、官员、众议员、参议员等术语表明，某种程度上领导者的权力主要存在于办公室或者人们认可的职位上，领导者只有保有职位，才能展示最基本的专业技能。如果有一个老板能够"使我们振奋"或者能够鼓舞我们，那将是件美好的事情。但是在典型的功利型体制中，我们并不真的希望有这样的老板。不论合约是如何安排的，我们最终的希望是得到公平和公正的对待。

在这种体制中，下属会表现出谨慎、多疑、需要工会联盟和公民消费者群体提供的自我保护、独立感和有限的参与组织。值得注意的是，这类组织最关注如何才能成为有效的领导者，因为员工和组织之间基本的心理契约并不能保证任何最初的承诺、忠诚或动机。领导者或管理者必须赢得组织成员对自己的信心，克服他们的多疑和谨慎。由于功利型组织建立在自由企业体制之上，而且这些组织彼此之间相互竞争，所以解决好领导者或管理者必须做什么的困惑，以使他们的组织比竞争者生产率更高、运行更有效，就变得尤为重要。

领导力问题在规范型体制中是最清晰的。这类组织通过共同的理想和目标、高水平的道德参与及深信所从事的工作是重要且让人兴奋的,而被融合在一起。这些组织中的权威通常来自领导者的个人品质,也就是他的超凡魅力,或者是解决一些重要的共同问题的基本专长。我们可以用一些术语来形容这种领导角色:企业家、领导者、拯救者。但是如果下属能把他们的老板看成"真正的领导者",那么主管、管理者、执行官这样的术语可能就更适合领导角色。

少数人确实具备这样特定的人格品质(超凡魅力),能够在特定的时间和地点得到下属强烈的情感支持。这一事实使分析领导力问题变得更为复杂。如果认为我们需要做的是找到更多具有超凡魅力的人或教人们如何才能具有超凡魅力,这样看问题就太简单了。我们忽略了许多组织并没有将引起高度参与的工作或任务置于首位;我们还忽略了具有超凡魅力的领导者(即使我们能够找到一个)不可能将一个本质上是功利型的组织(比如一个生产纺织品的公司或一个政府的官僚机构)转变成一个规范型组织。因而在一定程度上,领导力是一种文化现象,分析领导力必须要考虑其特定的文化、政治和社会经济背景。

问题 4:任务是什么

定义领导力的第四个难题是在特定的体系中,任务特征、任务情境或者下属本身都会发生变化,而任何变化可能都需要领导者做出相应的适应性变化。就如我们之后要了解的,领导力最终是领导者的个人特征、下属的个人特征、任务特征以及任务情境,比如时间限制、历史环境等等的一种匹配。因此,我们即使能够明确说明是在何种环境中分析领导力,也必须解释该环境随着时间怎样变化。如此,我们会再一次发现,在考察这些问题时需要考虑领导者的诊断能力和灵活性。例如,一个带领设计群体的工程经理最初可能想成为一个参与式领导,然而,之后竞争者进入市场造成时间压力,迫使这个经理采取一种更专制的领导风格,从而节约时间和加速产品的推出。如果下属明白这种领导风格的变化是一种理性的决定,那么他们可能完全愿意接受经理成为更专制的角色。即使在每一个决定上都没有什么发言权,他们仍然可能十分有效地工作。

问题 5:领导者与下属之间的发展阶段如何

根据领导者与给定群体中的下属学会共同工作的程度不同,何为适当而有效的领导行为也会发生变化。定义领导力的第五个也是最后一个难题来自平常观察到的一点:被领导群体的发展阶段和领导者-追随者关系的成熟度(maturity)会对领导行为给予限制和机会。比如,相对于一个已经共同工作很长时间,并在没有领导者时也能做出决策的群体来说,由一个新领导者带领的新群体在面临一个新的任务时,可能需要更多来自领导者的指导和专制行为。另外，一个正处在考验领导者阶段的新群体可能并不能容忍某种形式的专制行为，但信任自己领导者的成熟群体却完全可能接受这种领导行为。所以，当我们分析领导力情境时，必须考虑下属之间在一起工作了多长时间，群体中形成了什么样的氛围，领导者在他的岗位上工作了多长时间，他与下属之间形成了什么样的关系。

在企业中，我们可以在更广的范围内讨论情境对领导行为的影响。一个处于创业期的新组织所需要的领导行为，与一个由职业经理人管理的、成熟的第二代或第三代组织的领导行为，是截然不同的。处于不稳定环境中的组织要使其使命或目标有新的活力，就需要有别于其他领导行为，特别是在组织的最高层。这样，组织才能有明确的目标，在稳定的环境中生存。按照绩效质量，处于衰落期或"不健康"（ill health）的组织，则需要不同于那些正在发展和兴盛的组织的领导行为。在每一种情况下，任务的基本特征都很关键，因为它是由组织的发展阶段，以及各个阶段下属所需的参与形式衍生而来的。

概括而言，我们在真正分析领导行为之前，必须考虑以下问题：（1）组织处于什么水平；（2）我们是否明白面对面的影响或跨越不同组织水平的更为广义的完成任务的概念；（3）哪种文化、政治和社会经济观念是分析组织或情境的基础；（4）任务特征、下属以及可能起作用的环境限制；（5）下属群体的发展阶段和领导者-下属的关系。正如我们将要看到的，不同的理论家着重于探讨领导力问题的不同方面。

分析领导力的诊断性框架

为了处理分析领导力问题的复杂性，我们需要将领导力问题分解为几部分。这些部分能够成为我们回顾领导力研究和理论的指导（见图 7-1）。图形中间（方框 A）表示旁观者观察到的领导者的客观印象，包括他的固有特征、特质、人格倾向、技能以及其他被视为基本稳定的可测量的特征。左边的图形（方框 B）表示旁观者所观察到的下属特征，右边的图形（方框 C）表示旁观者观察到的实际的任务/情境特征。

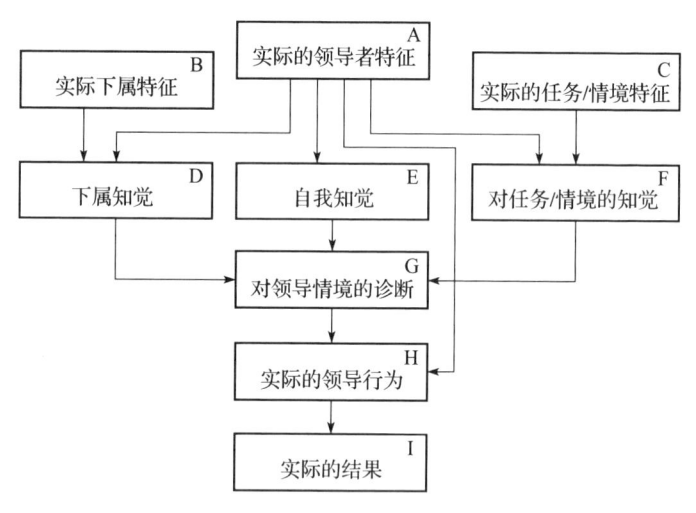

图 7-1 领导力情境的组成部分

接下来的图形表示一系列领导者知觉——领导者如何知觉下属、任务/情境，以及他自身与下属和任务的关系（方框 D、E、F）。这些知觉是旁观者所观察到的实际特征与领导者自身心理倾向、偏见、防御机制及人格综合作用的结果。

所有知觉的总和构成了领导者对其所处的总体情境的"诊断"。正是出于这种诊断，领导者将选择一种具有倾向性的行为方式（方框G），无论其是有意的还是无意的。这种诊断要么有着高度的直觉性，能够反映领导者的知觉和心理倾向，要么通过有意识地检验各种因素能够非常系统地达成。

实际的领导行为（方框H）是对领导力情境的诊断和领导者实际的心理倾向共同作用的结果。这就提醒我们要注意平常所观察到的一个事实：领导者想要表现的行为和他们实际被观察到的行为可能完全不同。实际的行为将会导致多种结果（方框I），这些结果将会影响下属、任务以及未来情境中领导者的特征。

许多早期关于领导力的研究主要集中在领导者的特征上，这些研究试图确定一些特征以明确区分出成功的领导者和失败的领导者，比如智力、进取心、判断力等等。研究表明，在某个情境中和成功相关的特征在另一个情境中并不能得到证实，或者对一个领导者有效的特征对另一个领导者来说却是无效的。这些早期尝试的失败最终使研究者重新定义领导力，将领导力看成领导者、下属、任务/情境特征之间的一种关系。然而，一些研究者和理论家仍然十分重视基本的领导者特征。

第8章我们将回顾研究领导力的方法，其代表了关注领导力问题的不同方式。我们必须记住虽然每个理论都涉及大部分图7-1的组成部分，但是通常每个理论只将研究和理论的重心集中在一个或者两个组成部分上。

第8章

领导力理论和参与性

注重领导者：菲德勒的领导者匹配理论

菲德勒[①]的领导者匹配理论（leader-match theory）是最早且现在仍最受争议的领导者理论和研究项目之一，该理论主要研究以任务为导向的群体中的领导者。菲德勒所考察的群体具有明确的领导者，群体的产量能够被准确地测量（如篮球队、志在实战目标的轰炸机班组、平炉炼钢车间、小型合作团体等）。在研究群体的过程中，菲德勒首先发展了一种测量领导者基本取向的方法——

---

① 菲德勒（Fiedler），美国当代著名心理学家和管理专家，他提出的权变领导理论开创了西方领导学理论的一个新阶段，使以往盛行的领导形态学研究转向了领导动态学研究的新轨道。他本人被西方管理学界称为"权变管理的创始人"。——译者

LPC（least preferred co-worker，最难共事者）。领导者被要求回忆所有与其共事过的人，并考虑在这些人中他认为"工作中最难相处的"人。然后，要求领导者在18个两极维度上描述这个人，比如"快乐的—不快乐的""值得信任的—不值得信任的"。根据领导者认为LPC表现出的消极程度或者积极程度，来对这些形容词进行评分。低LPC的领导者（主要是消极评价）被视为任务取向型，而高LPC的领导者（主要是积极评价）则是关系取向型。

菲德勒认为低LPC的领导者十分关注任务绩效，因为他们用非常消极的词来评价绩效差的人；相对而言，高LPC的领导者被认为是关系取向型，因为即使是最难共事的同事，他们也会认为此人是一个有价值的人。要注意的是，作为领导者取向测量的LPC属于图7-1中方框A的部分，它强调了领导者的基本特征。然而，还应该注意的是，在菲德勒的研究中，实际的领导行为并未得到明确的研究，或者说他并未把实际的领导行为与LPC分数联系起来。

在早期研究中，菲德勒试图证明绝对LPC分数与群体绩效相关，但是两者的相关度非常低。与其他许多研究者一样，菲德勒逐渐发现领导者和下属之间的关系与任务特征，同时影响着领导行为和绩效之间的相关系数。于是，他得出了以下权变理论：

1.如果（1）通过测量群体成员对领导者的认同程度发现，领导者与群体成员拥有良好关系；（2）领导者的职权很高，能够明确地奖励或处罚成员；（3）任务是高度结构化的，在这种任务中有着清晰的目标、很少的正确解决方案、很少的任务实施方式、明确的成功标准，那么，领导者就处于非常有利的情境之中。在这些条件下，菲德勒发现 LPC 和绩效之间存在一致的负相关关系。换句话说，非常有利于领导者的情境能够给低 LPC 的领导者（高任务取向型）带来最好的结果。

2. 如果领导者被成员接受的程度较低，或职权较低，或任务结构化较低，这种情境对领导者只是中等程度有利的话，那么绩效和 LPC 之间存在一致的正相关关系。这就表明，如果领导者的 LPC 得分高（关系取向型），那么中等程度有利的情境能够为其带来最好的结果。

3. 如果领导者被接受程度低，职权低，任务是非结构化的，这种情境对领导者不利的话，那么两者之间再次负相关。也就是说，对领导者不利的情境能够给低 LPC 的领导者（任务取向型）带来最好的结果。

为什么 LPC 和绩效之间的相关关系呈现出这样一种曲线形状？首先，应该注意的是，菲德勒的 LPC 构想是一种领导者特质、一种倾向或价值观，它是相当稳定的并且能够使领导者的行为表现方式呈现一致倾向。正如菲德勒探讨的那样，高 LPC 或者关系取向型领导者，通过在群体成员中建立和保持良好的人际关系来努力完成任务，虽然这点还没有得到证实。在赋予领导者高控制力的非常有利的情境中，这种领导者往往不用担心和下属的人际关系，常常认为领导下属是理所当然的，但是他可能会花大量的时间取悦上级。相反，在同样有利的情境中，任务取向型领导者会感到十分放松，因为事情都在控制之中，而且很明确，允许其设定清晰的目标，并从容地控制群体的工作进度。

在领导者拥有低控制力的不利情境中，为了避免让下属疏远或发怒，高 LPC 的领导者关系取向型变得不愿意对下属施加任何任务压力。高 LPC 的领导者可能会非常投入地去尝试建立完成任务所需要的关系。相反，低 LPC 的领导者会再次处于适宜的环境中（如鱼得水）。这类领导者会变得急切，然后迅速地建构情境，忽视反抗，通过降低群体的不明确性来达到成功的结果。

中等程度有利的情境需要建立人际关系和创新性地解决低结构化问题，在这种情境下，高 LPC 的领导者会做得最好。然而，在这种情境中，低 LPC 的领导者会感到不得其法，很少关注群体中的人际问题，而过分关注任务，最终无法产生好的结果。

LPC 被假设为一种相对稳定的倾向，即领导者应该发现他们自己的倾向，然后找到与自己风格最匹配的情境。低 LPC 领导者应该找到非常有利或非常不利的情境，或改变情境使其能够为自己创造最好的结果。类似地，高 LPC 的领导者应该寻找中等有利的情境或者拓展它。

菲德勒、奇莫斯（Chemers）和马哈尔（Mahar）出版了一本自我管理的训练册子，读者可以在其中测验和计算自己的 LPC 得分。这本册子首先要求读者分析领导者-成员关系、任务结构和职位权力，对情境的有利性进行诊断，然后给出一个关于读者和情境匹配程度的结果。如果匹配度很差，这个小册子就会提供指导，帮助读者构建更有利的情境。

这个模型的优点是它关注了每一个必要的组成部分——领导者、下属和任务。在分析了自我、任务和领导者-成员关系的基础上，它帮助人们做出详细的诊断，而且从最开始就承认领导者的行为并不是那么的灵活多变。更确切些说，领导者的问题就是如何在自己的优势和情境要求之间进行良好的匹配。

这个模型的缺点是：第一，诊断的种类复杂而且通常很难评价，领导者-成员关系究竟多好，任务结构化程度如何，领导者的职权有多大，这些在实践中都是很难确定的。第二，菲德勒很少关注对下属特征的诊断。第三，没有考虑领导者和下属的实际技术能力。这个理论假设领导者和下属都具有足够的技术能力。第四，支持这个概念的相关证据相对薄弱。这种相关总体上是正向的，但是相关性较低而且没有达到统计上的显著水平。第五，LPC概念本身模糊不清，高LPC或低LPC领导者的特征只是渐渐被人们理解。在最近一篇有关菲德勒理论的研究综述中，霍斯金（Hosking）和施里斯海姆（Schriesheim）甚至严肃地挑战该理论的基本前提，他们指出LPC既不稳定也不好理解，LPC和情境结果之间的相关性太弱，以致难以保证此理论的实践需要。

以上这些并不是致命的缺点，但是限制了菲德勒的理论成为解决领导力问题的通用范式。

注重任务/情境:弗洛姆的权变理论

菲德勒的理论始于领导者的测量(LPC),弗洛姆则更加关注任务和下属(图7-1中的方框B和E)。在最近的理论陈述中,弗洛姆引用了斯托格狄尔(Stogdill)在1948年对25年来领导力研究的总结作为开场白:

> 领导者的个人特征模式与下属的特征、活动、目标之间必定有着相应的关系……很明显,要对领导力进行充分的分析,不仅要研究领导者,还要研究情境。

弗洛姆的一些早期研究表明,具有某种人格特质和从事某种工作的下属更喜欢专制的领导者。这一发现对密歇根研究团队对民主式和参与式领导风格规范性的强调提出了质疑。在这种观点的基础上,弗洛姆认为领导者有能力沿着从高专制到高参与这一范围改变他们的行为(方框H),所以领导力问题可以重新表述为完善诊断标准,以帮助领导者决定在哪种情境中使用哪种领导行为(方框F和G)。根据这个维度,弗洛姆区分了五个基本要点,其中每一个要点都反映出领导者的一种行为选择。

管理决策风格的类型

AⅠ.使用当时你可得到的信息,自己解决问题或做出决策。

AⅡ.从下属那里获得必要的信息,然后自己决定解决问题的方法。从下属那里获取信息时，你可以告诉也可以不告诉他们问题是什么。在做出决策的过程中，下属的任务只是为你提供必要的信息，而不是提供或评价可行性解决方案。

CⅠ. 你与有关的下属进行个别的讨论（共同分析问题），听取他们的看法和建议，而不是让他们像一个群体一样聚在一起。然后，你做出决策，这个决策可能受到或不受下属的影响。

CⅡ. 你和下属组成一个群体共同探讨问题，集中获取他们的看法和建议。然后，你做出决策，这个决策可能受到或不受他们的影响。

GⅡ. 你和下属组成一个群体共同探讨问题。你们一起提出和评价可行性解决方案，并试图达成一致。你的角色更像这个群体的主席。你并不试图影响群体，使他们采用你的解决方案，而是愿意接受和执行任何一个由整个群体支持的方案。①

这种决策维度与坦南鲍姆（Tannenbaum）和施密特（Schmidt）首次提出的领导行为连续体理论非常类似。但是弗洛姆的决策类型的超越之处在于，提出了分析领导力问题的具体方法。这种方法共设置了八个按顺序排列的领导者能自己问自己的标准问题和一系列决策树式的决策规则，使用决策树可以产生最有价值的选

---

① 应该注意的是，还有其他选择，如将问题授权给一个下属或群体，让他们自己做决策。

择（见图8-1）。

A
是否存在一种质量要求从而
使一种解决方案比另一种方
案更合理？

B
是否掌握了足够的信息来做
出一个高质量的决策？

D
问题是结构化的吗？

E
下属对决策的接受度对其
实施至关重要吗？

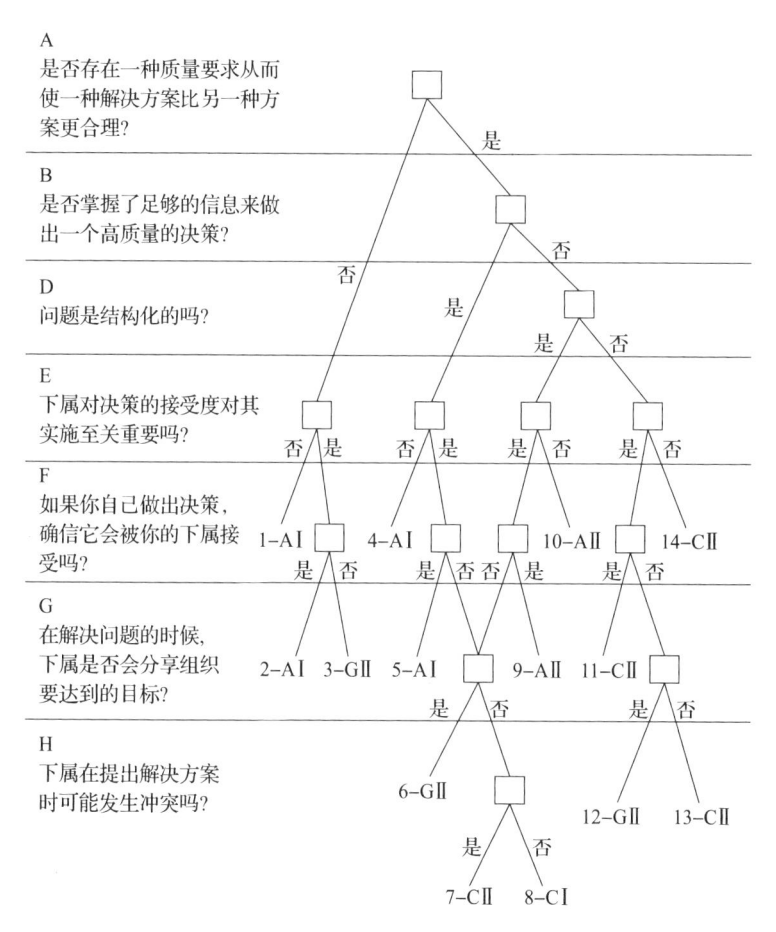

F
如果你自己做出决策，
确信它会被你的下属接
受吗？

1-AⅠ 4-AⅠ 10-AⅡ 14-CⅡ

G
在解决问题的时候，
下属是否会分享组织
要达到的目标？

2-AⅠ 3-GⅡ 5-AⅠ 9-AⅡ 11-CⅡ

H
下属在提出解决方案
时可能发生冲突吗？

6-GⅡ

12-GⅡ 13-CⅡ

7-CⅡ 8-CⅠ

图8-1　决策过程流程图

这七个问题安排有序，以便领导者能够分析目前的困难情境，用"是"或"否"来回答每个问题，就能得到可行的决策选择。由于决策树有许多路径，所产生的答案能反映从专制型到参与型之间的可行选择。如此,领导者可以评估是采用短期运行的模式,来将短期效益最大化(通过使用更专制的解决办法),还是采用长期发展的模式,使下属学习如何将自己解决问题的能力最大提升。下面所列的主要决策规则会产生切实可行的选择。

为保证决策质量而设计的原则

1. 信息原则。如果决策的质量很重要,而且领导者没有足够的信息或者不擅长独自解决问题,就把 AⅠ从可行的选择中排除。这种情况下,使用 AⅠ会冒低质量决策的风险。

2. 信任原则。如果决策的质量很重要,而且不相信成员能够通过自己的努力解决组织目标问题,就把 GⅡ从可行的选择中排除。这种情况下,领导者对决策没有最终控制权的任何一种选择都会危害到决策的质量。

3. 非结构化问题原则。在决策质量非常重要的情境中,如果领导者缺乏必要的信息或不擅长独自解决问题,而且问题是非结构化的(也就是说领导者不完全清楚需要什么样的信息,或者在哪儿找到这些信息),那么在这种情况下,领导者所使用的方法不仅要为其收集信息,而且要以有效可行的方法来收集信息。这时,与所有下属进行交流以获得关于问题的全面信息的方法更有效,也更可能创造高质量的解决方案。在这些情况下,把 AⅠ、AⅡ、CⅠ从可行的选择中排除。AⅠ不能为领导者提供必要的信息。与那些鼓励交流的方法相比,AⅡ和 CⅠ方法在提供必要的解决问题的信息方面更加麻烦、更低效、更不可行。

为保证决策接受度而设计的原则

1. 接受原则。如果下属对决策的接受度对决策有效实行至关重要，而且不能确保下属能够接受领导者做出的专制性决策，就要把AⅠ和AⅡ从可行的选择中排除。这两种方法都不能为下属提供参与决策的机会，而且都会冒可能不被下属接受的风险。

2. 冲突原则。如果决策的接受度至关重要，而专制的决策不一定能被接受，并且下属在采取合适的解决方法上存在冲突或不同的意见，就要把AⅠ、AⅡ和CⅠ从可行的选择中排除。这时，用于解决该问题的方法应该是能使那些意见不一致的下属通过对问题的全面认识而化解分歧。在这些情况下，AⅠ、AⅡ和CⅠ没有为那些冲突的下属提供任何化解分歧的机会，所以这些方法要被排除。使用这些方法很可能导致部分下属缺乏对最后决策的必要承诺。

3. 均衡原则。如果决策的质量不重要，而接受度却至关重要，并且不一定是由专制性决策引起的，就要把AⅠ、AⅡ、CⅠ和CⅡ从可行的选择中排除。这时使用的方法应该是将决策接受的可能性最大化，因为这是考虑决策有效性的唯一相关因素。在这些情况下，与GⅡ相比，AⅠ、AⅡ、CⅠ和CⅡ会导致更低的接受度和更少的承诺，故要从可行的选择中被排除。使用这四种方法会导致决策接受度比其所需要的还要低。

4. 接受优先原则。如果决策的接受度至关重要，专制性决策不一定能被接受，而且下属是值得信任的，就要把AⅠ、AⅡ、CⅠ

和CⅡ从可行的选择中排除。在决策过程中提供平等的伙伴关系的方法能够提供更高的决策接受度，而且不影响决策质量。因此，除了GⅡ以外的其他方法会导致不必要的风险，也就是决策不能被完全接受，或者决策不能取得下属的必要承诺。

通过这些原则和决策树，弗洛姆为诊断任务情境提供了合理而清晰的基础。尽管如此，一个仍未得到满意解决的关键问题是在一系列可行的选择之中，领导者能否在现实中具备改变自身领导行为的灵活性。弗洛姆引用了两类证据：（1）来自11个国家的500名管理者的报告（也就是自我报告）显示，他们对最近的决策情境具有灵活性；（2）管理者报告他们对弗洛姆为培训目标提出的标准化问题也有灵活性。根据这些数据，弗洛姆发现管理者的行为具有高度的灵活性，他们的行为方式可以根据情境而改变。管理者之间的不同之处在于有人使用某种决策类型会比其他人更频繁，但是相比某个特定管理者自身解决不同问题类型时的变化而言，这种差异就显得较小了。然而，正如弗洛姆自己提到的，这些数据来自人们自我报告的在领导情境中将采取的行为，而不是实际观察到的，所以在真实的决策情境中，是否真的存在这样的灵活性不能确定。

弗洛姆的培训项目要求管理者群体完成一系列的标准化问题，然后选择属于他们的决策方式。这些活动通过计算机完成，在以下方面每一个受训者都能够获得十分迅速的反馈：（1）符合理论的正确解决方法；（2）其他受训者选择的解决模式；（3）对受训者自身答题模式的分析。这些答案揭示了受训者的特征倾向和违反决策原则的情况。然后，在群体内对这些反馈的结果进行讨论。这个群体应该已经共同工作过，而且增进了对理论和彼此被观察到的领导行为的共同理解。在小群体中进行讨论对矫正人们已经形成的关于自身行为的倾向有极其重要的作用。

目前，弗洛姆和菲德勒的模型都是领导力培训中设计最全面的项目。那么怎样区别它们呢？我们并没有多少比较研究的证据，但还是可以确定一些概念上的明显差异。菲德勒的模型建立在一个广义的领导力情境之上，在这些情境中使用了关于群体效能的严格标准。但是弗洛姆的早期研究主要集中在一些类似的情境上，而且现在的模型局限于组织中的管理者，所描述的是在某种决策问题情境中领导者自身的行为。因此，菲德勒的研究以领导行为做基础显得更宽泛，其研究结果可能得到更广泛的应用。但是，就如我们所提到的，这个模型中的概念更概括、更模糊，尤其在判断情境的标准上。相比之下，弗洛姆非常具体地描述了判断情境的标准和领导行为，并为领导者提供了更广泛的具体的行为选择。前面我们已经说明，菲德勒主要研究领导者的基本倾向——任务和关系取向（方框A），而弗洛姆主要研究特定的任务对领导行为的具体要求（方框C）。弗洛姆的培训项目以小群体任务为基础，对培训人员的诊断性特征进行具体的反馈，有人可能认为菲德勒的自我分析式培训不如弗洛姆的有效。另外，弗洛姆倾向于将决策看做是互不关联的，当情境现实要求领导者表现出某种风格或设定某种基调，而这样做就无法还原为具体互不关联的决策时，决策就不可能与许多情境现实相匹配。

注重下属：赫塞和布兰查德的情境领导理论

另一项重大的领导研究项目始于 20 世纪 40 年代的俄亥俄州立大学。在那里，研究者尝试精确定义领导者实际表现出来的行为类型。研究者从数千种行为描述中最终归纳出两个独立的维度，称为定规维度（initiating structure）（主要是任务取向）和关怀维度（consideration）（主要是关系取向）。高定规维度的领导者可能将任务分配给群体成员，强调会面的期限，希望成员严格遵守惯例，在竞争之前感受到压力，让群体成员知道他们被期待的是什么，等等。相反，高关怀维度的领导者会花时间做群体成员的倾听者，友好而有亲和力，帮助下属解决个人问题，支持下属，等等。

这个维度与菲德勒的高 LPC 和低 LPC，以及密歇根研究团队的以生产为中心（production-centered）和以员工为中心（employee-centered）的管理行为的划分类似。然而应该注意的是，菲德勒和密歇根研究团队的维度都是由单一连续体的两个极端——任务和人员取向构成的单一维度。俄亥俄州研究团队认为一个领导者可以在两个维度上都高或都低。在这个理论假设的基础上，他们慎重地开发了彼此独立的量表。此外，俄亥俄州研究团队特别关注领导者的行为（方框 H），而不是内部的态度或定向（方框 A）。在任务和人员两个取向上，一个领导者在态度上可能不全是同等的高取向，但是他可以控制自己的行为从而对这两个问题都表现出同样的关注程度。

关于小群体中领导的团体动力学研究也表明要使群体有效地

工作，领导者必须同时关注任务的完成和群体的建设及维持。贝尔斯（Bales）将其称为"任务"和"社会情感"维度，并发现不同的成员往往作为不同角色的领导者出现。这样，很可能要确定对这两种行为的需要，但是个体能否轻松地表现出这两种行为，个体是否会同等地关注这两种行为，还存有疑问。

在开始研究领导行为时，赫塞和布兰查德就否定了只有一个理想管理方式的观点，因为不同维度的研究表明，在各种领导行为下都能找到具有生产效率的、满意的群体。他们的基本命题是：

> 管理者越是使用他们的领导行为方式来适应特定的环境和其下属的需要，他们就越能有效地达成个人和组织的目标。

菲德勒强调领导者必须找到适应自身风格的情境，弗洛姆则强调领导者必须让自身领导风格适应任务特征。与这两种理论相比，赫塞和布兰查德注重的是下属的需要。赫塞和布兰查德定义了领导行为的基本风格（如图8-2所示），并给出了简略的名称：指示（telling）（高任务和低关系行为）、推销（selling）（高任务和高关系行为）、参与（participating）（低任务和高关系行为）以及授权（delegating）（低任务和低关系行为）。有效的领导行为可以定义为在更大环境中与特定情境相适应的行为。至今为止，赫塞和布兰查德的领导理论与其他权变理论没有非常大的区别。然而，他们引进了另一个变量，情境中的一个关键维度——下属成熟度，或者说他们应对群体所面临问题时的准备程度。成熟度只能在群体

面临的具体任务中进行定义,它是指:

……设置高但能实现的目标的能力(成就动机),承担责任的意愿和能力,个体或群体的受教育程度和经验。

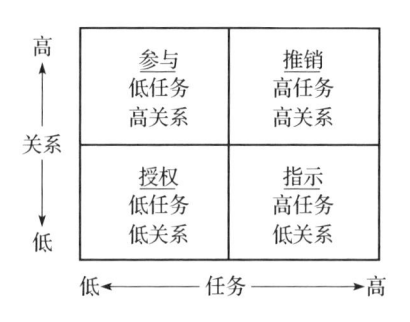

```
高 ┌─────────┬─────────┐
   │  参与    │  推销    │
   │  低任务  │  高任务  │
关 │  高关系  │  高关系  │
系 ├─────────┼─────────┤
   │  授权    │  指示    │
   │  低任务  │  高任务  │
低 │  低关系  │  低关系  │
   └─────────┴─────────┘
    低 ←──── 任务 ────→ 高
```

图 8-2 领导行为的基本风格

应该注意的是,下属特征的定义同时强调了动机和能力,并涉及工作的成熟度——开展工作的能力和技术知识以及心理的成熟度——设置高目标和承担责任的自信和自尊体验。基本理论如下:

1. 如果下属成熟度低,那么领导者应该采用高任务和低关系的行为帮助群体获得一些成功,使下属开始学会变得成熟。

2. 随着下属成熟度的提高,领导者应该减少任务行为,增加关系行为,以帮助群体提高自身的能力。

3. 随着下属的成熟水平继续提升,领导者应该同时减少任务和关系行为,因为群体正在建立自信和具备独立完成任务的能力。

4. 当群体日趋成熟时,领导者可以继续减少任务和关系行为,主要是将任务授权给群体,期待他们完成。

这种变化的顺序可以参见图 8-3。伴随成熟度从右至左的增加，适当的领导行为沿着穿过四个象限的钟形曲线发生变化。强调下属成熟度的发展，最终应使领导者的任务和关系行为达到最小化，这一点使该理论与其他大多数要么忽视天赋和能力（如菲德勒），要么假定领导力是固有属性的理论有很大的区别。赫塞和布兰查德的发展性序列表明，适当的领导行为不仅是下属的一般特征的函数，也是群体发展阶段的特定函数。如果领导者想提高下属的成熟度，该模型建议领导者通过给予下属更多的授权来减少任务行为，同时要增加关系行为作为群体达到成功的正强化物。

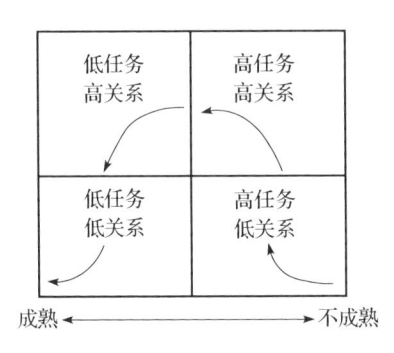

低任务 高关系	高任务 高关系
低任务 低关系	高任务 低关系

成熟 ←——————→ 不成熟

图 8-3　领导行为与下属成熟度的关系图

为了帮助培训领导者，赫塞和布兰查德设计了一份问卷（LEAD），包括12个描述下属不同成熟水平的情境。每个情境下，被试从代表基本领导行为的四个选项中选出一个。正如菲德勒项目一样，这项群体培训项目有自我评分和分析，却不同于弗洛姆项目那样计算机化或结构化。

该理论的优点是概念性的而非经验性的。模型意在反映先前的领导研究成果，但是关于该模型本身的独立研究却很少。对下属技能和自信水平的分析是对领导理论的重要补充，因为其他理论对下属水平的变量研究只是口头说说而已。该理论还具有其他理论所缺少的动态性和发展性视角。

领导者的四种行为模式——指示、推销、参与和授权——过于简单，并没有对行为灵活性问题给予足够的关注。管理者会像该理论所建议的那样改变他们的行为吗？看看 LEAD 问卷的使用能否增进我们对领导者和下属间关系的了解，以及建立在模型上的进一步研究能否证实那些基本命题，是很重要的。

该理论的一个关键性弱点在于尚未形成系统的测量方法或完善的诊断工具来测量下属实际的成熟度。考虑到下属的成熟度是模型中十分重要的概念，有人认为该理论的支持者应该开发出一种测量工具来帮助检验这个变量。有证据表明下属的特征能够而且确实影响领导者的行为，但是我们仍然缺少一组有明确定义的并且可测量的变量，来系统地分析下属的特征。

注重领导者行为：阿吉里斯的模型 I 和模型 II

阿吉里斯非常注重组织中心理功能（psychological functioning）水平的提高。他认为如果管理者和员工都以一种心理上更加成熟的方式行动，那么组织和个人都能从中获益。在早期的研究中，阿吉里斯发现大多数组织所使用的价值观（金字塔型的价值观）将员工看成依赖性的和无责任感的。这些价值观假设员工的心理不成熟。

阿吉里斯认为领导者往往有意或无意地强化了这些价值观和假设，使得领导者或者作为整体的组织很难显示出更高的心理成熟度。

阿吉里斯指出他所观察的大多数管理者和领导者是根据两种不同的"理论"工作的：

（1）所信奉的理论，领导者宣称其行为所遵循的目标、假设和价值观；

（2）在使用的理论，包括实际指导外显行为的内隐假设。

所信奉的理论包括从专制到参与的宽泛性变化，但是在群体中真实地观察领导者时，结果发现他们正在使用的理论几乎一致地反映了阿吉里斯的模型Ⅰ。这个行为模型建立在四个基本假设之上，他将其称为主导变量：

（1）每个人都必须完成自己的目标，因为有人在看着他们；

（2）每个人都必须赢而不是输；

（3）每个人必须尽量减少关系中消极情感的产生；

（4）每个人必须是理性的，要使情绪激动最小化。

阿吉里斯认为，这些主导变量会引起控制他人行为，这种行为使个人自身的安全感最大化，并使人们最小限度地面对任何强烈的情绪反应问题。当一个人与他人对峙时，这种行为就会引起防御反应。最终的结果就是阿吉里斯所谓的"自我封闭"（self-sealing）过程，或者单环学习（single-loop learning）。在这个过程中，个人建立情境以证实自己的假设，却从不了解这些假设本身是否正确。如果一个人一开始就认为与人对峙很糟糕，因为它将产生防御性的情感行为，那么他很可能坚信这个假设并学习怎样才有更少的对峙，而不是学习如何应对自己和别人的防御反应。最后，模型所建立的基本假设从未得到公开的检验，这样就阻止了领导者学习更有效的行为。

阿吉里斯和舍恩通过分析磁带记录的情境，对外显言语行为及其相伴的内隐想法进行提取和分类，从而对领导者的"信奉"和"使用"理论进行研究。在这些记录中有一点让人印象深刻，那就是外显行为不仅与个人的内心感受不协调，还恰好相反。虽然下属可能经常感觉到不协调，但是仍然按照同样的规则行事，很少表现出真实的感受。这迫使领导者和下属都在猜测对方的感受，然后操纵情境来达到自己的目的。

正是这个循环过程，阐明了这类常见的报告，就是领导者去参加培训项目，学会了如何使下属的参与性更高的新方法，但是发现这些新方法对他们的下属不起作用。事实是领导者可能只改变了他们所信奉的理论，却没有改变实际的、情境下的行为。如果这个发现基本正确，而且模型Ⅰ行为在领导行为量表的专制末端，那么，阿吉里斯实际上是在说，即使领导者相信和支持参与，将其作为他们偏爱的风格，在真实情况中，领导者也无法从文化上表现出参与性。参与需要一定程度地公开对自己和他人的感受，而这种公开性是组织背景下的领导者难以做到的。

阿吉里斯认为如果领导者能够学会按照模型Ⅱ行事，那么组织会发展得更好。模型Ⅱ建立在与前面不同的一组假设之上：

（1）行动应该以有效的信息为基础；

（2）行动应该建立在信息丰富的选择之上；

（3）行动应该建立在对选择的内部承诺和对实现选择所付出的持久努力的基础之上。

这个理论是建立在"学会如何学习"的基本假设基础上的，这些假设就像交友小组、敏感性训练小组等所例证的那样，已成为团体动力学培训的基础。

阿吉里斯提出的能够帮助人们获得模型Ⅱ行为的训练项目，实际是对敏感性训练小组中常用的互动探索和反馈方式的一种直接延伸。受训者（行政人员、公司董事长、经理等）首先从他们将会怎么做和内心的感受两个角度来分析虚构的情境，从而了解他们自身模型Ⅰ的假设是如何影响他们的思考的。这些训练以小组的形式进行，并由专业人员辅导，专业人员帮助受训者意识到模型Ⅰ假设对其影响的普遍性。然后，受训者被邀请为那些情境提供新的解决办法，并且运用模型Ⅱ合作性的、面对面的、开放式的假设，成为彼此之间的咨询顾问。

在几天渐进性学习的过程中，受训者开始考虑如何在真实的情境中尝试将新的假设运用到最好。然而，对下属消极反馈的预期经常会重新引起与模型Ⅰ看法一样的焦虑，即越是对峙，就越会导致防御反应。此时有必要在面对自身行为时，通过克服焦虑以及培养实验的态度，来阻止这种潜在的退避。在这个阶段，群体支持是关键。因为至少群体成员可以分享一系列的新假设，并学会彼此更加开诚布公。这个方法允许领导者验证他们的基本假设，而且如果有需要还可以改变这些假设。阿吉里斯和舍恩将这种学习命名为"双环学习"（double-loop learning）。

双环学习并不是一个新概念。它源于贝特森（Bateson）的"再学习"（deuteron-learning）概念，最初是用来分析精神分裂者对双重困境的知觉，这个双重困境中含有冲突性的父母信息，比如"我爱你，但是你做了坏事，所以我要惩罚你"。在双重困境中，如果孩子对父母不一致的言语进行反抗，那么父母会认为是孩子的错，这样会导致父母再一次使用包含惩罚和爱的冲突性信息。在组织中相应的信息则可能是，"我喜欢你，接受你，但是我不能亲近你，因为你引起我的一些负面情绪。尽管如此，我不能告诉你这是什么样的负面情绪，因为那样会伤害你。我正在努力避免伤害你，因为我喜欢你"。学会如何学习意味着建立一种容许更开放，可共享情感、知觉和假设的关系，还意味着完善随后的行动，这些行动是建立在更正确、更有效信息的基础上的。

许多以行为科学为准则的咨询顾问接受了这个模型，将其作为基本原理，尝试通过各种诊断和干预行为改变客户的基本假设。阿吉里斯和舍恩承认这个模型有点理想化，需要领导者付出很大的努力，但是他们认为要使人的潜能在组织中得到充分利用，领导者付出努力是必需的。

如果将阿吉里斯的领导行为模型与菲德勒、弗洛姆及赫塞和布兰查德的理论进行比较，我们会发现后三种理论的取向更为静态，它们假设通过对领导者自身风格、任务和下属的特征进行正确的诊断就能改善领导行为。如果阿吉里斯的观点是正确的，那么这些理论就没有真正地改变行为，而只是改变了领导者所信奉的理论。要想真正改变领导行为就需要改变支持这些行为的潜在假设和情感，也就需要一个像阿吉里斯所描述的那样强度更大的改变过程。

实际上，阿吉里斯正尝试改变一些文化价值观，这些价值观最终都是从有关竞争、理性和回避等消极情感的假设中衍生而来的。他认为如果不改变这些基础性的文化价值观，组织就只能保持勉强有效，更糟的是，组织无法学会如何从根本上变得更为有效。尽管某些成功的组织变革案例，很明显都是伴随着关键领导者从模型Ⅰ假设向模型Ⅱ假设成功转化，但是这些观点的有效性并没有得到任何大规模研究项目的证实。

阿吉里斯和舍恩还非常认真地指出，要成为更具参与性的领导，就必须做出明确的、真正的改变。弗洛姆、赫塞和布兰查德、布莱克和莫顿（Mouton）等其他研究者假设，如果有人能够说服领导者或管理者变得更乐意参与，并告诉他们如何参与，那么参与式的领导行为就会自然发生了。然而，对模型Ⅰ和模型Ⅱ行为的分析强调了所使用理论坚实的情感基础，并警示我们在力图改变一个管理者的风格时所面临的真正困难。这类思考方式可能意味着，人际能力和按照模型Ⅱ假设行动的能力是权变理论所要求的灵活性的一种前提条件。如果阿吉里斯关于模型Ⅰ控制着大多数领导者的思维的观点是正确的，那么即使领导者能够对情境做出正确的诊断，他们以权变方式行动的能力也是有限的。

阿吉里斯最初主张每个人实际上都会根据模型Ⅰ来行动，但是这个观点缺乏证据。考虑到这个观点在理论中的重要性，应该进行更多的研究来证实这个观点是否确实正确，如果正确，那么为什么正确。此外,阿吉里斯似乎并未考虑到模型Ⅰ的行为在某些情境下是有可能正确和有效的。

总结1:任务取向与人员取向

实际上,关于领导力的每一项重要研究,包括上述四项,都认识到了任务取向和人员取向之间的区别,见表8-1。

表8-1 任务取向和人员取向之间的区别

研究项目组	任务取向	人员取向
俄亥俄州研究团队	结构维度	关怀维度
赫塞和布兰查德	任务行为	关系行为
密歇根团队(利克特)	以生产为中心	以员工为中心
菲德勒	低LPC(任务)	高LPC(关系)
布莱克和莫顿	关心生产	关心人
贝尔斯	任务型领导	社会情感型领导
贝恩(Benne)和希茨(Sheats)	任务职能	群体建设和维系功能

然而,研究者在这两个关键问题上还存在着分歧:(1)关心任务和关心人员是一个单一连续体的两端还是两个独立的维度,一个人是否能够在两者上都高或都低;(2)这两个维度是否涉及内部的态度和价值观,还是只涉及外显的行为。根据对许多领导者和管理者的实际观察,我认为对这个问题可以提出以下大致的假设:

组织水平越高,以人员为取向的态度和人际能力就越重要,倘若任务取向及能力保持在某种相当高的水平上，任务问题和解决任务的能力就越不重要。

水平低的领导者和管理者必须是任务取向型的，而且要有技术能力，但只要有一点人际能力就能应付工作。对于中等水平的管理工作来说，技术能力和任务取向仍很重要，但是人员取向和人际能力变得更重要。对于总经理而言，人员取向至关重要，但是仍需保持高的任务取向。探明总经理有效性的问题之一，可能就是同时具备以人员和任务为取向的能力是不容易被训练出来的，其只存在于有限的人群之中。

以上假设得到了部分支持，证据主要来自在组织中得到晋升的管理者所谈到的自身学习过程。在麻省理工学院的小组研究中，那些曾立志成为总经理的校友描述了在其生涯中具有标志性的10~12年的自我发展历程。这些校友根据自身的经历认为他们具有三种相关的胜任力：

1. 分析胜任力——鉴别、分析和解决问题的能力（任务胜任力）。

2. 人际胜任力——在他人手下，和他人一起，以及通过他人，在群体中工作的能力。

3. 情感胜任力——无论在任务还是在人际领域都能做出坚定决策的能力。

只有同时拥有这三种能力，小组的成员们才能感觉到他们有信心继续期望得到更高的管理职位。换句话说，领导者所需要的是以任务还是以人员为取向的程度以及胜任力，在很大程度上取决于相关联的特定职位和组织水平。

总结2：专制、协商、参与和授权

事实上，每一位卓越的研究者或理论家，包括我们所提到的四位，都深思过这样一个问题：一名领导者在决策过程中应与下属分享多少权力。表8-2显示了在参与这一维度上的不同程度，以及每个理论家赋予它们的名称。

表8-2 研究项目组与参与水平

研究项目组	参与水平
勒温等	专制　民主　放任自由
哈比森和迈尔斯	专制　家长式　协商　参与
巴斯	指导　操纵　协商　参与　授权
利克特	系统1　系统2　系统3　系统4
坦南鲍姆和施密特	领导者控制　共同控制　群体控制
赫塞和布兰查德	指示　推销　参与　授权
弗洛姆	领导者决策　协商　分享　授权
阿吉里斯和舍恩	模型Ⅰ　模型Ⅱ

在什么是"正确"的领导风格这个问题上，研究者和理论家仍然存在强烈的分歧，而且目前的理论几乎都倾向于权变模型。权变模型实际上就是说领导风格取决于任务、下属的特征以及其他历史或环境因素。一条明确的结论可以这样陈述：没有一致的

证据表明，某一种有关领导风格的理论是最好的。

关于专制型还是参与型哪个更好的争论是没有结果的，除非能够明确任务特征、下属特征和周围条件。

与上一个争论一样，关于领导风格，还有一些争论是不清楚的：是否有一个态度特性，使一个特定的人天生或多或少具备"参与性"；或者是否有一个纯粹的行为维度，使一个特定的人能在专制和授权之间改变其行为。阿吉里斯已经明确指出，内隐态度和外显行为之间的一致性本身就是一个问题。如果一个专制型的人学会了如何表现出参与性（但是并没有改变潜在的态度），下属会对这样的行为做出积极的反应吗？或者下属感觉到这种不一致了吗？下属对这位学会表现参与性的专制者的反应要比对"诚实"的专制者更消极吗？如果反馈的灵活性对于一个领导者而言非常重要，那么很明显为了学会这种灵活性就要有一种实际的方法。

作为一系列职能分配的领导力

没有哪个理论把职能分配作为研究重点，但是领导行为可以实现群体或组织中的许多不同职能，这样的事实让许多观察者大吃一惊。如此，与其将研究重点放在一个被定义为"领导者"的特定个体上，还不如重点研究职能，这样会得到更多成果。这些职能可能包括阐述基本价值观、设置和宣布目标、组织资源（人力资源及非人力资源）、计划、提供信息、监督、提供进程反馈、支持、解释、总结、检验意见的一致性、决策、奖励和惩罚等等。

一旦我们确定了这种大范围的职能，那么显然一个特定群体中的任何一个成员都可以执行这些职能，而且这些职能与特定的正式或非正式的领导者之间没有必然联系。实际上，任何人都能将有效的群体看做是，根据成员所具有的执行某种职能所需的特定才能，将职能在群体所有成员中进行最优分配的群体。

组织中确实存在指定的领导者或管理者，但我们会问这样一个问题，是否真的存在一些只与领导职责相关的职能，这种领导职责只有领导者才能执行。如果我们认为领导者是组织中各层级之间的连接点，那么很明显领导者的一个独特而关键的职能就是将上级的指令转化成下级的目标和指标。如果领导者处于组织中的最高端，那么他的职能就是将机会、需求和环境约束条件转换成组织的战略、目标和指标。考虑到不同的领导风格、任务、下属特征等因素，如何完成目标是非常多变的，但领导者仍要对最终目标的选择和达成负主要责任。

如果领导者负责目标的达成，那么监督达成目标的进程就成为领导者第二个独特的职能。监督进程将显示完成任务需要什么职能，这样就产生了领导者的第三个关键职能：如果要实现目标，还需要提供所有目前缺少的职能。

任何人都不能事先预测会缺少什么职能。群体可能需要关键的信息，或者可能需要解释目标。成员需要关于他们工作得如何的反馈，或者需要通过奖励、威胁甚至惩罚来激发动机。无论观察到缺少了什么职能，确保职能的实现是领导者的职责，即使职能的实现要求个人干预。为了提供所缺失的职能，领导者必须非常擅长观察群体的问题解决过程并有效地干预这些过程。

至今，我们已经谈论了目标的达成。在所有组织中，另一个关键职能是群体内人际关系的发展和维持。在此方面，指定的领导者同样必须保证群体发展和维持，监督进程，并且提供诸如鼓励、支持、培训员工、解决冲突、为群体而战斗这些缺失的职能。考虑的问题并不是确定任务取向还是关系取向，而是要保证实现在这两个领域所缺失的职能。

比如，如果任务复杂且具有挑战性，那么下属可以从任务本身得到满足，并不需要一个体贴的关系取向型领导者。事实上，在任务取向型和能促进任务绩效的领导者的带领之下，群体会得到很好的发展。如果任务枯燥无味或让人有挫折感，下属则需要一个体贴的关系取向型领导者，来帮助他们处理任务中遇到的挫折。类似地，卡兹（Katz）的研究表明，如果一个群体正面临任务方面的冲突，那么更倾向于有一个任务取向型领导者；如果一个群体正面临人际关系冲突，那么更倾向于有一个关系取向型领导者。然而，即使在人际关系冲突的情境下，任务取向型领导者通常也是更成功的，这表明一个冲突的群体最需要的可能是将注意力集中在任务上并让任务取得成功。

总而言之，领导职能可以被广泛地分配给其成员，这一点是有争议的，但领导者的关键性职能是：

（1）决策、说明或者传递要实现的基本目标或任务；

（2）监督任务或目标完成的进度；

(3)确保下属群体是为了有效地完成任务绩效而建立和维系;

(4)提供完成任务和维系群体所需要的或缺失的职能。

在有关领导者应该如何履行这些职能,领导者应该是专制型的还是参与型的系统阐述中,没有什么是必然的。所要强调的是,领导者最终要负责这些特定职能的完成,这一点是领导这一概念的本质。

决策领域:任务本身、交互情境和组织政策

如果领导取向(任务取向和关系取向)和领导风格(专制型、参与型、授权型)在任务类型和决策领域都是权变的,那么我们就需要一个标准对决策类型进行分类。这个标准的基础可以借鉴一些学者提出的关于工作满意度的分类方法——决策是否与任务直接相关,决策是否涉及任务进行中的交互情境(可能也包括完成工作所使用的方法);决策是否涉及组织政策,包括从有关组织使命和组织设计的基本决策到有关员工在组织管理中的角色政策——也就是人事政策、薪资、津贴、晋升、职业生涯发展等。这个标准绝不是用于分析决策类型的唯一标准。弗洛姆的决策类型标准包括:(1)谁有什么样的信息;(2)实施决策有多重要;(3)下属有多大可能分享组织的目标,下属又在多大程度上被激励来实现这些目标。菲德勒等人使用了决策是如何建构的这一标准,赫塞和布兰查德则使用了这样的标准:下属有多大的能力去解决问题,他们需要

怎样的激励来解决问题。所有这些标准都是相关的，但是它们都需要这里所建议的更基础性的维度来补充，即工作/任务的相关度。

图8-4显示了工作相关标准及其与参与度的关系。该图可帮助领导者或管理者诊断各种在正常工作中所需要的决策，帮助他们确定下属多大程度地参与决策是合适的。随后还可以使用决策是如何建构的、谁拥有多少信息之类的补充标准。

参与领域	参与程度
	组织/领导者控制　共同控制　员工控制
	专制　家长式　协商　参与　授权

Ⅰ. 组织政策
　 组织的基本使命
　 组织的战略目标
　 组织结构
　 所有权和利润分配
　 薪资和津贴
　 职业生涯发展
　 权力、义务、法定
　 诉讼程序

　　　工业民主
　　共同决定问题

Ⅱ. 交互情境
　 物理环境
　 社会环境

　　工作生活质量问题

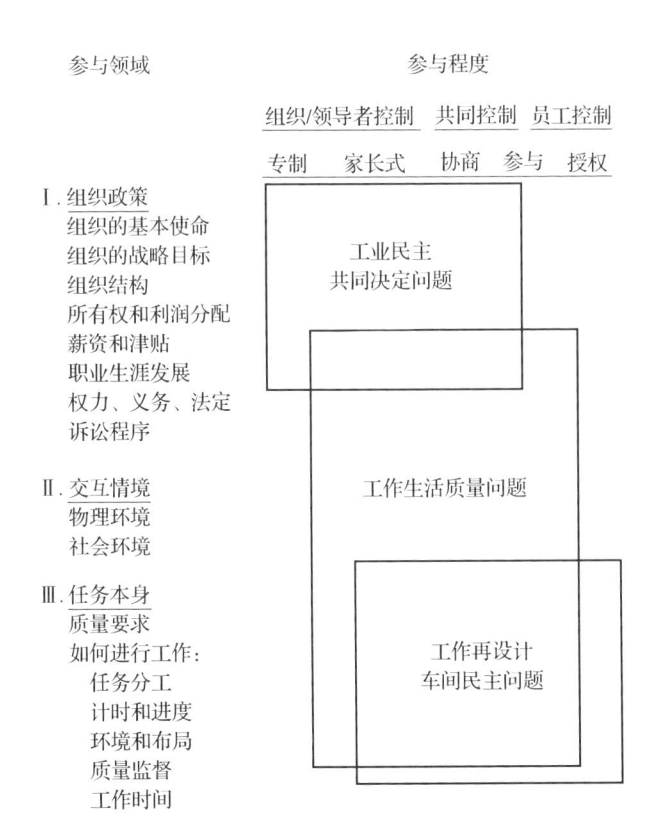

Ⅲ. 任务本身
　 质量要求
　 如何进行工作：
　　 任务分工
　　 计时和进度
　　 环境和布局
　　 质量监督
　　 工作时间

　　　工作再设计
　　车间民主问题

图8-4　工作相关标准及其与参与度的关系

比如，在左上方的决策明显倾向于专制，因为：

（1）组织中的所有者和高层管理者通常有权力和责任决定公司的使命和目标，决定工作基本上应该怎样组织；

（2）所有者和高层管理者往往拥有与这些问题最相关的信息和专业能力。

另外，这个政策领域中的许多决策问题或多或少倾向于是松散的，而且领导者可能会为如何实施最后的决策而伤脑筋，这就意味着在决策过程中需要一种更具参与性的方法。当然，在历史上组织的实践有时过于剥削员工，以至于需要工会和劳工法来限制所有者为所欲为的特权。因此，现在有强大工会存在的地方，许多员工相关政策必须通过共同协商来决定，而不是单方面地由组织中的领导者来决定。

在越来越多的国家里，包括员工福利在内的组织的基本使命正在被其自身重新定义，而且已经通过法律来确保许多政策由员工和管理者/所有者共同决定。瑞典采用了这种政策中的极端方式，即每一个管理上的政策决定在实行前都必须通过员工委员会。

工人代表参与董事会和劳工党控制的政府，是强迫参与的一种更为极端的形式。他们进行集权性规划，通过工人选举或指定的代表来达到完全控制组织政策的目的。换句话说，最后的分析表明，参与影响组织政策的程度，很大程度上取决于组织所处的经济和政治体制及其所定义的组织基本使命。诸如工业民主或共同决策这类术语，正是在参与这一领域，人们通常才会看到。

图8-4中间的部分表示决策领域中需要应对的问题，包括工作环境的物理布局和噪声、光线、设备的质量及安全环境这类环境条件。工作环境还包括社会因素，比如占主导地位的同事关系、组织氛围、工作对所需的社会接触的促进和破坏程度等。许多关于工作生活质量的争论都与这部分决策有关。许多参与方面的压力与这样一些假设相关，即谁有权利和义务去定义如何建构这些决策领域——工业工程专家、财务经理，还是必须在这个环境中生活和工作的员工。

霍桑研究、煤矿研究和其他许多研究都强调基础生产水平和生产质量会受到人们如何感知周围环境的影响，然而组织经历了一段艰难的时期才正式认可员工对工作环境设计的更高参与度。比如，许多组织不允许员工（甚至是高层管理者）通过私人财产或自己选择的艺术品来装饰他们当前的工作环境。然而，工作环境即便被领导者忽视，也可能不会带来不好的影响。基于员工承诺的安全计划，当员工参与设计和接受计划时会比单方面强加给员工时实行得更好。甚至一个工厂的基本布局也可以由工业工程师、管理者和未来使用这些设备的员工共同协商决定，因为每个群体都拥有与工作设计相关的信息，这与最后决策有关。

第三个决策部分是最敏感的，也是最具争议的。对于员工自身的任务设计、工作目标设置、实际质量标准制定、工作时间和进度、员工间劳动分配、设备的安装和维持、自己工作的验收，他们应该在多大程度上参与这些工作决策？这是在了解工作之后，下属明显和领导者/管理者拥有一样多甚至比他们更多的关于如何完成工作的信息的领域。但是领导者通常并不准备采取更多的参与式，因为他们怀疑下属的动机和承诺。

大多数的领导力研究（尤其是密歇根团队的研究）明确指出从长远来看，产量和士气得益于不太严格的管理。也就是说，管理者设置了目标，用这些目标来检查绩效，但是给予员工相当的自由去完成他的工作。德鲁克率先提出的目标管理整体观，以及麦格雷戈的Y理论整体观都是让管理者给下属更多的自由去完成工作，对每天的日常工作进行更多的授权，管理者只需考核最后的结果而不是每项任务的每一步。换句话说，领导者和员工应该共同决定工作目标和质量标准，但是按照赫塞和布兰查德的说法，如果在完成任务所需的技能和动机方面，下属是成熟的，那么可以将完成任务的具体方法完全授权给员工。

同样，从发展的角度也可以看出员工已准备好不同领域和不同水平的参与。不仅员工参与不同决策的基本需要不同，参与需要也随着他们的技能水平和责任感的变化而变化，而且他们所关心的这些参与领域也会随着工作资历而发生变化。如果员工处在一个"学习者"的阶段，参与工作设计并不是十分重要，但是工作的意义和反馈很重要，什么时候和怎样接到来自上司和同事的反馈都会影响员工的参与。在"反应性"阶段，当员工完全参与到工作问题中，参与工作设计就极其重要了。如果员工一直做着同一份工作直到达到"适应"或"无反应"的阶段，那么其对工作问题的参与就会下降，但是对分担情境和组织政策问题的参与需求仍然很高甚至变得更高。这样，员工变得越来越不关心他们所做的实际工作,却越来越关心工作环境、薪资和津贴,以及在组织中长远的处境。

小　结

我们可以看到适合于特定时间和特定决策领域的参与程度不仅取决于问题是如何建构的和谁拥有什么样的信息,还取决于决定组织基本特征的社会经济和政治环境,以及是否考虑了组织政策、交互情境、任务本身,组织过去是否已经建立了共同决策的正式机制,如工会、职工委员会,或者在使用斯坎伦计划的公司里建立的劳工管理委员会。这样,只有作为个体的领导者认为领导力这一主题重要且必要时,才有必要回答这样一个问题:将决策领域和环境背景作为同等相关的标准时,哪种领导行为适用于更普遍的情境。最后需要强调的是,之前关于动机的人性复杂性总结——所有的领导者/管理者必须提高他的诊断性技能和人际灵活性,以便完成在任何特定情境中最为需要的领导职能。

第四部分

组织中的群体

组织中的群体是许多神话描写的主题和抒发强烈情感的对象。虽然群体现象很普遍，但是一些管理者缺乏合作观念，他们为组织靠个人而非群体完成任务感到自豪。另一些管理者感到自豪的是他们采取群体决策的方式，并在很大程度上进行团队合作。人们对于群体是什么、可以做什么、不能做什么、群体的效能有多大等内容有许多不同的理解。反对使用群体的人常讲一个经典笑话："骆驼是通过一个委员会聚在一起的马。"

那么，群体的真相是什么？群体存在的理由是什么？群体对组织及其成员的功能是什么？群体好坏和有效与否的判断方式是什么？群体能做什么？不能做什么？群体对其成员、对其他群体、对其所属组织的影响是什么？群际合作和竞争的利弊是什么？如何管理和影响群体？在接下来的两章，我们将讨论以上这些问题。

我们关注群体的主要原因是群体确实对其成员、其他群体和所属组织有着重要影响。群体形成最终会受到有组织的活动的推动。如我们在第 2 章看到的，组织将总任务分成若干分任务，并分派给小组。接下来，这些小组继续分派任务并向下传达，直至任务到达最后一个层面。在最后一个层面上，若干人有共同的分目标，具体的任务被分派给个人，不再形成正式的单位。在这个层面上的正式组织就是职能链上形成群体的基础。销售部或其他部门可能因此成为心理学意义上的群体，生产部会形成一个或几个这样的群体，诸如此类。那么，是什么从根本上让组织分化为群体呢？是劳动分工。组织自身产生了力量，推动了许多更小的职能性任务群体的形成。

当前，许多人关注直接运用群体作为组织建设模块。组织不将工作分派给个人，不奖惩个人，也不让个人为结果负责；而是给群体分派任务并付以酬劳，群体为结果负责，并由群体构成组织。在许多工厂中，将任务委派给群体会有优质高产的效果。这类自治工作群体负责生产诸如收音机、发动机或大型机器等产品的一部分。这种群体最早出现在许多年前的采矿厂、电子设备厂和飞机制造厂，而近期，他们在众所周知的沃尔沃汽车瑞典分公司的实验中被重新发现并名声大噪。

在前几章中，霍桑实验和塔维斯托克研究所的煤矿研究的例子已经证明了群体影响生产方法、生产结果和产品质量。这些研究也证明了人们对群体的依赖性和群体的重要性：群体可以满足人们重要的心理需要，是焦虑的减弱剂，也是对付其他群体的力量来源。本书的第四部分会再次强调这些研究结果。

第9章

群体的结构与功能

群体的定义

什么是群体?群体的规模可以有多大?群体和人群的区别是什么?自从在组织中关注心理学问题以来,我们发现用心理学术语来定义群体是最适合的:

心理学意义上的群体(group)是一定数量的人,这些人相互交往,心理上能觉察到彼此,并且意识到他们是一个群体。

因此,成员间彼此交往和相互觉察的可能性限制着群体规模。只是聚集在一起的人并不符合群体的定义,他们虽然觉察到彼此的存在,但并没有相互交往,也没有意识到他们是一个群体。例如在街角围观一起事故的人群。一个部门、协会或整个组织也不能说是群体，因为尽管成员能意识到自身是一个整体，一般来说却并非所有人都相互交往，也不是每个人都能觉察到彼此的存在。然而，工作组、委员会、部门的某一分部、党派以及其他许多组织成员的非正式联盟，都符合群体的定义。

我们已经定义了群体，并且简要说明了形成群体的基本力量源自组织自身的运行过程，现在让我们来看看组织中存在的各种类型的群体。

组织中的群体类型

正式群体

正式群体（formal group）由管理者专门建立，目的是完成与整个组织任务密切相关的特定任务。正式群体按照持续时间的长短分为两种类型：（1）永久型正式群体（permanent formal groups），如许多组织部门的高层管理团队、工作小组、为工作组织提供专门服务的职员群体、常设委员会等。（2）临时型正式群体（temporary formal groups），是为特殊任务建立的委员会或任务团队。比如，组织建立委员会或研究组研究工资政策、探讨组织和社区关系、为改善劳资关系提出建议、构思新产品和服务项目等等。临时型正式群体会存在较长一段时间，但之所以称为"临时型"是因为两点，一是组织赋予它这样的定义，二是其成员心理上会感到这个群体会随时解散。

非正式群体

前文已经指出,组织成员被正式召集起来完成一定的活动,完成他们的组织角色。但是,汇报工作和参与组织的都是完整意义上的人,他们除了想完成自己的工作,还有其他需要,而这些需要是通过建立和其他成员的关系得到满足的。如果工作的生态环境和时间日程允许,这些非正式关系会发展成非正式群体。换句话说,我们都有与他人联系的需要,所以可以认为这种形成非正式群体的倾向总是存在的。在群体的实际形成过程中,这种倾向的出现在很大程度上取决于人们的物理位置、工作环境、时间日程安排等。非正式群体源自"正式"因素和人的需要两者的特殊结合。

许多例子可以清晰地说明这一点,在霍桑实验中,绕线车间有两个主要的非正式小团队"房间前面的小组"和"房间后面的小组"。这种格局是与实际工作有关的相互交往造成的,例如房间的前面和后面这两个部分的工作任务稍微有点不同。房间前面的小组认为他们更优秀,因为他们认为自己的工作难度更大,尽管工资级别上并没有反映出这样的差异。因此,非正式群体就在组织的正式特征中产生了。

在许多关于友谊和非正式关系的研究中也发现,这些关系往往以在日常活动中人与人碰面的概率为基础。一项关于住户的研究中,就发现产生友谊的可能性很大程度上取决于门前过道的实际位置和方向。

许多工厂和私营组织的研发实验室观察到了"类似"现象,这些现象具有引人注目的结果。艾伦(Allen)发现,在实验室中,科学家和工程师交流技术问题的频率与他们的桌子或办公室的位置直接相关,一旦距离超过了40米,他们交流的概率几乎降为零。而住所相隔一条街或住在上下楼则与住在不同的镇上没有什么区别。

由于工程师组解决技术问题的质量取决于他们交换信息的程度,因此设计他们的工作场所就显得很重要,要尽量减少他们之间的物理距离来提高他们交流互动的概率。如果这种方式不可行,就必须找到一个补救措施刺激他们交流。艾伦发现实验室里许多人都见多识广,对其他人来说,这些人有"技术把关人"(technological gatekeeper)的作用。因为从社会测量学来说,他们有很好的社会关系,能帮助实验室更有效率地工作。一个消息灵通的工程师如果是社会孤立者,按定义来说,就起不到把关的作用了。

只要有机会,非正式群体就会产生。通常这种群体会起一种"反组织"作用,他们试图反对组织的强制性倾向。这种群体的力量能变得很强大,甚至能够破坏组织的正式目标。因此,那些害怕反组织群体的管理者有时试图避免非正式群体的产生,他们在工作或空间设置上进行安排(如嘈杂的装配线),消除有意义的相互交往。另一种方法是使群体的领导者和主要成员有规律地轮岗,以避免产生稳定的群体结构。在管理战俘时一些军队很有效地应用了这种技术，一旦一群战俘有联合的迹象，他们就会让关键成员去战俘营的其他地方，这样就会逐渐引起战俘们的社会孤立感，使战俘逃跑或反抗变得更加困难。

非正式群体的类型

根据道尔顿在工厂中的经典研究，大型组织中的非正式群体可分为许多类型。最普遍的一种称为横向派系（horizontal cliques）。道尔顿将其定义为级别相同以及工作区域接近的人，是工人、管理者或组织成员的非正式联盟。霍桑实验中绕线车间有两个此类群体。在道尔顿研究的许多组织中都发现，不管组织的基本职能是什么，许多非正式组织都由此类群体组成。

第二种群体叫纵向派系（vertical clique），是由同一部门中不同级别的人组成的。在道尔顿的研究中有许多这样的例子，一个群体由几个工人、一两个领班和一些级别稍高的管理者组成。许多成员在实际工作中是上司－下属关系。纵向派系存在的原因是这些成员本来就彼此熟悉，或者他们需要一起来完成共同目标。例如，这样的群体常常对上下信息沟通起到关键作用。

第三种群体叫混合派系或随机派系（mixed or random clique），是由不同级别、不同部门、不同空间位置的人组成的。这类群体的产生是出于满足共同的兴趣或完成一些功能性需要，而这些需要是正式组织无法实现的。例如，制造部的总管会和维修部最好的工人培养感情，这样当机器坏掉或是他急需修理工人的时候，就可以缩短正式交流渠道所耗的时间。在大学校园中，我们也可以看到非正式群体的存在，那些由学生、教职员工和高层行政管理者组成的群体可以解决正式委员会所不能解决的问题。组织结构外的关系可能是形成群体的另一个重要基础。例如，许多成员也许住在城里相近的地方，或去同一间教堂，或属于同一个社会俱乐部等。

总的来说，在组织中可以发现各种各样的群体。正式群体是专门组建来完成一些特定工作的；非正式群体是由于人们交流的需要而形成的；还有一些群体是因为空间位置的邻近性、有相同的兴趣或是其他偶然因素提高了人们相互交往的概率而形成的。

群体所履行的功能

群体如此普遍的一个原因，是群体对于其成员和所在的大型组织都具有相当广泛的功能。区分这些功能是有用的，同时，牢记群体形成的基础相当复杂、由多种因素决定也是非常有用的。一个特定群体可以同时实现正式组织的多种功能和满足成员个人的多种需要。

群体的正式组织功能

正式组织功能是指那些与组织基本任务相一致的群体活动。可具体分为如下几种功能：

1. 群体是完成复杂且各部分相互依存的任务的一种工作手段。

这些任务很难由一个人完成，并且这些任务也不易于分成彼此独立的任务。比如，驾驶飞机需要若干机组人员，他们各自执行特殊而高度相关的功能。

2. 群体是产生新思想和新方法的手段，尤其是当信息最初在个体之间高度扩散的时候，以及当成员之间需要某些共同的刺激来激发创造力的时候。

3. 群体在某种程度上相互依存的部门之间起到关键的联络和协调作用。通过将这些部门的代表组成委员会、任务团队或项目团队，来减少沟通障碍和保持协调。

4. 群体可以成为一种解决问题的机制。当解决问题需要处理信息、需要掌握不同信息的成员沟通合作、需要对备选方案进行关键性评估时，项目团队、任务团队和委员会常被组织用来处理特定的问题，比如长期的计划、设计和引入新产品、制定产品生产标准或其他适用于整个组织的标准。

5. 群体可以促进复杂决策的执行。例如，公司决定要搬迁工厂的典型复杂问题，一个可行的办法是工厂的主要部门派出一些代表来组成执行小组，由其设计出合理的搬迁方案。这种方法使各个部门参与决策过程，从而更省时、减少了设备的损坏以及搬迁人员的抱怨。

6. 群体可以作为促使员工社会化或训练员工的媒介。将许多人一起集中到训练情境中，可让他们获取相同的信息，形成一致意见。后文中我们会看到，此策略有一定风险，因为群体的一致意见最后也许会形成反组织的形式。但这种风险并不足以阻止组织运用这种方式来进行训练活动。

以上所列内容并不全面，作为完成许多工作任务的有力手段，群体在管理领域中将获得自己的地位。组织发现在合适的时间，将合适的人集合起来解决合适的问题，能使组织整体效能得到提升。

群体的心理的、个人的功能

群体可以满足组织成员的许多需要。群体在这方面的功能表现为：

1. 群体是满足人们相互交往需要的主要手段。人需要友谊、支持和爱。群体最初的原型是家庭，家庭也常被称为"初始群体"。成年以后，人们继续依赖家庭满足相互交往的需要，但同时交往需要也要通过友谊群体、工作群体和其他关系来满足。

2. 群体是发展、加强和确定我们的自我认同感并维持自尊的主要手段。同样，家庭是这些基本过程开始的地方，但是其他各种正式和非正式群体有许多是在工作场所形成的，这些群体逐渐成为确定我们的自我概念、决定我们的地位、肯定我们的价值和自尊程度的重要来源。地位象征、制服、职位徽章以及其他类似的外在表现形式，能够帮助我们确定自我认同感和自尊，从这一事实可以看出这些外在表现形式的重要性。

3. 群体是建立和检验社会现实的主要手段。与他人讨论、交换看法和达成共识，可以减少我们对社会环境的不确定感。例如，当许多工人都对严厉的上司有种不安全感，一致认为上司就像个奴隶主并想方法来应对时，这个过程本身就可以减少对不知道将要发生什么的不确定感和随之而来的焦虑。许多群体所持有的信念——例如，霍桑实验中的绕线工人认为，产量越高，工厂就越会降低产品的计件报酬——可能在过去事件中并没有任何实际依据，却作为现实存在而起作用。正如一则著名的社会学格言所说："如果人们认为某一情境是真的，它就真的会起作用。"

4. 群体是减少不安、焦虑和无力感的主要手段。俗语"人多力量大"强调这样一个事实：人数众多不仅可以在面对对手时提供实际力量，而且有许多证据表明有他人在自己这边，就能使我们遇到危险时感觉到力量，并减少焦虑和不安。例如，可以清楚看到，当工人在工作情境中感到不安和受剥削，他们就会抱成团或组建工会来减少个人的无力感。同样地，当工人非正式地同意"限制产量"时，如同他们在霍桑工厂绕线车间中所做的那样，他们感到自己正在抵制管理者通过激励系统控制他们的权力。

5. 群体可以成为其成员解决问题、完成任务的机制。与前文提到的正式功能相比，更偏重于与个人喜好相关的功能，而不是管理者所关心的功能。群体可以提供和收集信息，帮助贫病成员，举办活动以免枯燥地工作，甚至参加反组织运动。阿吉里斯举过一个关于工人"创造性"的典型案例：一个电器厂的上司经常对各部门进行突击检查，此举令工人相当不满，于是，工人用正在生产的一台装置装备了高灵敏度的报警系统，以便对上司的突击检查有所防备。上司万万没想到，这台价值数千万的装置竟被用在这种内部群体活动之中，仅仅是为了应对他的突击检查。

对上述功能的总结可以看出群体如此普遍与重要的原因。即使没有组织下达的正式任务要完成，群体也可以满足我们绝大部分的心理需要，而且成年人的日常生活是在各种各样的工作岗位上度过的，因而群体成为我们工作中的重要组成部分就不奇怪了。

群体的多重或混合功能

关于组织中群体的研究，最常见的发现之一就是大多数群体具有正式和非正式双重功能，可以满足组织和个体成员两方面的需要。心理学意义上的群体，可以说是促进组织目标和个人需要整合的关键单位。

例如，工厂或军队里的正式工作组（在军队中称"排"），通常发展成为满足成员各种心理需要的心理群体。如果这种过程发生了，在实现组织目标的过程中，与成员的心理需要不得不从别处满足的情况相比，这种群体常常会成为更高水平的忠诚度、责任心和能量的来源。所以，研究和管理实践中的关键任务，就是确定能在正式工作群体中促进成员心理需要满足的那些条件。

组织中一个最有趣也最重要的现象是与正式群体发展为非正式群体的过程刚好相反的。在道尔顿的研究中，许多群体的形成都是以共同的社会背景、宗教或社会关系等非正式特征为基础的。有趣的是，管理者运用这些非正式网络关系作为快速获取信息的正式沟通渠道，来获取组织中各部门的信息并让生产线上的工人迅速了解生产方针的改变。其中实际的机制是，信息沟通过程发生在餐桌上、"扶轮社"① 本地分社的聚会中、高尔夫俱乐部或电话中。道尔顿认为,这些联系不仅可以满足心理需要,而且对维持组织效能很有必要。

总的来说,组织中的群体是十分重要的,因为群体有潜力实现关键的组织功能和心理功能。如果能够设计组织,使群体中的心理因素与组织目标相一致,就更有可能使长期的组织效能和个体需要的满足这两者均达到最大化。

下面让我们来考察一下哪些因素影响群体形成、群体效能,最重要的还有组织目标与个人需要整合的程度。

影响群体中组织目标与个人需要整合的因素

组织中会存在何种类型的群体,这类群体能否实现组织和个人两方面或一方面的功能是由多种因素决定的。这些因素可以分为三类:环境性因素、成员性因素和动力性因素。环境性因素是指群体所存在的文化、社会、物理和技术性氛围。成员性因素是指根据个人背景、价值观、相对地位、技能等所归属群体的人员类型。动力性因素是指群体是如何组织的、领导方式/风格、成员在领导力与成员间关系技能方面的培训程度、派给群体的任务类型、群体过去的成败史、群体发展水平等。

---

① 扶轮社始建于 1905 年,是世界上历史最悠久的服务性社团组织之一。现在 168 个国家和地区设有 3 200 个社会机构。——译者

环境性因素

像工作组织、工人的空间位置以及工作时间表这些环境性因素，将决定谁与谁相互影响，决定哪些人能首先结成群体。如果组织需要群体完成任务，那么工作环境就必须允许甚至鼓励"合理"群体的出现。要做到这一点，可以通过人为指定某一群体作为工作团队来实现，也可以通过促进相互交流及提供促使群体产生的足够的空闲时间来实现。

在一些情况下，工作的性质和工作区域本身就需要有效的群体活动，例如：轰炸机、坦克和潜艇作战组；长期在边远地区工作的群体，如雷达站或气象站；医院的医疗小组等。在另外一些情况下，即使技术上并不需要群体活动，但组织仍然鼓励群体的形成。例如，陆军已不再以一次只换一名战士的方式来替换战士，开始使用四人一组作为战斗替换方式，他们平时一起参加基本训练。在饭店管理中，高层管理者之间能融洽地配合是极为重要的，因此高层管理班子在接管饭店之前，先要接受培训以保证他们有良好的工作关系。

这种按逻辑设计的群体满足员工心理需要的程度，取决于另一个环境性因素——管理氛围（managerial climate）。管理氛围又取决于组织中关于员工动机的主导假设。如果采取理性-经济人假设，群体将不可能得到合理的利用。因为根据这种假设，为了使个体效率最大化，群体应该尽可能被削弱甚至消除。如果需要员工相互协调来完成工作，就应该利用生产线或其他机制来实现。

结果是，基于此假设的管理氛围会产生防御性的对抗管理的群体。因为这种群体会给予其成员正式组织所不能提供的自尊感和安全感。

一个建立在社会人假设基础上的组织会鼓励和促进群体的形成，但在形成群体的过程中，组织与任务有机结合方面稍显不足。这类组织常坚持采用理性-经济人假设的工作设计和工作分工的基本思想，然后尝试创建很多工作组织之外的社交群体来满足人们交往的需要，如公司保龄球会、棒球队等。但这些群体不可能实现正式与非正式群体的整合，因为他们首先不具备内在的任务职能。

信奉自我实现人假设的组织更可能去创建一种氛围以利于心理意义上的群体的出现，因为这种组织强调的就是工作的内在意义。然而，这样的组织常不能从该假设中得到合理的结论，如工业康采恩[①]的研究部门或大学院系，总是过于强调个人工作的挑战性而不是集体的能力，组织不太可能鼓励这样的群体发展。

更有效地实现组织和个体的整合无疑需要一种灵活的氛围，这种氛围有时鼓励采取群体策略，有时却会妨碍群体策略。那些能使群体发挥效能的组织都很谨慎地决定何时运用工作团队和委员会，何时创造条件促进或抑制群体的形成。关于这一点没有概括性的结论，因此最有可能成功的方法就是诊断性的方法（具体问题具体分析）。任务类型、组织过去使用群体策略的成功经验、

---

① 康采恩是由德语 konzern 音译而来，指企业结合，有"相关利益共同体"的意思，是垄断组织的高级形式之一，由不同经济部门的许多企业联合组成。——译者

适当的人选、成为有效群体成员的能力、有效的群体领导风格等，所有这些都应考虑。

成员性因素

群体能否既有效地实现组织目标，又满足其成员的心理需要取决于群体结构。如果要让群体有效地工作，其成员必须在目标、基本价值观、沟通媒介上具有某种程度的一致性。一旦成员的个人背景、价值观或地位差异阻碍这种一致性或沟通，群体就不能良好运行。对地位高低进行谨慎评估是非常重要的，这样可以避免地位低者拒绝来自地位高者的信息等常见错误的发生，因为地位较低者不愿暴露自己的短处，对于一些可能不中听的话题或自认为他人不愿意听的话题，他们不愿意提及，以免受惩罚。

一个典型的例子是在部门主管会议中，当上司询问众多下属事情进展如何的时候，通常下属都会模糊地回答"一切都还行"。因为他们知道上司希望万事顺利，并且他们不愿在其他同事面前承认有问题，而给自己添麻烦。而后，为了解决问题，该群体不但不可能有效工作，实际上还可能起到阻碍作用。

另一个典型的难对付的群体是由组织中各个不同部门的代表组成的委员会。每个人都非常关心自己的部门，希望维护自己所代表部门的利益，以致这些成员与委员会这一新群体很难达成一致。

第三种问题群体，是典型的劳动管理协商委员会，反映了价值观的冲突。尽管这一群体的使命是创造解决老问题的新方法，但是劳方并不能与资方建立良好的沟通关系，因为劳方觉得资方自认为高人一等，贬低他们的价值，根本不尊重他们。这些态度可能以微妙的方式表现出来，如开会的地点定在资方的会议室而不是中立地带或劳方建议的地点。

对于上述每个问题，补救方法是让成员有足够多的共同经历，提供沟通方式和信任的氛围。共同经历可以通过在远离工作场所的地方召开长期会议而获得，这样就可以鼓励成员在更加非正式的场合相互了解；还可以通过某些共同的培训经历来获得。基于经历的培训活动或研讨会不仅可以教给人们关于群体的知识，而且为群体成员提供共同经历的基础，从这里开始建立更好的工作关系。

另一个成员方面的重要问题是，对相关能力和技能的不恰当分配。任何一个工作群体要成为有效群体，其内部必须拥有完成分配任务的资源。如果一个群体由于资源短缺而没有完成任务，继而使成员产生了心理上的挫败感，那么这个群体就不可能发展出满足成员其他心理需要的力量和凝聚力。上述观点指出，只把人们单纯地召集起来并不能形成好的工作群体，而考虑成员的特点，估计他们能和谁一起共事、满足彼此需要的可能性是十分重要的。

动力性因素

动力性因素（dynamic factors），也就是伴随群体自身存在或导致群体形成的事件和进程，如培训一群人成为一个群体或引导一定的群体情感。群体倾向、社会化过程、成员实际交往中形成的群体结构类型、群体在完成正式任务（如果它是个正式群体的话）和满足成员心理需要时的成败经历，诸如此类的变量都属于动力性因素这一类型。

　　动力性因素强调群体的变化和群体多变的性质。群体不是静态的、固定的或不可改变的。实际上，群体动力学领域的一个主要贡献就是建立了一套知识体系和一套相关的技能体系，这些体系能够帮助群体变革、发展并更好地发挥作用。我们已经发现，环境性因素和成员性因素并不是决定群体能否完成任务的确定因素，而动力性因素能够提供群体发展的机会，如果利用得当，还可以使群体趋利避害。一些内容全面的教材对群体心理和如何运用群体都作了阐述。这里就不一一回顾了，但是其中所引用的例证将使我们重视某些关键变量和相关问题。

炼油厂劳资冲突

　　一家大型炼油厂的劳资关系出现了严重问题，许多员工可能要加入相当敌对、好斗的工会。厂方组织了多个委员会想要解决劳方所提出的许多问题，但都在会议后陷入了敌对性僵局，劳资双方都觉得对方顽固不化。

　　这个故事是劳资纠纷的典型案例。不过，这家炼油厂曾实施一种培训方案，旨在专门帮助受训者更加了解成为有效的群体领导者和成员所面临的问题，并且认识到自身在群体中的行为和对他人的影响。这个培训方案让受训者用两周时间参与人际关系和群体动力学的培训，结果使受训者的态度和洞察力都有相当大的变化。炼油厂最终打算让所有管理者和专业技术人员都参加这个培训。然而在这个目标实现之前，劳资危机就达到了新的程度。

这一次，高层管理者决定建立一个解决问题的委员会。由于具有对组织功能的洞察力，这次的群体构成和前几次有很大的不同。首先，只有那些受过训练，并且对群体问题比较敏感的资方成员才能参与到该委员会中。其次，该委员会的目的不是达成一致的协议，而是只探讨某种问题，以确定选择余地（前几次都是努力达成一致的协议，结果却导致意见分化）。最后，谨慎地指导资方成员把确定会议时间、地点和议程细节的主动权交给劳方。

从一开始该委员会就出现了不同的氛围，更加关注问题的解决而不是成员地位的高低。结果是，委员会形成了同时满足劳资双方意愿的解决方案，彻底遏制了敌对工会控制炼油厂的企图。虽然本案例要完全判定因果关系十分困难，但有一点毫无疑问：某些成员所接受的如何成为有效的群体成员、如何成为具有更好洞察力的管理层这些方面的训练，以及由此产生的如何组建和启动群体的培训，对冲突的解决起到了实质性作用。

在高等教育领域也可以看到相似的例子。20世纪60年代末严重的校园骚乱导致某高校教师、学生和行政管理部门之间沟通不畅。一个计划小组决定在远离校园的地方举行为期三天的会议，邀请学校董事会、学生、教师和行政管理部门的关键代表参加。这个会议的议程是请一组精通群体动力学的咨询顾问设计的。以建立小型问题识别团队的形式，使每个关键群体都在一种更加私人化的、更加非正式的情境中了解其他群体的成员。这种小群体的意义是双重的：在正式层面上，他们列出一个按事情轻重缓急排列的清单，然后在全体大会上合为一个主要方案；在非正式层面上，学校的这些群体间重建了信任关系，使进一步采取行动解决校园问题成为可能。

这个案例详细说明了领导力和群体发展这类动力性因素，关于何时何地举行会议以及何人参加会议的结构因素和群体运行技能，这三者结合是如何有助于问题解决的。在下面的部分还会看到这些动力性因素的案例。

领导力和组织因素

源自群体领导者的领导类型或风格的因素以及源自群体最初是如何组织和建构的因素，都是影响群体行为动力学的因素。这两种因素由于彼此高度相关而经常放在一起。已有大量的文献尝试揭示这些复杂关系，但我们只会涉及一两个重要的主题以及这些主题中最有趣的发现。

群体传统和领导风格。组织中长久以来令人困惑的问题是：在已形成的群体中，群体规范和传统是否比新领导者的意愿更加强有力。组织中一个常见情境是：管理者由于晋升到一个新职位或调职到一个新地方，必然要接管一个群体，这个群体自身想怎样运行，有着它自己的历史、传统和规范。那么在这种情境中，管理者应该简单地适应这些规范还是把自己的意愿强加于群体呢？

在一个由梅雷依报告的经典实验中，以4～11岁的儿童为被试，通过一个创造性的实验设计研究了群体传统和领导力之间的相互影响。首先，梅雷依通过观察儿童发出命令和听从命令的相对比率来决定谁是天生的"领导者"，而谁是"下属"。然后，将"下属"分到若干群体中并允许他们一起玩，直到他们形成了稳定的习惯和传统（共有3～6次活动，每次30～45分钟）。

由幼儿园老师按照一定标准把"领导者"挑选出来，挑选标准是这些儿童一般年龄稍大、更加盛气凌人、更喜欢被人模仿、有较强的攻击性和主动性。26个"领导者"在不同时间和不同条件下，被分配到12个不同群体之中，观察"领导者"和群体的相互影响，得到了以下结果：

1. 几乎所有的个案中，群体都接受了"领导者"，将群体的传统强加于他。不管"领导者"年龄多大以及多么喜欢指使人，他们的承诺和愿望要么根本没有实现，要么修改为适合群体传统的形式才被接受。

2. "领导者"接受群体的传统，但也找到影响和改变传统的方式。举一个极端的例子，一个很强硬的群体完全同化了一个"领导者"，那个儿童最后完全放弃了领导地位。另一个极端的例子是，一个女孩子"领导者"完全控制了一个群体并立即打破了传统，但是这个群体已经经历过三个其他的"领导者"儿童，因此他们的传统已经被削弱了。在这两个极端类型之间，大部分领导风格有三种领导行为特征：

（1）发出命令型（the order givers）。这类"领导者"一开始就发出命令、指挥每一个人，但会一直被忽视并渐渐发现自己被大家孤立。当他突然改变自己的行为来适应传统时，却发现只能在不违背传统的条件下来发出命令。也就是说，他接管群体只是让群体成员去做他们本来就会去做的事情，丝毫没有改变群体的传统。

（2）经营者型（the proprietors）。这类"领导者"宣称房间里面的所有东西都归他所有，他通过控制这些东西来控制其他儿童，但是由于游戏的改变和这些东西的用途，这种控制是完全不成功的。群体的传统仍然没有改变，并且"领导者"开始融入这种传统。群体成员为了安抚强硬的"领导者"，会让他拥有那些东西，并且在形式上服从他。这类看似被"领导者"完全接管的群体，实际上已经无意间被群体传统所同化。

（3）外交家型（the diplomats）。这类"领导者"是最有趣的，他为了改变群体传统，在表面上却接受这些传统。梅雷依对这个过程作了描述：第一步，"领导者"试图废除群体传统并制定新规则；第二步，"领导者"失败并被拒绝；第三步，"领导者"接受并快速学习传统；第四步，在接受传统的掩护下，"领导者"立刻建立领导地位，虽然成员极不情愿但也由于"领导者"任务完成得好而不得不听从他；第五步，"领导者"引进重大的改革，削弱传统；第六步，"领导者"将新的观念引入群体习惯中，这样就改变了传统。

虽然梅雷依是以儿童为被试进行实验，但是仍为工作中各种成年人群体中各种影响力提供了一个极好的原型。群体和领导者都没有统治权，但一个拥有自身规范及传统的稳定群体与新的领导者之间的关系将是非常复杂的。大多数管理者都从他们的经验中学到，必须用某种方式或别的方式来处理群体传统。但管理者从有关新的领导风格的领导培训项目中带回的期望，对于他们所处群体的规范和过去历史来说是不适用的。在这种情况下，由于上级和下属都不可能对管理者的新行为进行强化，这样管理者新的行为角色将很快被忘却。实际上，这种现象出现得很频繁，致使大多数关注改变组织的咨询顾问和管理者开始考虑改变群体规范而不是改变个体领导行为。

群体结构

如果群体不能经常性面对面地交流，那么考虑像群体的沟通网络这样的结构因素对群体功能的影响就变得重要起来。例如，个人的参与感同他在沟通网络中所处的位置有关；越靠近网络中心的位置，越容易产生领导力。过分集中的沟通，在完成特定任务时特别有效；但如果任务改变，这种沟通在发展新的解决方法时，相对就不那么灵活了；并且信息通过许多独立的沟通环节传递时，会很快地被丢失、被误传。

在群体形成和群体行动时必须要考虑其他组织结构问题，这些问题与我们将在第 10、11 章讨论的更常见的组织现象有关。例如，组织中许多员工都同时属于组织内多个群体或小组。用于促进或抑制不同群体相互影响的空间位置、要完成的群体任务性质、群体存在时限的长短、对群体领导者有效的赏罚类型、群体在一起的时间以及群体角色正式化的程度，所有这些因素都会影响群体形成和群体行动。

例如，艾伦关于研发群体的研究帮助我们厘清了其中的复杂性。研发群体可以按照以下两种方式来建立：

（1）职能式（functionally）——将具有相同技术背景的人员集中起来，由同一管理者控制重要的奖励，如工作晋升。

（2）项目式（projects）——将具有不同技术背景的人员集中起来，由同一项目管理者来负责特定的任务，如为火箭设计导航系统。

第一种方式中，项目和所处的地点都被视为临时的；第二种方式中，由于管理者拥有更多控制权而使项目具有更长的持续性、固定的地点（有利于群体的形成），也使项目更具潜力。

艾伦试图通过测量群体技术成果来决定哪种组织更有效，结果发现这取决于任务性质和技术（一个外部环境因素）性质。一方面，在一个快速变化的技术中，职能型组织更有效，因为这种组织使工程师与他们自身的技术领域保持着更为紧密的联系。另一方面，对于管理性任务，例如，控制成本和进度目标，项目型组织更有效，因为管理性任务的技术要求通常变化不大，项目型组织能够对相关因素进行更及时的控制。

综上所述，艾伦得出的结论是，针对长期的、技术变化快的项目，职能型组织更好；针对短期的、技术变化较慢的项目，项目型组织更好。在两种情况下，技术人员可以同时属于职能型和项目型群体（称作"矩阵型组织形式"[①]），但是每种群体的相对效果取决于空间位置、相互往来以及职能型和项目型管理者的授权程度，实质上也就是取决于群体的组织结构特点。

群体发展及训练

影响个人需要和组织目标整合的最重要的动力性因素可能是领导者和成员在管理群体过程中发展的敏感性和技能的水平。领导者和成员需要了解要真正做到倾听和理解他人是多么困难；需要了解缺乏倾听会带来尊重和信任的缺乏；需要了解在群体形成的初期，成员更多地关注个人需要（如身份、地位、安全和被关注的需要），而难以注意到他人的需要；需要了解在群体形成初期，成员关注情感需要会使群体不能建设性地完成正式任务；需要了解不成熟的群体结构和不成熟的领导给群体结果带来的压力会导致肤浅的决策，因为此时群体在心理上并未做好工作的准备；需要了解在群体发展过程中，为了达到最佳绩效必须平衡群体任务和群体维持因素；需要了解不同的决策方式，如投票或达成一致，或多或少会给任务完成带来不同效果。对于群体而言，这些问题以及许多其他类型的问题都是长期存在的，但是成员和领导者常常意识不到这些问题，也意识不到这样一个事实，那就是这些问

[①] 矩阵型组织形式（matrix form of organization），是职能型群体和项目型群体两种群体结构之间交叉的产物，员工属于职能型群体，但员工为某一具体项目服务时，也同时属于项目型群体。其显著特点就是项目型群体是临时的，一旦完成项目目标就将解散，重新分派，组成新的不同的项目型群体。项目型群体工作期间，员工必须接受职能型群体管理者和项目型群体管理者的双重领导。——译者

题通过培训是可以得到解决的。

关于发展群体敏感性和技能的培训可以追溯到20世纪20年代和30年代的人际关系运动,但直到勒温及其同事发明了一种名为培训的"实验性"方法,这种领导者技能发展训练才真正得以进行。传统培训方法一般是讲座、阅读、示范以及通过角色扮演或类似方法进行的所谓的实践。实验性方法是围绕美国缅因州贝瑟尔市"国家培训实验室"的团体培训班发展起来的,这种方法更重视直接性和即时性经验的学习。由于这种方法引起了高度争议,而且这种方法在群体心理学的发展中扮演了重要的角色,所以有必要理解其中的基本假设和价值观。

实验性培训方法的基本假设:

1. 人们可以从对自身直接的、此时此地的心理经验分析中得到最好的学习。

2. 这种学习最好是来自与自己相互影响的他人的感受、反应和观察等。但由于种种原因,人们常对这些有所保留。

3. 精心设计的培训班可以帮助人们克服分享感受、反应和观察的阻力,使人们在更直接和有效的层面学习。

4. 这些要克服的阻力实质上是从文化上习得的一些态度。有些态度是关于一个人应该对另一个人谈哪些事情才是合适的,而有些态度是关于一个人如何学习的(如"一个人不应该故意说批评他人的话""学习的方法是倾听和阅读专家的著作")。

实验性方法对这些态度提出了挑战,并成功地改变了其中的一部分,参与者可能将个人洞见融入与他人共同分享反应和情感以及所观察到的群体事件之中。

从角色扮演到非结构化的敏感性群体训练，有许多具体的培训设计用以促进这类学习。角色扮演是在分析每个角色的行为表现之后进行；而在非结构化的敏感性群体训练中，成员从一开始就逐步经历群体的建立过程，并对他们将要经历的过程进行分析。在这个过程中，成员可以学习如何观察、培养其他的群体干预技能。

参加实验性培训的人在获得一定的观察力和技能之后，通常会发现类似事件在他们的工作群体中时有发生，于是他们可以有效地干预以改进群体的职能行使。即使像给成员足够的时间，让他们彼此了解并找到自己在群体中的合适位置（可能花一两个小时的时间进行轻松的、非正式谈话就可以了）这样的小事，也可能使群体在以后遇到压力大的问题时能有效地工作。前文所述的炼油厂案例就是这样，它使新成立的劳资双方协调委员会创造出一种更和谐的解决问题的氛围。

但是实验性培训一直存在一个问题：到底应该学习哪些内容？例如，这种方式是在尝试着传授民主式领导方法吗？它是在破坏传统的权威特权制而倡导权力均衡吗？如果是这样，那么在许多组织情境中，也就是组织需要支持权威并必须高度集中时，它会不会起阻碍作用？

这些问题的答案很复杂。通过实验性培训要传达的基本价值观是：（1）对于人际关系和组织情境问题，更加重视调查精神和诊断方法，这两者本质上都是科学价值观；（2）重视适当的、开放的、诚实的沟通价值观;(3)要重视研究与影响群体的过程(群体是如何工作的),而不仅仅是群体工作的内容。

根据调查精神,从培训中学到的最重要的认识是:群体有时应该采取独裁式领导以达到组织目标。如果这个结论是在对所有因素进行仔细评估后得出的,那么它就是正确且不与实验性培训的主旨相违背的。但是,重视感情和反应的开放与分享不可避免隐含着民主化的意味。而正式权威的有效执行有时意味着对与任务相关的信息沟通的一种限制,意味着为了效率对感情的完全排斥。所以,为了让人们懂得开放并诚实地相互沟通的价值,必然会在一定程度上削弱正式权威。

削弱正式权威是否值得,取决于在群体进程中哪种信息受到了限制。在研究群体动力学的过程中,学到的关键一点是群体以哪种过程进行工作——如沟通方式、决策方法、问题解决技能、形成规范的活动、人际关系情感与感知、喜好和厌恶的形成等——这些并不是都与有效地完成任务相关。如果将任务完成过程和人际交往过程区分开,就会发现对于群体正在解决的问题(任务过程),信息的隐藏确实是非常具有破坏性的,应该鼓励成员更加开放。另外,群体对于"谁喜欢谁"这类信息(人际过程)的隐藏和任务完成无关,因此在组织环境中最好让这些信息秘而不宣。咨询顾问、领导者和成员观察了群体的各种事件后,必须对哪类任务或人际过程与群体目标有关做出谨慎的诊断性判断,并依据相关信息工作。

许多组织已经停止大范围地使用敏感性训练作为组织发展的

工具，原因之一是许多咨询师和培训师经常没有区别地对待任务过程和人际过程。任务过程是要教授成员如何在群体中更有效地解决问题，人际过程是在一个公平且深入的层面上探索成员对自己和他人的看法。对人际过程的探索已被证明对参与者的人格发展有价值，因而产生了许多种"冲突群体"，但对于提高参与者在工作群体中成为领导者或合格成员的能力，这个过程的价值是有限的。关于前文所述的实验性方法的结论是，这种方法可以用于许多存在个体差异的情境中，既有高度个人化取向的"个人发展实验室"（personal growth labs），也有组织化取向的团队建设活动。虽然在敏感性训练背后的理论是相同的，但对于任务过程和人际过程，关注点和使用的实际方法变化很大。

概括而言，个人必须明确意识到组织因素和群体目标的重要性，以便了解在何时、对何事更加开放和诚实是适宜的。矛盾在于，这种意识和敏感性以及判断群体正在发生什么的技能只能从培训项目中发展出来，而这种培训强调一种调查精神、一种对群体过程的敏感以及一种在培训期间对感知与情感进行开放性探索的价值观。

综上所述，当管理者在了解群体以及群体如何工作的同时，也要懂得如何在工作组织中提供培训机会，如在群体会议的最后进行过程分析，让群体过程取向的咨询师参与关键会议等。要使这些活动成功，就要关注任务过程（信息收集、问题解决、决策实施）和避免人际过程，除非有清晰的证据表明人际过程正在阻碍有效的工作表现。

何时不用群体

群体是人类社会的一个普遍现象,但是弄清楚何时利用和如何利用群体是非常重要的,特别是在正式情况下,给群体布置任务或让其解决问题的时机很关键。关于这个问题,有三个现象经常被研究:(1)群体与个体问题解决的有效性;(2)群体与个体的冒险倾向;(3)被称为"群体思维"的问题,或者群体由于无视正确的个人观点可能达成错误一致性决策的倾向。

群体与个体问题解决的有效性

大量研究都聚焦于这个问题,到底用哪种手段解决问题更有效?是群体还是能将其成果进行汇总的单独个体呢?这些研究没有确定答案,但是确定了许多关键变量。例如,群体比个体更有创造性,这源于成员之间的相互促进。但是这一点只有在下列条件下才是正确的:群体中非评估性的氛围,对任务适宜的决策结构,有足够的时间探索与众不同的观点,任务要求收集广泛的数据或是对大量备选方案的结果进行综合性评估。

在群体情境中判断错误更可能在采取行动前被发现,而个体要考虑问题的所有可能解决方法后才会发现。一般来说,当问题有多重部分,而且群体成员有着不同的但可以互补的技能或信息时,在解决问题的过程中,这些技能或信息能够汇总起来,那么在这些情况下,群体比个体更加有效。例如,管理者遇到的许多问题都可以被群体有效解决，因为管理者需要考虑项目中的任何一面，包括财务方面、市场方面、生产方面、工程方面和人员方面。随着商业变得越来越复杂，尽管他们可能并不喜欢群体而且对群体没有耐心，但管理者越来越多地运用群体解决问题技术，这一点并非偶然。

在做决策时决定是否使用群体的最重要标准之一就是对为什么要执行决策以及如何执行决策的评估。人们更愿意执行自己参与的决策，而不是强加于自己的决策。因此，如果有效的执行是关键，那么尽可能多地吸纳执行者参与决策是很重要的，哪怕只是问问他们是否注意到被提议的决策有何问题。

如果已经决定了由群体来完成一项任务，那么，领导者必须认识和了解在群体中起作用的某些动态、环境和成员因素。如果群体想要有效地完成任务，就必须允许群体发展一种在群体内成员彼此信任的氛围，而且这种信任足以让他们愿意分享信息、对他人的观点真诚地提出看法。领导者必须保证成员已经清楚理解群体的任务或目标，并且达成足够的共识使成员朝着一个共同的方向一起努力。如果领导者不愿意花时间和精力帮助群体发展，那么不应该使用群体。

群体与个体的冒险倾向

关于群体的研究包括两个普遍命题：

（1）应该由个体而不是群体来做重要的决策，因为群体倾向于过于保守、不能"大胆地"行动；

（2）不应该允许群体做决策，因为这样做就没有人能单独负责。

赖茨（Reitz）在一项很有见地的分析中指出，这两个命题实际上是相互矛盾的，直到斯托纳（Stoner）和马奎斯（Marquis）20世纪60年代在麻省理工学院进行了开创性研究，才有人真正注意到这一点或者试图解决这一问题。他们的工作带来了后来被称为"风险转移"（risky shift）现象的一系列研究。

风险转移现象的本质是，共同决策的群体，与处于所有个体反应平均水平的决策相比，在很多问题上都倾向于做出更冒险的决策。例如，一支橄榄球队必须做出是否要进行冒险的触地得分以赢得比赛，而不是只满足于毫无风险的平局。在比赛前，首先，让每个球员分别回答：在机会有多大时你会采取触地得分策略；然后，在群体讨论之后，再次让每个球员对这个问题做出回答。这类实验一致显示出，平均起来，如果成功的机会有七成，个体会采取触地得分的策略；而相比之下，在进行群体讨论之后，群体只要有四成机会，就会采取触地得分的策略，也就是说，群体比个体的选择更冒险。该实验以不同种类的被试群体、不同情境的决策任务重复进行，都得到了本质上相同的结果，但是没有一个理论可以很好地解释这个现象。

一种可能的解释就是责任扩散假设（diffusion of responsibility hypothesis）。如果不用个体负责任，那么人们就倾向于冒险。另一种可能的解释是领导者更可能成为冒险者，他们在群体讨论中比非领导者有更大的影响力。这两种理论都没有获得一致的支持。

迄今为止，令人最满意的一种解释是"文化放大器"[①]假设：如果冒险是一种文化价值观，那么在群体讨论中，就更倾向于赞同冒险的价值观，而不是保守的观点。在美国的文化中冒险是一种积极的价值观，所以最初研究的大多数决策问题中群体更倾向于冒更大的风险。然而值得注意的是，在某些问题中，例如，陪审团商讨被告是有罪还是无罪，群体将表现得比个体更加保守。马奎斯和赖茨用一系列有关文化价值观将引起更多保守决策的问题做实验，发现在这些问题上，群体确实比群体中的单独个体表现得更加保守。

从这些研究中得到的重要结论是，领导者在带领群体达成一致意见时，必须警惕群体成为"文化放大器"的倾向；必须非常谨慎，不要只是为了想要某种决策结果才使用群体，这样会对群体决策过程施加不公正的影响。我曾经观察到管理团队中的"文化放大器"现象，特别是当决策任务的结果不明确、需要运用局部信息时，例如，做长期规划、介绍新产品、制定复杂的人事政策或进行多样化的决策。达成清晰决策所需的标准与信息越模糊不清，群体在文化价值观方面冒的风险就越大，而对于从特定组织观来看是合理的决策，群体会冒更大的风险来推翻它。

群体思维

群体寻求全体一致的倾向在现实生活的群体中（如政府和宗教

[①] 文化放大器（cultural amplifier）是指文化因素，文化因素放大了特殊的人口或群体的文化价值观。——译者

运动)、在群体动力学实验里都可以观察到。持不同看法的成员被强迫以各种方式遵从大多数人的意见。这样，就产生了一种可能性，即群体决策并不能反映正确的分析结果，不管发生什么，那只不过是主导性的意见而已。詹尼斯（I. Janis）研究了历史上一系列"群体思维"现象，这些现象显示出，有些政治决策在决定前并没有对相关信息进行全面分析，并且"积极压制少数人的观点和不同意的观点"，最后带来了灾难性的结果。詹尼斯特别提出了美国历史上几次错误的决策：1950年命令麦克阿瑟将军把部队推进到鸭绿江边，而忽视了中国方面会参加朝鲜战争的情报；1941年，在得知日本可能会袭击珍珠港的时候，未对此次袭击做更好的准备；1962年，在得知卡斯特罗已经做好准备对付古巴流亡分子入侵时，还是决定在猪湾实施这一行动。每一个案例都有证据证明，内部顾问小组得出了一致意见，而在各种群体会议中，反对意见却被驳回、被惩罚或被制止，这样使决策者无法获得相关信息和观点的全面分析。

詹尼斯确定了以下群体思维的症状：

（1）群体共享着自己是无懈可击的这一错误观念；

（2）群体成员集体搜集合理的借口，抵制与群体意见不一致的信息；

（3）群体相信自身的所作所为是绝对道义的；

（4）群体对其他群体和持反对意见者产生刻板印象，这一点阻止群体进行正确的分析；

（5）群体对持反对意见者直接施加压力让他们保持缄默；

（6）群体成员开始审查自身想法，特别是他们对于所提议的行动计划的明智性持怀疑态度时；

（7）群体更加相信全体一致性，由于缺少反对意见，相信"沉默即是同意"；

（8）一些成员逐渐成为群体里的"思维卫士"——通过阻止反对者提出反对意见来"保护"领导者听不到反对观点的看护者。

这些情形在群体里并不普遍，但是一旦先决条件存在，这些情况就会发生。具体而言，如果群体享有高凝聚力，和持有不同观点的群体不相往来，缺乏系统的搜集信息和备选方案的程序，缺乏对备选方案的评估程序，有位一开始就反对不同意见的领导者，在高压之下又对寻求比现有计划更好的解决方案感到失望时，群体就容易受到群体思维的影响。这种情况固有的最大危险是，群体自认为他们已经考虑了很多种备选方案，并没有怀疑不同意见已经被压制或是被"思维卫士"制止了。

如果领导者或管理者要避免这种情况发生，那么设置一定的条件来鼓励不同意见、调查、批评性的判断、不同方案的探索、假设的检验等就至关重要了。特别是当群体保持沉默，表面上没有异议的时候，假设的检验是群体要执行的最重要功能之一。这时领导者或咨询师必须直接询问群体成员沉默是否代表着每个人都同意，也必须在达成一致前积极探索备选方案和反对意见。这个过程很耗时间，但是对于群体做出重要的决策很必要。

如果领导者没有准备好听取群体的不同意见，他一开始就不应该使用群体来做决策。群体很容易成为橡皮印章之类的工具，让成员想领导之所想，造成认真思考得出决策的假象，而实际上，他们根本就没有进行思考。这样，训练管理者如何主持会议就十分重要了，这样能使他们意识到群体思维的征兆并学会如何应对。

小　结

在这一章，我们回顾了心理学意义上群体的定义；描述了组织中常见的两种群体：正式群体和非正式群体；分析了群体运行的正式组织功能和个体心理功能；并讨论了一些促进性情境因素，在这些情境中群体将执行这两种功能，这些因素作为整合因素发挥作用。

群体并不是解决所有问题的普遍方法。出现以下情况就不应该使用群体：如果问题并不特别需要信息交流和对备选方案进行评估，或是"文化放大器"现象不能被避免，或是群体氛围压制不同意见而有产生群体思维的风险。最重要的是，如果群体的领导者和成员不愿花费时间和精力来帮助群体发展为有效的工作群体，就更不应该使用群体了。

有效地运用群体需要对领导者和成员进行群体动力学培训。如果这种培训使用实验室训练方法并且有助于注意群体过程，尤其是问题解决过程，那么这种训练通常是极其有效的。

第10章

组织中的群际问题

一个组织面临的首要群体问题是如何使群体在实现组织目标和满足成员的个人需要两方面更有效。其次组织还应考虑一个问题,即如何在群体间创造良好的条件,使其既有助于提高每个群体的生产力,又不会对群际关系(intergroup relationship)与群际合作(intergroup coordination)造成破坏。后一个问题在组织中并不罕见,随着群体越来越关注自身的目标与规范,他们可能变得相互竞争、设法扰乱对方的工作,因而成为整个组织的障碍。总的问题是,在群体任务互依性或团结的需要使合作成为确保组织效能的必备先决条件时,如何建立一种合作性的群际关系。

群际竞争的某些后果

谢里夫（Sherif）设计了一个巧妙的实验情境，率先对群际竞争的后果进行了系统研究。他组织一批男孩参与野营活动，首先通过一定实验处理使他们形成两个群体，并展开竞争。随后，谢里夫考察了竞争造成的影响，再尝试重建两个群体间的合作关系。在这个实验之后，出现了许多以成人群体为被试的实验，所得结果非常一致，以致该实验中的活动成为示范性活动。实验效果可以根据下述分类进行阐述：

第一，每个竞争群体内部发生了什么？

1. 竞争使每个群体结合得更为紧密，引发了成员对群体更高的忠诚感；成员彼此靠拢，忘却某些原有的内部争端。

2. 群体气氛由原来的随意、松散和不严肃，转变为以工作和任务为中心；群体开始降低对成员心理需求的关注，逐渐增强对任务完成情况的关注。

3. 领导模式由更民主化转变为更专制化；与竞争以前相比，成员开始接受专制型领导。

4. 每个群体的组织化和结构化程度变得更高。

5. 每个群体要求成员更加忠诚和服从，以展现其"坚实的一面"。

第二，竞争群体之间发生了什么？

1. 每个群体不再将其他群体看作中立角色，而是视其为敌人。

2. 群体开始出现知觉偏差（distortion of perception）——只看

到自己的优点，否认自己的缺点，而在知觉其他群体时却相反，只看到他们的缺点，否认其优点；群体会对其他群体形成消极的刻板印象（"他们不像我们那样正大光明地竞争"）。

3. 群体之间的互动和交流越来越少，对彼此的敌意却增加了；这导致他们所持有的刻板印象越来越牢固，知觉偏差更加难以修正。

4. 如果各群体被强制性地进行交往——比如迫使所有群体听取每个群体代表就某一任务为其自身及其他群体进行的辩护——他们可能更专注于自己代表的发言，而不听其他代表的发言，除非是为了对其他代表的发言进行反驳。也就是说，群体成员只听得进那些支持自身立场、符合自身刻板印象的内容。

至此，我们已经列举了一些竞争本身导致的结果，尚未提及如果一个群体胜过另一群体，结果会如何。在讨论新的问题之前，我要再次强调上述结果的普遍性。无论是体育竞赛、同行业竞争、劳资纠纷，还是工业组织中销售部门与生产部门之间的竞争——甚至是国际关系问题等——都会有上述的结果出现。竞争的结果有助于提高群体的工作动机，虽然对群体有利，但同时也会导致群体思维的形成。不仅如此，那些能够促进群体效能的因素，在群体之间却会带来消极的后果。举个例子，我们常常可以在劳资纠纷或国际冲突中看到，一旦两个群体将对方视为竞争对手，彼此间的矛盾和分歧就会越来越难以化解，在经历长期的罢工或战争之后，最终是两败俱伤。

接下来我们看看竞争对胜负双方造成的影响，比如各个群体竞相为某项合同或某个问题提出建议和方案这样的情况。现实组织也面临越来越多的竞争情境，因此对群际竞争的后果进行研究显得更为重要。

第三，对胜利群体产生什么影响？

1. 胜利群体的凝聚力得到保持和提升。

2. 胜利群体容易精神松懈，丧失斗志，变得自满、随心所欲和贪图安逸（处于一种"心宽体胖"的状态）。

3. 胜利群体内合作程度提高，开始关心成员的心理需求，降低对工作和任务的关注。

4. 胜利群体开始骄傲自满，认为现在的积极成果足以证明对自身良好的刻板印象和对"敌人"群体的负面刻板印象是正确的；他们不再有兴趣为了改善群体运行情况而重新评估自己的感知或者重新审视群体的运行，因此胜者对其自身了解不多。

第四，对失败群体产生什么影响？

1. 如果对竞争结果的判定并不十分清楚，尚留有解释的余地（比如，决策者放弃裁决或竞争终止了），失败群体就会强烈否认或歪曲其失败的事实。他们会寻求心理安慰，认为"裁决者偏心""裁决者并没有真正理解我们的方案""裁决者没有把竞争规则向我们解释清楚""如果不是在关键时刻运气那么背，我们会赢的"等等。总的来说，失败群体的第一反应就是："我们并没有真正失败。"

2. 如果失败群体在心理上接受了失败的事实，就开始找外部的某个人或某件事进行责备，给这些替罪羊施加强压；如果不能将失败归咎于外部因素，就转而责怪群体自身、小帮派，使以前未解决的冲突、群体内部斗争重新显现，不过以上所有行为都只是为失败找借口。

3. 失败群体感到更紧张，准备更努力地工作，而且会有孤注一掷的决心（处于一种"饥寒交迫"的状态）。

4. 失败群体内部合作减少，开始降低对成员需求的关注；为了扭转之前的失败，他们会非常努力地工作以求在下一轮竞争中取胜。

5. 失败群体加深了对自我的认识，因为失败打破了他们原先的刻板印象，迫使他重新评估自己的感知；这样一来，一旦失败群体接受了失败，他们就会重新组织起来，变得更加团结、高效。

胜负情境中的最终后果通常是：失败群体在心理上拒绝接受他们的失败，而群际关系紧张要比竞争开始之前高得多。

我们讨论的群际问题不仅存在于界限清晰的群体之间的直接竞争中，在某种程度上，它也是所有复杂社会的固有内容，因为社会的构成通常是分层级的。例如，在男性与女性之间、老年人与青年人之间、社会等级较高的人与社会等级较低的人之间、黑人与白人之间、掌权者与未掌权者之间等等，都存在潜在的群际问题。任何职业群体或社会群体都会生成一种"群内"体验，以区别于对待"群外"成员的群际体验。不同国家或种族群体之间通常存在巨大的分歧，如果他们在历史上还曾有过冲突，那么这种分歧就更加严重。

要想获得群际体验，我们并不是非得归属于某个心理群体，只要将自己看作某个参照群体（reference group）的一员就可以实现。所谓参照群体，就是个体认同的、将自己与之作比较的、渴望归属于其中的群体。如果一个人向往上流社会，他就会将该水平的人群作为自己的参照群体，努力按照他所理解的该群体价值观行事。与此类似，一旦某个职业群体的成员认为该职业具有某种价值观和标准，他们就会维护这些价值观和标准。只要了解了参照群体的存在，人们就不难理解某些人为何能在一定的群体环境中总是表现出一种不协调的行为。一旦他们对某个具有不同规范的群体非常认同，就会表现出极度维护这一规范的行为。例如，在战争中，某战俘营中，与那些对部队认同感较弱的义务兵相比，来自精锐部队的士兵通常抵抗得更久。为了使这些认同感较强的被俘士兵顺从屈服，胜利一方采取的办法通常是首先削弱战俘们对其精锐部队的情感——破坏其参照群体——贬斥该群体在他们心中的形象，说服他们该群体并不值得加入。可以说，在任何具有地位差异的地方，都会产生群际问题，因此这是所有组织和社会本身固有的特征。

减少群际竞争的消极后果

某些时候，群际竞争带来的收益大于消极后果。例如，竞争能促使群体为战胜他人而努力，或者使各部门之间变得更加凝聚、团结，即使会牺牲一些部门间合作，大家也乐于接受。但更多时候，竞争导致的消极后果超过其收益，这也是为什么管理工作总是要千方百计地缓和群际紧张气氛。该问题的许多解决方法都源自谢里夫、布莱克（Blake）、奥尔德弗（Alderfer）等人的基础性研究。经验证，这些方法确实有效。但如今的主要难题并非找不到减少群际冲突的方法，而是不能将这些方法顺利地实施。

破坏性的群际竞争基本上是由各群体目标的冲突以及群际互动和沟通的中断引起的。这种中断反过来又导致群体产生知觉偏差，彼此产生消极的刻板印象。因此，减少群际冲突的基本策略就是在群体间设立共同的目标，重建群体间有效的沟通渠道。下面的策略可单独或综合地用于解决这一问题。

设定一个共同的敌人

举个例子，如果将一个足球协会中彼此竞争的球队组建成一个全明星球队，让这个全明星球队与另一个协会比赛；如果生产部门和销售部门能够尽力帮助自己的公司成功地与另一公司对抗，就可以减少这两个部门之间的冲突。这里的冲突不过是被转移到了一个更高的水平。

引导竞争群体的领导者或其所隶属的小群体相互交往

虽然一个独立的群体代表不会放弃自己群体的立场，但如果这个群体代表是被授权的强有力的领导者或小群体，而且与对方谈判团队达成了共同的协议，那么他们不但自己有可能受到对方谈判团队的影响，而且有能力影响其所代表群体的其他人来接受协议。这就是国际关系中"首脑会议"的基础。

制定一个更高的目标

这个目标可以是一项要求竞争群体进行合作才能完成的全新任务，或者是一项分析并减少群际冲突的任务。比如，前面谈到的相互竞争的生产部门与销售部门，可以给它们一项共同的任务，让两个部门共同建立一条新的生产线，要求既节约生产成本，又能使产品满足消费者的需求。或者，在外部咨询顾问的帮助下，引导竞争群体对自身的行为进行审查，并重新评估竞争的得与失。

体验式群际培训

许多心理学家都尝试过让竞争群体检查各自行为的程序，其中最著名的是布莱克和莫顿（Mouton），他们相当成功。他们指出，假设一个组织已经意识到内部存在的群际冲突，并准备向外部咨询顾问提出这一问题，就可以采用体验式群际培训（experiential intergroup training）的方法并通过以下步骤来减少冲突：

1. 首先将两个竞争群体带到培训地点，告诉他们培训的目的是探讨对彼此的感性认识和互动关系。

2. 将两个群体分开，要求每个群体讨论并列出对自身群体和对方群体的感性认识。

3. 在两个群体面前，双方代表公开分享群体所形成的对自身群体和对方群体的感性认识，此时群体中的其他人都要保持沉默（目的仅仅是让一个群体尽量准确地向另一群体报告自己的认识）。

4. 在双方交换观点之前，各自回到他们的内部会议上，就听到的内容进行整理、分析；代表们的报告很可能揭示出自我认识和对方对自己的认识之间存在的差异；这次会议要在一定程度上致力于让各自分析造成认识差异的原因，要让每一群体回顾自己对待另一群体的实际行为以及这种行为可能产生的后果，而不管这一行为的意图如何。

5. 在下一次的公开会议上，还是通过各自的代表发言，向对方分享自己发现的差异及其可能的原因，这里主要关注那些真实的、可观察的行为。

6. 公开会议之后，两个群体之间要就确定知觉偏差的深层原因这一共同目标，进行更加开放性的探讨。

7. 最后，双方就如何处理日后关系进行共同探讨，以这种方式尽量降低群际冲突再次出现的可能性。

在执行以上步骤的同时，还需要安排一些短期课程和阅读任务，主要涉及群际冲突的心理学知识、造成知觉偏差的基本原因以及心理防御机制等内容，目的是帮助双方意识到该方案中的心理动力学原理，促进双方关注共同目标，探索共同存在的问题。要做到这一点，群体必须充分了解彼此的真实情况，这一点取决于双方代表的报告策略。

布莱克理论模型考虑的是整个群体，但也有很多研究者是从个体层面来消除群体偏见（group prejudice）的。举个例子，如果

A、B两个群体都为某个项目提交了一个新颖的产品（或理念），我们将 A 和 B 群体拆分配对，每对成员由一个 A 成员和一个 B 成员组成。给每对成员一项任务，要他们设计出一个集合 A 群体产品和 B 群体产品中最佳理念的新产品；也可以让每对的两个成员相互为对方的产品辩护。许多研究均发现，改变人们态度的有效方法之一就是让其担任所要学习的新态度的拥护者。经过一番维护对方产品的辩论之后，参与者们都表示，尽管这只是一个练习，但他们在这个过程中认识到了对方产品不可否认的优点。这些观点的实践应用就是，可以让销售部门的人员花些时间参与生产部门的工作，并要求他们向第三方介绍生产部门的看法；或者让生产部门的人员加入销售团队以了解销售部门的看法。

上述方法的效果如何，取决于组织对某些问题的认识，以及竞争群体双方是否愿意参与某些培训项目以减少消极后果。然而事实上，绝大多数组织既没有认识到自身存在的问题，也不愿意花时间和精力来解决这些问题。组织的某些不情愿来自对竞争群体的认识，他们认为与其他群体的合作可能丧失自身形象与信誉。与其冒这种风险，不如让竞争继续下去。这可能解释一些国际关系中的问题：为什么一些国家拒绝采用那些看似极为简单的方式去解决它们之间的分歧？它们的拒绝一定程度上是为了保护国家荣誉——也就是保留面子。由于以上原因，相比当初制定策略而言，执行这些策略以减少群际竞争的消极后果往往是一个更大的问题。

预防群际冲突

群际冲突一旦出现，要将其削弱就非常困难，因此理想的方法是提前对冲突进行预防。但是怎样才能做到这一点？预防群际冲突的策略是反对组织所依据的基本前提——劳动分工，这是自相矛盾的。一旦上级对各部门或群体分配不同的职能，群际偏见就会产生，随之出现群际竞争。各个群体为了更好地完成任务，必须进行一定程度的竞争以向上级争取有限的资源和奖励。劳动分工这一概念恰好意味着各个群体之间沟通和交往的减少，从而导致知觉偏差的出现。

如果组织计划的制订者想要避免群际竞争，也不是非得放弃劳动分工这个思想，但是他们应该按照以下步骤来创建和管理不同的职能群体：

1. 应该着重强调整个组织的效能，以及各部门在为组织效能做贡献过程中的角色；考评与奖励各部门的依据是各部门对组织的贡献程度，而不是部门各自的效能。

2. 应该促进群体之间的高度互动和频繁交流，以解决群际合作与群际互助问题；组织给予奖励时应一定程度地参考各个群体对其他群体的帮助程度。

3. 应该鼓励群体与部门之间进行频繁的人员流动，以促使他们加深相互了解，并体谅对方的难处。

4. 应避免群体之间出现胜负情境，不能把群体放在为有限的组织奖励而竞争的位置；应该将重点放在集中资源使组织效能最大化上；应该对所有群体和部门公平地给予奖励。

许多管理者认为第4条让人难以接受，因为他们坚信，在员工或群体之间展开竞争能提升他们的绩效。竞争在短期内确实能达到这样的效果，甚至对于个别工作还有长期效果，但是不可否认，如前所述的不良后果就是胜负情境（群际竞争）的产物。因此，管理者要避免这些后果出现，就不得不放弃竞争策略，并且还要设法推动群际合作以达成组织目标。组织中各群体的依存性越高，推进群际合作就越重要。

同样，要执行这些预防措施通常很困难，这一定程度上是因为许多人对推动和管理合作关系缺乏经验。不过，从那些采用了斯坎伦计划的组织可以看到，建立合作关系不仅是完全可能的（即使在劳资双方之间），而且组织效能和群体效能非但没有因此而低于竞争条件下的水平，甚至比那时更高。要使这种计划获得成功，先决条件就是必须对如何建立群际合作关系进行培训，这对那些成长于竞争环境中的管理者来说尤为重要。

对整合问题的展望

在第四部分中我们讨论了两个基本问题：（1）如何使组织中的群体既符合组织的要求，又满足群体成员的心理需要；（2）群际竞争和冲突问题。为了实现最大程度的整合，组织应该努力创建条件以平衡组织目标与员工需要二者之间的关系，并使群体之间的有害竞争最小化。

群体是一个复杂的关系网。我们很难概括地说究竟在哪种条件下群体能更加有效地工作，但可以肯定的是，经过适当的培训，许多群体的效能都能提升到一个超乎想象的水平。事先对群体成员、领导风格和组织形式进行确定，在一定程度上的确可以提高群体效能，但基于群体动力学的体验式培训方法显然效果更好。当然，这些因素也应该纳入领导者的考虑范畴。虽然培训方法十分有效，但领导者也应对此谨慎选择，确保群体效能在原有基础上得到保持和提高。

组建一批有价值而又高效率的群体并不能完全解决组织中的问题，一旦群体之间发生竞争和冲突，结果就适得其反。我们考察了群际竞争带来的后果，提出解决该问题的两种基本方法：（1）通过加强沟通和设置更高的目标来减少冲突；（2）通过在建立初期就创设各种促进合作（而不是竞争）的组织环境来预防冲突。

如果组织中各群体之间的依赖性很高，那么预防群际冲突就更为重要。依赖程度越高，消极的刻板印象、信息滞留、努力使别的群体在上级眼中看起来更差等等，对整个组织造成的潜在损失就越大。

在结束有关群体的讨论之际，应该强调，预防性策略并不意味着群体内或群体之间不存在分歧，也不意味着群体内或群体之间其乐融融。事实上，在群体或组织任务这一层面，冲突和不一致不仅是有好处的，而且对于找到组织问题的最佳解决方案是必要的。与之相反，如果冲突仅仅是为了战胜其他员工或群体，而非出于对任务的关注,就会最大限度地破坏人际关系和群际关系。我们提到的那些消极后果,特别是彼此的消极刻板印象,就属于后一种冲突,这常常会降低而非提高各自的工作绩效。

有趣的是,对真实冲突情境的观察显示,与任务有关的冲突在合作条件下对提升组织整体效能作用会更大。因为此时群体及成员之间彼此信任,能坦率、开放地分享各自的信息与观点。而在竞争条件下,每个群体都设法对其他群体隐藏自己的特殊资源,因而阻碍了所有组织资源的有效整合。建设性的任务性冲突在竞争条件下被潜在地抑制了,而群体思维的危害增加了。

第五部分

组织结构与动力学

在最后的这几章，我们将讨论组织心理学中一些更令人费解的问题，这些问题不仅与组织结构和设计、组织与环境的关系、组织效能和健康有关，还与组织变革有关，尤其是与组织发展这一众所周知的前瞻性规划（proactive programs）有关。我将用非常折中的视角来阐释，尽可能从社会学和管理学中引用资料。如果想以心理学为切入点来理解这些问题，我们就必须扩大分析范围，检验整个系统与复杂环境的交互作用。

一些读者可能发现这些章节很抽象，并且内容之间联系不太紧密，这是因为其涉及更深远的主题，而这些主题是大多数组织的高层管理者所面临的最实际问题，即如何设计和构建组织。管理者需要采用分析的方法了解这些问题，避免使用"凭经验""直觉性"的方法，直觉性的方法会导致去中心化（decentralization）——例如，安排"皮特向简汇报"。希望这种分析既可以说明在考虑组织设计时需要核准的标准，又可以使读者认识到变革的决定做出后，在实施过程中所出现的难以置信的困难。

最后我们讨论一些关于组织健康必备的条件，并指出如果整个组织长时间处于不健康状态，即使有个人的创造力和承诺，组织最终也不可能获得成功。

第11章

作为复杂开放系统的组织

引　言

本书的前几章介绍了一个传统的组织定义：为了实现某种共同的、明确的目标，通过劳动分工和职能划分，对若干人的活动进行合理的协调。大多数经典的组织理论或官僚制理论都始于这个定义。我想说明的是，这个定义并没有正确地反映组织中发生了什么。组织赖以生存的多种环境的压力，人类各种需求、欲望及其变化的内部动力，以及人们会形成各种正式和非正式群体的事实——所有这些使得组织这一传统定义变得不切实际、令人费解。我们需要一个更具动力学的组织定义，一个能反映人类动机、群体动力以及群际现象这些现实的定义。

自20世纪50年代早期乔治·霍曼斯（George Homans）的经典著作《人类群体》（*The Human Group*）问世后，动力学定义就一直在酝酿之中。系统论对生理学的影响给霍曼斯留下了深刻的印象，他试图运用这种思维去分析群体和组织现象。在关于系统定位（systems position）的论述中，最早的比较有影响力的系统观点可能是卡兹和卡恩（Kahn）1966年的《组织中的社会心理学》（*The Social Psychology of Organizations*）一书提出的，这本书明确地将组织定义为一个开放的系统，一个与其他环境不断作用的系统。这个观点吸收了一些理论家的观点，特别是伦敦的塔维斯托克研究所的特里斯特及其同事与赖斯（Rice）的观点，他们在煤矿研究以及对印度纺织工厂的重新设计中发现：应当把组织作为一个复杂的社会技术系统来看待，在这个系统中，环境、技术以及社会因素以一种复杂的方式与组织中的人际关系及任务相关因素相互作用。

尽管将组织看作一个开放的系统对于分析和改变组织现象更加困难，这一章我们仍将回顾一些理论并讨论将组织作为一个开放的系统来看待的重要性，因为这一领域在过去的20年里发展迅速。我不会对组织理论进行整体回顾，但会介绍一些近年来出现的更为重要的理论解释。

这一领域的理论和研究之所以复杂，是因为我们还没有一个好的分类方法把组织及环境中可操纵的因素进行分类，不同的理论家给组织结构、组织过程、环境、技术、组织目标等概念赋予了不同的称谓。应该认识到，我们正处于组织科学的早期阶段，在这一阶段，认真观察和建构合理的分类与检验假设并尝试去发展精确的理论同样重要。本章将通过回顾这些分类方法来说明这一领域的内在复杂性。

复杂性的来源

第一，一个主要的难题是如何对任一既定的组织确定合适的边界，并确定其相关环境。一个拥有研发部门、供应商、运输设备、销售部以及公关部的企业，其边界到哪里为止？一个社区的界限又从哪里开始？相关环境是指整个社会，经济和政治体制，同一市场上的其他公司、临近的社区、工会，还是所有这些？一般大学的相关环境又是什么？是学校所在的社区，是学生的家庭，还是教授的专业协会，或者是作为其毕业生和研究成果消费者的整个社会？如果我们想理解是什么因素使组织成为一个系统，就必须详细说明这些因素来源于哪些环境。

第二，组织通常具有几个目标或要实现几项功能，其中一些功能是首要的，而其他的是次要的；有些功能是外显的，有些是内隐的。企业关心的首要外显功能是为了利润而生产产品或提供服务，次要外显功能是通过提供工作职位而为社会成员提供安全感和意义感。对次要功能起支配作用的文化和社会规范，就像以最低成本来支配产品的经济因素一样，都是环境的一部分。然而这些因素常常把相互冲突的需求强加于组织之上。

如果我们尝试去分析大学的功能，就可以注意到一些首要的外显功能，如知识的传递、知识的生产以及通过图书馆保留知识。

另外，大学和其他教育机构一样，还有一个首要的内隐功能——对社会中完成各种工作所需要的人才进行识别和分类。教育系统犹如一个过滤器——它将具有某些资格的人识别出来。因为社会要最大限度发现其成员中的人才，就必须有一些系统来识别人才。在我们的现实社会中，教育系统似乎具备了这种功能。这个例子的目的是阐明：教学和研究这种外显功能很多时候可能与对人才进行分类的内隐功能发生冲突。组织面临的一些困难即源于这样的现实情况，组织具有多重功能，这些功能之间是有冲突的，但是任何一个功能组织都不能放弃。

第三，组织自身就具有外部环境的典型性。员工不仅仅是雇用他们的组织的一个成员，还是社会、其他组织、联盟、消费群体等的成员。他们带来了随着这些不同角色而来的需求、期望以及常常与组织的内部规范冲突的文化规范。

第四，环境特征变化得非常快。我们可以从科技迅猛发展清楚地看到这一点，因为整个世界的市场迅速扩大，经济界发生着快速的变化；因为指引科技尖端国家（如美国）的优先权标准在发生变化，社会政治界也发生着快速的变化；因为整个生活中工作和职业的角色规范在发生变化，文化道德界也发生着快速的变化。一部分环境已经从相对稳定、可预测的，变成了埃默里（Emery）和特里斯特所称的"动荡性"的。动荡性环境需要组织具有不同的反应能力。例如，在高校，教授对源于科学和学术的文化观念的一系列规范做出反应；同时，学生也发展了一系列不同的规范，这些规范来源于他们对社会中未解决的问题以及对与解决这些问题不相关的课程的失望。作为对母校经济赞助人的校友带来了第三组规范，这些规范与涉及组织声誉和质量的更为传统的标准有关，这让情境变得更加复杂。

由上面的理由可见，组织理论已经开始建立更复杂的模型，在模型中试图考虑组织和环境之间的关系。这些新的系统模型并没有传统组织概念那样精简、完整，但是与研究者在真实组织研究中的发现更为接近。

早期的系统模型

霍曼斯模型

社会学家乔治·霍曼斯提出了无论是在小的群体还是大的组织都很有用的社会系统模型。霍曼斯认为任何一个社会系统都存在于由三部分所构成的环境之中，这三部分分别为：物理环境（地形、气候、布局等）、文化环境（规范、价值观以及社会目标）、技术环境（系统完成任务时可用的知识和工具的状态）。这些环境规定系统中的人必须进行某种活动和相互交往。这种活动和相互交往会引起人与人之间以及人们对环境的特定情绪和情感。这些被认为由环境决定的活动、交往和情感的结合被称为外部系统（external system）。

霍曼斯假定，活动、相互交往及情感是相互依存的。三个变量中的任何一个发生变化都会引起其他两个变量的变化。特别有趣的是相互交往与情感之间的假定关系，即两个或多个人之间相互交往的程度越高，他们之间的积极情感就越多；反过来，积极情感越多，相互交往的程度就越高。有一种例外似乎违背了这种假定的关系，即随着两个人的相互交往，他们开始相互怨恨。从长远来看，这两个人会尽可能地减少相互交往。这样我们就可以很好地解释这个例外。如果他们被迫继续交往，他们可能就会经常在彼此身上找到优点，最终积极情感也会随着交往的增加而增多。

目前看来，这样的假定正确与否，并没有霍曼斯提出的组织的动态定义重要，因为从这个定义中可以得到其他几个重要的概念。霍曼斯指出，随着交往的增加，不仅出现了没有列入外部环境的新情感，而且出现了可以产生新活动的新规范和共同的参考性框架，这些规范与框架同样没有被列入外部环境。在霍桑研究中发现，员工们所形成的竞赛、交往模式以及情感并不是由正式的工作环境引起的，甚至是不被正式的工作环境认可的。霍曼斯把这种源于外部系统的新模式称为内部系统（internal system）。内部系统与很多理论家所称的非正式组织相对应。

霍曼斯进一步假定内部系统和外部系统是相互依存的，即任何一个系统的变化都会引起另一个系统的变化。比如，工作技术的变化将引起交往模式的改变，进而改变（有时是暂时破坏）内部系统。例如，长壁开采法会破坏一些原来的工作群体。另外，如果内部系统发展了一些关于应该如何使生活条理化的规范，那么他们就会改变实际完成工作的方式、应该完成的工作量和应该达到的质量标准。例如，霍桑实验中绕线工人发展了工作交易（job trading）类型、日产量概念及其自身的领导力。

最后，两个系统与环境也是相互依存的。正如环境的变化会引起正式和非正式工作组织的改变一样，内部系统发展出的规范和活动的变化最终也会改变物理、技术及文化环境。例如，员工在非正式的解决问题过程中，会产生一些新的技术革新（技术环境的变化）以及重新设计工作布局（物理环境的变化）的想法，也会产生一些新的有关什么是员工与管理者之间合法的心理契约的规范（文化环境的变化）。

明确地认识到各种相互依存关系是这一概念体系中最为重要的方面。经验研究一再表明，组织中某一部分的活动是与组织中其他部分或环境中的活动相联系的。同样，管理顾问也指出组织中某一部分所发生的变化是如何引起其他部分发生一些不可预期的、经常是不想要的变化的。霍曼斯第一次提出他的理论时，就表示其理论可以解释各种现象，如霍桑工厂绕线工人的行为，威廉·怀特（William F.Whyte）所研究的街头巷角团伙行为，人类学家所研究的在尚无文字的部落里的家庭模式，现代社区中发生的变化。所选择的这些"要素"——活动、相互交往、情感和规范，以及在内、外系统中要素之间的相互依存性，被证明具有很大的分类价值，因为它们可以描述丰富多彩的组织现象。

后面我们要考虑的很多权变理论基本上都是霍曼斯命题的延伸。霍曼斯认为环境的不同方面产生不同形式的活动、相互交往、情感和规范。然而，霍曼斯也认识到一个非常重要的事实，即一旦规范和情感形成，内部系统建立，组织最终会影响它的环境。换言之，开放的系统不是简单地适应环境，而是积极地与环境进行交互作用、相互影响。遗憾的是，迄今为止没有多少组织理论能从概念上精确地描述组织是如何影响其环境的。不过，当组织发展到一定的规模时，如通用汽车或国防部，就很难弄清哪种占优势——是环境影响组织，还是组织足够强大以致能影响甚至决定它自身的环境？

塔维斯托克社会技术模型

伦敦塔维斯托克研究所的一些社会科学家强烈主张用系统的方法研究组织现象。他们在研究技术革新的过程中提出了社会技术系统的概念，后来这个概念发展成为一个更普遍的组织定义——"开放系统"。

社会技术系统的观点认为，任何生产型的组织或其一部分都是技术系统（任务所需条件、厂房、可利用的设备）与社会系统（完成工作的人之间的人际系统）的结合。技术系统和社会系统相互依赖又彼此决定。根据这一观点，与其说工作的本质决定了工人所发展的组织类型，不如说工人的社会技术特点决定了他们完成工作的方式，因为霍桑研究和特里斯特的煤矿研究已显示这两者在一定程度上是相互决定的，这与霍曼斯的观点是一致的。

赖斯所讨论的组织开放系统模型认为，任何一个组织都是从它的环境中"输入"各种各样的东西，利用这些"输入"的东西进行很多"转化"过程，然后"输出"由转化过程所产生的产品、服务和"废料"。其中一个关键的输入物是从环境中获得的与基本任务有关的信息，这些基本任务是组织为了生存所必须完成的。其他的输入物是原材料、资金、设备和一些参与转化过程的人，这些人将输入物转化成可输出的并能满足环境需要的东西。

如果我们把开放系统和社会技术系统两种观点结合起来，就可以看到环境与组织之间交互作用的多重渠道的重要性。组织不仅要应对由原材料、资金及消费者偏好这样的环境所施加的需求和限制，还需要应对其成员的期望、价值观和规范。从这一点来看，员工的能力、偏好和期望不只是"假设的东西"，无疑还是受他们所面对的工作性质和组织结构影响的因素。所以，我们不能只通过选拔或技能培训解决工作中的问题，而是要在组织设计的同时考虑工作性质（技术系统）和人性（社会系统）。

例如，在我们前面所引用的煤矿研究中，如果采煤导致焦虑，而这种焦虑能在凝聚力强的小工作群体中得到最好的控制，那么妨碍这种群体形成的采煤技术就很可能是无效的。如果有人从开放的社会技术系统的概念开始研究，那么他可能问："技术、工人特征以及组织结构以什么样的方式结合才最有可能产生一种有效的工作组织？"

对于这个问题的回答需要重新对与基本任务有关的各种环境输入的相对重要性进行评估。经济需求和技术发展可能会认同某种工作方法和工作结构，尽管这种工作方法和工作结构会破坏社会系统。组织的计划者不得不重新进行评估，建立一个可以产生长期收益的有效的社会组织所付出的代价是否超过了短期的最大收益。为了进行重新评估，计划者不得不考虑其他一些环境因素，如劳动力方面的变化，特别是焦虑倾向这样的关键变量，新的提高挖煤安全性的技术、劳资关系以及工会政策的发展趋势等。

社会技术系统的方法已经对当前的组织理论与管理实践产生了一些重要的影响。它引发了大量在欧洲推行的被称作"工业民主"的重要实验，这些实验的第一阶段就发现工人参与董事会和工人委员会并不会明显减少他们的疏离感，可能是因为工人仍然不能对工作技术本身提出自己的意见。

当研究者把注意力转向工人更直接地参与到重新设计的实际工作中，也就是参与到每天的企业运行中（"车间民主"），在国内外的实验中都发现了直接参与性的增加能减少工人的疏离感并提高生产率。在美国，戴维斯（Davis）的研究不仅引起了一系列重要的重新设计制造业工厂的实验，同时导致了开放性系统规划这一概念的产生，开放性系统规划被管理者当作一种在更大的范围内重新考虑工作单元的策略和运转的工具[①]。

由开放性社会技术系统设计思想所产生的第二个概念是自治性工作群体（autonomous work group）。给整个工作群体提供机会让他们设计和管理一次完整的任务，因此允许工人在工作情境中满足他们的社会需要和自我实现的需要。然而，如果要在组织内

---

① 开放性系统规划涉及一种系统的分析方法，包括环境作用于系统的力量，系统做何反应，应该怎样做出最理想的反应，应该怎样做才能使系统的反应达到理想状态。

广泛建立自治性工作群体，就必须有这样一种管理氛围，即必须发展一种自我调节的工作结构以对未来的环境变化做出反应。尽管社会技术理论的重点是工作本身，但由于工作设计的持续演变，这一理论对组织功能的意义是巨大的。

> 工作系统与环境通过一种边界发生联系，这种边界既区分系统又对环境交换起中介作用。当系统调节其与外界环境的交换时，制定这样一种界限是非常必要的，使系统的基本任务与外界的干扰因素相隔离或阻止外界干扰因素。我们把这一过程看作"边界管理"（boundary management），并把它作为管理的主要任务。第二个任务涉及系统外部力量的管理，因为工作系统必须和一系列适宜的环境相联系以获得生存和发展，设计一个理想的环境并逐步创造出这种环境是非常必要的，我们把第二个过程看作一个"开放性系统规划"。当两个管理任务都有效地完成后，社会技术系统就能在管理其与一系列有利环境的关系时完成基本任务。

社会技术系统思维方式的第三个深远性内涵源自沃尔玛（Walton）对瑞士沃尔沃公司的卡尔玛（Kalmar）工厂的改革研究。为了提高工作条件和建立自治性工作群体，沃尔沃公司不得不重新检查生产技术，甚至重新考虑某些产品的设计。如果一个工作群体能装配整个汽车的电路系统，那么必须将这个电路系统设计成一项更加整体化的任务。个体可能以工作标准为起点，去适应社会和个人的需要，然后围绕这些人类需求的满足来设计产品，这种观点是一个源于系统思维的深远想法。在卡尔玛工厂，装配线被由电池驱动的称为"装配车"的系统所取代，这些装配车既是运输车也是工作台，它们减少了噪声，更易装卸，需要时可以把汽车送到工人面前，增加了安全性，提高了工人的自主性，因为它们能"停下来"或者当工人准备装配时再开进工作场所。

工作生活质量运动

有关工作重新设计和工业民主的实验，再加上由心理学家、工业工程师和社会学家组成的工作团队对现代工业社会中工人产生疏离感的原因及补救方法所进行的实验，引导了很多咨询顾问、研究者及管理者做出极大的努力以提高工作场所的生活质量。戴维斯和车恩斯（Cherns）发表了一篇有关工作生活质量运动的基本原理及反映工作重新设计的一组案例的重要报告。在最近的分析中哈克曼（Hackman）指出社会技术理论是一个关于工作重新设计的最普遍、最优雅的理论，但正是它的普遍性产生了某些问题，原因是很难操作性地说明如何进行工作重新设计、如何建立一个自治性工作群体或如何制定管理结构以及进行组织设计才能实现理想的工作生活质量。尽管有个别的调查者，如卡明斯（Cummings）和斯里瓦斯特瓦（Srivastva）给出了一个详尽的操作化标准，通过这个标准可以分析工作和社会系统，然而对此并未达成共识。

哈克曼、沃尔顿、福特（Ford）、迈尔斯（Myers）在特定的工作重新设计上所做的努力,以及如第4、5章总结的其他基于更直接的职位特征说明书所进行的工作重新设计,引发了大量重要的工作生活质量实验。不得不说,社会技术理论对工作重新设计及组织重新设计仍有巨大影响。

交叠群体、角色组和联盟式组织

许多理论家和研究者都注意到,如果把组织视为将个体决策者置于多种层级或网络之中(如在典型的组织结构图中所描述的),就会脱离组织运行的现实。换言之,组织结构图仅代表组织中人与人之间多种交流渠道的一种。因此,如果我们把组织理解成复杂系统,就必须从更真实的建设基础开始。我们可以列举基于这种思考的三个示例。

利克特交叠群体模型

利克特为组织理论贡献的两个重要观点是:(1)组织可以被定义为连锁性群体;(2)连锁性群体由在双重关系中都占据重要地位的个体联结,这样的个体像是两个群体的连接销。

交叠群体(overlapping group)模型使我们注意到两点:

第一,任何一个群体或系统的相关环境都可能是其他系统或群体的组合,而非针对个人的。这个组合由三部分构成:(1)大型系统,如完成相似工作的整个复杂组织甚至是整个社会;(2)同层次系统，如可比较的组织、消费者和供应者组织、社区等；（3）既定系统中的子系统，包括正式的和非正式的工作群体。

第二，利克特认识到组织与环境发生联系是通过那些既在组织中又在环境系统中拥有地位的关键人物来实现的，环境各部分之间的相互联结也是通过类似的关键人物实现的。从这个意义上说该模型是正确的，它不仅提供了分析系统/环境关系的入口（连接销的位置），还暗示了在环境中各部分之间相互依存的网络。因此，一个组织要想了解和应对其所处的环境，就必须理解并找出这些依存关系。

卡兹和拉扎斯菲尔德（Lazarsfeld）对"两级"传播的分析为这个观点提供了一个很好的例子。他们发现，对消费者的信念和偏爱产生影响的并不是个体直接接收的信息和广告，而是社区中那些"意见领袖"[①]。如果时尚领域或政治信仰领域的意见领袖改变了他的外观，那么很多个体会跟着做出改变。因此广告对意见领袖的影响才是关键变量。

如果要对这一现象进行概括，那就是组织的影响对象应该是所处环境中的那些意见领袖，而不是个体消费者、供应者或员工。这些意见领袖就扮演了组织和个人之间的联结者的角色。相应地，如果几个群体都参与进来，而且他们的意见领袖相互影响，那么组织能认识到这几个群体并不是环境中相互独立的部分是很重要的。如果组织能影响一个群体，就能影响其他群体。

---

① 意见领袖（opinion leader）是指活跃在人际传播网络中，经常为他人提供信息、观点或建议，并向他人施加个人影响的人。——译者

卡恩交叠角色组模型

卡恩和他的同事指出，虽然交叠群体很接近组织的实际情况，但它忽视了重要的一点，即心理上的群体与正式群体可能是有区别的。在利克特的模型中，没有区分子群体的类型，这样就很难精准地识别关键性联结针。卡恩指出，人们应该考虑用社会学家所说的角色组（role sets）来取代群体。如果人们把组织中的正式职位看成"办公室"，把办公室里人所期望的行为作为他的"角色"，那么这个人就会问：在经营性组织中，还有哪些其他类型的办公室与在意的特定办公室相联系？或根据角色概念人们会问，如果让一个焦点人物（focal person）完成一个组织角色，那么在完成角色的过程中这个人还会与谁发生联系？一系列的人（如上级、下属、同事以及外人）都存在与角色相联结的关系，因而构成了角色组。组织作为一个整体就可以被看成一整套交叠和连锁的角色组，其中有些角色超越了组织的边界。

组织中成员的行为可从以下方面进行研究：

（1）角色超载（role overload）：角色发送者期望这位焦点人物所承担的角色总和远远超过其所能够做的；

（2）角色冲突（role conflict）：角色组的不同成员期望这位焦点人物做不同的事；

（3）角色模糊（role ambiguity）：角色组的成员没有将他们的期望以及完成角色所必需的信息传递给焦点人物，可能是由于他们没有这些信息，也可能是因为他们故意不提供这些信息。

角色组成员所持有期望的种类，他们试图影响焦点人物的方式，焦点人物对角色发送者的期望与影响期望的感知及其反应，对处理可能产生的情感和紧张问题的尝试，这些都与组织因素（层级、工作类型、奖励系统等）、焦点人物或角色发送者的人格因素以及突出焦点人物与角色发送者之间关系性质的人际因素（信任程度、相对权力、依赖性等）有关。

例如，卡恩及其同事在研究中发现，如果角色组既包括一些组织内成员也包括一些组织外成员，那么角色冲突就会更大。焦点人物在组织结构中的层级越高，他们的角色冲突、角色模糊就越大。另外，容易经历角色超载、角色冲突、角色模糊的焦点人物的反应会减少紧张感，但这是以降低组织有效性为代价的。例如，感受到角色冲突的人可能会忽视或否认角色组成员所传递的期望，结果使一部分工作不能完成。通常，人们不会让在需要上有冲突的角色发送者共同解决冲突，因为这样是不可能让冲突全面得到解决的。

卡恩的研究强调层级、结构中的职位、角色期望、对知觉到的冲突的应对方式、角色绩效的有效性这些组织变量，它们之间的相互依赖性很大。卡恩对角色概念的关注，也强调了组织的更为抽象的概念（如交叠性角色组）是有可能经得起经验研究检验的。

赛厄特、马奇和西蒙的企业理论

赛厄特（Cyert）和马奇（March）以及马奇和西蒙（Simon）在

他们颇具影响的关于组织如何设置目标和做出决策的研究中，得出这样的结论：组织本质上来说是由具有不同的目标、需要、欲望、才能和倾向的个体及群体所构成的复杂联盟（coalition）。为了理解目标设置和决策制定，我们必须从一开始就认识到组织中存在着一种为了影响力而持续性协商的过程，联盟中的成员会使用各种附加报酬（side payments）诱使他人加入以追求他们的特定目标。附加报酬可以采用如下形式：金钱、地位、职位或权威。因此我们从本质上可以这样理解，管理联盟通过为员工联盟提供工资和各种福利，与员工联盟协商，以促使他们加入组织并为组织工作。类似地，在与股东协商时，管理者通过给股东提供更多的分红作为附加报酬以促使其进行投资。很明显，如果拥有提供附加报酬的能力，如金钱或其他稀缺资源，那么这个联盟就会在整个组织中占据优势。

如果把资源作为一种附加报酬（如员工的高工资、股东的高股息）承诺给各联盟，就会限制组织的未来行动，因为这种承诺限制了组织的资源，从而降低了组织的灵活性。当然，当组织与环境发生交互作用时，当某个联盟与其他联盟或组织发生联系时，他们学会了修正自己的目标。因此组织的整体目标设置过程可以看作一种协商过程，既受先前承诺的限制，也受组织学习的影响。组织为了生存和适应，需要"组织冗余"（organizational slack），也就是先前的决策中未投入的资源。如果组织没有富余的生产能力，没有额外的人才或可用的金钱去投资新项目，那么组织中的联盟就会在尝试组织变革的过程中陷入困境。

从这种思维方式演绎而来的组织模型的最大优势之一，就是与政治学和公共行政学中占主导地位的组织模型和决策模型更加吻合。在研究政府机构、基金会、医院和社会组织等公共组织时，可以很清楚地看到组织是由为影响力而协商的复杂联盟构成，因而，组织目标和政策的制定过程已经被定义为协商的妥协过程，而不是理性地追求主要目标的过程。建立在分析商业组织基础之上的组织理论的一个真正弱点是，它过分强调了组织的纯"理性"，而对于决策是来源于各类个体、群体与角色组（角色组中很多人在组织内、外皆具有成员身份）之间复杂的协商，及其复杂程度重视不够。西蒙关于管理者的概念是由这种思维方式产生的最重要观点之一，他认为管理者是一个使人满意的（达成一个可行的决策）而不是最大限度追求完美的人，因为理性会经常受到限制。

新结构主义者——构建正式组织理论的新尝试

传统的结构主义者以静态环境中的静态系统为基础，从分析"官僚主义"入手研究组织理论，得出了一些组织原则，包括"统一指挥"（所有的人只有一个上司）、"管理幅度"（上级拥有的下属人数一般在 10～15 个）、"权责对等"（上司只管理他负责的事）等等。

有些社会学家、组织理论家和管理分析家看到了这些原则中有价值的成分，并开始将其与源于更具动态性的开放系统理论的观点相结合。虽然尚没有人宣称构建了完整的组织理论，但这些方面都非常重要，值得逐一回顾。

要指出的是，建构理论的困难在于识别有效的要素和变量，然后为这些变量提供一个好的分类方法，以帮助我们对观察到的组织现实进行分类。分类方法中最具权威的，可能是埃齐奥尼的组织权威和成员参与类型的分类。我们现在要讨论的就是与埃齐奥尼的类型学一致的、建立在其基础之上的研究。

注重组织/环境交互作用——汤普森和邓肯

系统论将组织分析的重点放在组织与其环境的交互作用上，但至今没能得到一个相关变量的综合列表。汤普森（Thompson）和邓肯（Duncan）基于马奇、西蒙和赛尔特的协商模型，指出组织如何设置目标最终取决于组织对其环境的控制程度。图11-1显示了组织对其基本环境的控制程度，举例说明了处于连续体中几个典型位置的组织类型，以及与这一维度相对应的目标设置过程的基本类型。

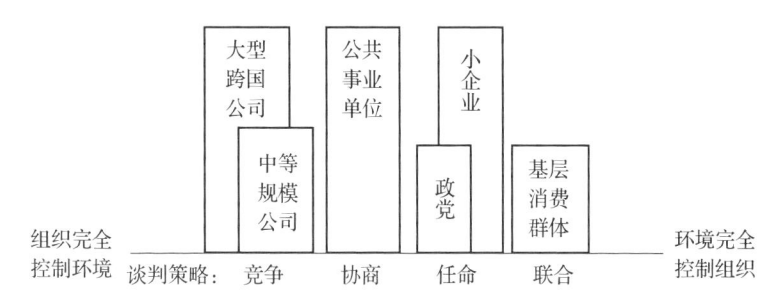

图11-1 组织-环境关系中的权力连续体

例如一个大型跨国公司，由于规模大到足以控制其环境，因而就能参与由理性的自我利益引发纯粹的竞争行为。中等规模的组织必须与环境中的其他组织共同存在，因而被迫做出更多的协商姿态。公共事业单位和政党，对它们的环境有较少的控制，经常要通过将有麻烦的部分"纳入"环境之中来应对环境。例如一个政党可能会与一个竞争党派合作以增强实力，一个公司可能会提拔一个持不同政见的联盟领导者进入管理层。最后，一些松散的组织群体如消费者协会，相对来说很少能控制它们的环境，只能通过与其他同类群体形成联盟，使自己的实力超过环境中的其他群体。

此类分析可以帮助我们理解商业公司对政府规章、消费者运动及倡导型群体（如拉尔夫·纳德组织[①]）的反应。如果公司感到能控制环境，它就不会对政府的规章做出反应。弱的消费群体可能会游说某些议员，以获得更有利的环境要素。公司的游说策略应尽量起作用，否则公司将拥有较少的权力并被迫做出更多的协商反应。

关于环境影响组织的一个更普遍模型是由邓肯提出的，通过分析试图说明环境的哪些特征会由于增加了"环境不确定性"而给组织带来问题。

1. 不知道环境中哪些因素与组织运行最有关：如不知道消费者对一种新产品的态度；不能确定某地政治不稳定是否会影响某

[①] 由拉尔夫·纳德创建的公共利益组织，旨在调查损害公民和消费者利益的行为。——译者

些市场领域；不能确定哪些社会政治可能影响石油价格；不能预测关键领域中未来的技术。

2. 没能力确定已知环境因素变化的可能性：如不能确定OPEC国家有多大可能提高油价；不能确定政府有多大可能严格执行就业机会均等法规。

3. 不知道错误决策所要付出的代价：如不了解在海外建工厂的代价，如果当地政府决定对当地的企业实行国有化并剥夺外国企业的所有权的话；不了解对公司起诉的代价，如果员工认为由于性别、年龄或少数族裔地位而受歧视的话。

以分析环境的两个维度——简单与复杂、稳定与不稳定为依据，将上述这些因素划分为四种环境不确定性类型（见图11-2）。

	简单	复杂
静态	方格1： 感受到的低程度不确定性 1. 环境中有少量的因素和成分 2. 因素和成分彼此有点相似 3. 因素和成分基本保持不变	方格2： 感受到的中低程度不确定性 1. 环境中有大量的因素和成分 2. 因素和成分彼此不相似 3. 因素和成分基本保持不变
动态	方格3： 感受到的中高程度不确定性 1. 环境中有少量的因素和成分 2. 因素和成分彼此相似 3. 因素和成分不断变化	方格4： 感受到的高程度不确定性 1. 环境中有大量的因素和成分 2. 因素和成分彼此不相似 3. 因素和成分不断变化

图11-2　基于环境复杂性和稳定程度的环境不确定性模型

这样，邓肯假定，组织感受到的最低限度的环境不确定性发生在简单、静态的环境中，这种环境中只有几个相对可预测且稳定的因素（方格1）。而在一个复杂环境中运行的组织会感受到最高限度的环境不确定性，这种复杂环境是以大量不一样的、不断变化的因素为特征（方格4）。邓肯还发现在确定不确定性方面，稳定性比复杂性重要。换言之，有不稳定因素的环境（方格3）比有很多不一样但相对稳定因素的环境（方格2）更不确定、更具威胁。

例如，公司同时应对变化相对较慢的政治、社会、经济因素，要比单独应对像能源价格这样变化快且不可预测的经济因素容易。因此邓肯的方格可以用来确定在特定环境下应当采取从纯粹竞争行为到联盟的何种组织策略。再看前例，能源的价格越是不可预期地持续波动，人们就越希望大型组织与能源供应商形成联盟，这一策略可以用这样的话来表达："如果你不能打败他们，就与他们联姻。"

一个更深入的见地是汤普森在研究中提出的，他认为决策策略可以作为组织中优势联盟之间的目标一致性以及有关如何实现目标的确定性程度这两个变量的函数。第一个变量与赛厄特和马奇的企业理论相似，但通过与确定性维度相结合（即邓肯对确定性如何测量的分析），人们就能得到一个更强大的管理决策类型的分类。图11-3表明了基本类型并确定了四种管理决策或领导风格。

	对可能结果的偏好	
	确定	不确定
有关因果关系的信念　确定	计算策略	妥协策略
不确定	判断策略	鼓舞策略

图 11-3　不同不确定性条件下的管理决策类型

1. 计算策略。如果有高目标一致性，并且对如何实现目标也有高确定性，只要知道规则，人们就会像解数学题一样，按惯例做出决策。如果一个新产品的技术很清楚，而且有明确的市场，就能达成开发这种产品的共同决策。

2. 妥协策略。如果对如何实现各种目标具有高确定性，但在追求哪种目标上却是低一致性，管理部门发现他们不得不做出妥协，并进行赛尼特和马奇所提出的各种协商行为。如果对于生产每种产品所需的技术很清楚，但对每种产品在短期和长期内带来的利润大小缺乏共识，此种情况就要管理部门对到底开发哪几种产品做出妥协。

3. 判断策略。如果有高目标一致性，但环境/组织的交互是为了使如何实现一个既定目标有低不确定性，就需要对如何最大限度地实现想要的结果而使不想要的结果发生的可能性降到最低做出很好的判断。因此，如果一个产品市场明确，利润目标也一致，但是由于技术的变化导致开发这种产品的成本有很高的不确定性，这种情况就需要判断策略。

4.鼓舞策略。如果既没有目标一致性，也没有关于如何实现目标的确定性，那么需要一个鼓舞人心的领导者，这个领导者需要具有把不同的联盟联合起来的能力以及对做出有关最大限度实现想要结果的决策的判断力。企业家在面临高环境不确定性时对某些产品及其市场营销策略所做出的决策就属于这种类型。

这类分析所要阐明的是，各种试图说明"正确"的领导或管理行为，或"正确"的组织方式的规范性理论，常常对组织/环境的交互状态做出不适当的假设。如果人们能够看到相互作用中的所有可能性，就能明白为什么在组织中能观察到很多种组织结构和决策方式。当我们考察组织任务及其相关的技术时，这一点会变得更清楚。

注重组织目标——马奇、西蒙和佩罗

一些理论家很注重组织目标的概念并对其进行改进。在本章伊始，我们领悟到一种看待目标的方式就是用社会学的外显和内隐功能概念。这些功能是组织或机构为社会执行的功能，其中一些是明确的、公开的，另一些是含蓄的、不公开的。

马奇和西蒙也做了一个类似区分，试图区分出以下目标类型：

1. 正式目标（official goals）。这些目标是被组织的创立者或领导者公开设立的，并且经常能在正式文件中找到相应的描述。

2. 运行目标（operative goals）。这些目标反映了组织领导者或优势联盟的真实意图，但经常是不公开的。比如，一个公司可以将它的正式目标定为，给投资者或股东提供最大收益且最大限度地获得利润，但是它的真实意图可能是通过占有更大的市场份额而获得生存和发展，这些目标需要大量的再投资及更低的分红。再如，一个组织声称它是一个机会均等的雇佣组织，但真正的意图可能是最低限度地遵守法律。

3. 操作目标（operational goals）。这些目标能够实际、具体地被测量，因而可以根据既定标准测量组织的表现。"增长"的目标可能是一个作业目标，但是直到宣布在未来的12个月销售额增长5%，或为了提高20%的生产能力要在未来5年增加3个新工厂时，这个目标才是操作目标。

组织的研究者发现这样的区分是很有必要的，因为只用一种目标去描述组织是很困难的。人们清晰地发现管理者的行事方式与正式目标不一致，在组织中人们还经常发现与正式目标甚至操作目标相悖的行为。人们只有能详细说明组织用什么具体方式衡量它自己，才能真正理解组织追求的真实目标是什么。

佩罗（Perrow）认为，如果人们要全面理解组织决策，就必须对目标进行多个层次的分析，他在阐明这种分析时提出了更进一步的目标区分系列：

1. 社会性目标（social goals）。参照点通常是社会，而且这些目标就像前面所说的组织外显和内隐功能一样。比如，生产产品、提供服务、维持订单、创建和维持文化价值。

2. 产出性目标（output goals）。参照点是与组织直接接触的公众，也就是产品和服务所指向的顾客。比如，生产消费产品、商业服务、卫生保健、教育计划等等。社会技术理论家倾向于将其称为组织的"首要任务"和"核心使命"。

3. 系统性目标（system goals）。参照点是组织本身及其职能发挥的方式，与特定的产出无关。比如，增长率、效益、获得市场份额、一定的效益水平、成为某种风格或氛围的组织、成为工业领袖等目标。正是这类目标给了组织一种特定的"个性"，如果与产出性目标相混淆就会引起很多困难。如果想维持某种风格而忽视重要的产出性目标，那么可能会无意地威胁到组织的生存。

4. 产品特征目标（product characteristic goals）。参照点是将现实的产品或服务的重点放在数量上，还是放在质量、风格、样式、可用性、独特性、新颖性等某一种特性上。在一定意义上，这些目标是产出性目标和系统性目标（组织所形成的某种结合）更具体的派生物，这种类型的目标规定了产品的特征。

5. 派生性目标（derived goals）。参照点是组织领导本身及其在追求其他目标的过程中，利用自身所拥有的权力和财富选择去做什么。例如，组织可追求政治目标或建立一个由它经营的社区，或资助艺术团体和当地教育机构，或为员工提供最大范围的个人发展。组织可以利用它所产生的权力和拥有的资源去持续地影响外部和内部环境，这些目标与产生权力和资源的目标无关。

佩罗承认在特殊的情形中，这种分类并不能很清晰地区分，但是为了理解组织在演变和发展的过程中实际发生了什么，做这种区分是非常重要的。当组织参与战略规划活动时，学会区分社会性目标和产出性目标（这些最终决定组织在整个社会中的生存）与继发性的系统性目标、产品特征目标和派生性目标，是特别重要的。应当调整很多规划活动的基本内容，以帮助高层管理者在讨论系统性目标、产品特征目标或派生性目标之前，首先确定产出性目标是什么，决定组织长久生存的因素是什么。

注重技术和组织任务

组织理论中一个最持久的问题是组织事情的最好方式是什么？或者说人们用什么标准来决定组织结构？早期的传统理论试图找到关于最佳下属数目这类问题的一般原则，但是对组织的观察表明，组织效能与遵守这些原则的程度之间没有必然的关系，这就迫使组织的研究者要寻找其他类型的变量去解释组织形式和效能之间的关系。

一个明显的可以解释组织形式和效能之间关系的变量就是组织要完成的任务的性质，即组织为自己设置的目标及完成这些目标所需的技术。为了确定组织形式与效能的关系，英国的很多研究者对大量不同行业的组织进行了研究。如伯恩斯（Burns）和斯托克（Stalker）把组织区分为相对稳定的技术型企业与快速变化的动态技术（如电子产品）型企业。在更为稳定的技术环境中，机械化的管理方式更有效，这种管理方式是以严格的规范结构、解释详尽的职责、组织中的每个角色所具有的清晰权力和职权范围、强烈的命令层级及垂直的层级沟通为特征。相反，在更加动态的技术环境中，他们发现"有机"的管理方式更有效，它是以相对灵活的结构、通过相互交往不断调节和重新定义个体任务、更横向的沟通与控制、基于技术专长而不是组织层级的更广泛的权力分配为特征。

伍德沃德（Woodward）对大约100个英国公司进行了研究，以确定组织结构是否与他所区分的三种主要技术类型有关。他所区分的三种主要技术类型为：

1. 单件小批量生产技术，为单个消费者生产定制产品的技术。
2. 大批量生产技术，如生产线上的技术。
3. 流程生产技术，通过一系列连续的（化学的）过程对原材料进行转换的技术。

伍德沃德发现使用不同技术的公司表现出不同的特点，而且每组中最有效的公司是那些最接近上述分类中位数的公司，这表明存在着最优的组织形式。例如，随着技术复杂性的增加，当一个公司经历从小批量到大批量直到流程生产技术转变时，其部门下属的人数增加了，组织层级的水平提高了，管理者、后勤人员以及专家的比率也提高了，而相对的劳动力成本却下降了等等。一个更加正式、更加结构化的组织可能更适合大批量生产技术，而更灵活的组织可能更适合单件生产技术和流程生产技术。

皮尤（Pugh）、希克森（Hickson）及其同事和其他被称为阿斯顿团队（Aston Group）[①]的后续研究表明，技术仅对那些运用这些

[①] 1961年在英国成立的一个由数百名来自心理学、社会学、经济学和政治学的专家组成的研究组织。——译者

技术的组织部门（尤其是生产部门）发生作用，而其他职能部门如会计、市场或整个公司（除非它很小）不能根据技术来推测组织结构。他们提出一套更加权变的关系，即只有组织规模和部门类型能支配和使用技术时，技术才会影响组织。

在最近的研究中，马奥尼（Mahoney）和弗罗斯特（Frost）也强调了特定部门而不是整个组织，并使用了汤普森所提出的三种技术类型：

1. 长连接技术（long-linked technologies）。其中包含一系列相互关联的步骤，如生产线上或连续加工过程中的各环节。

2. 中介性技术（mediating technologies）。通过建立标准的运转程序（如银行通过充当存款人与借款人之间交易的中介而将两者纳入一个系统）将工作单位与一些独立的工作单位连接成一个系统。

3. 密集性技术（intensive technologies）。每个任务的执行顺序只能根据前面步骤的反馈来安排，以满足特定顾客的需要（如医院这种专业服务组织，根据病人个体的情况，为其提供多种专门服务）。

从管理的角度考虑哪种因素对组织效能贡献最大时，马奥尼和弗罗斯特发现，在诸如数字处理这类长连接技术中，重要的因素是计划、对员工任务执行技能的有效利用以及严格的监督控制（与伯恩斯和斯德克的"机械化系统"相似）。在诸如保险公司的业务部门（使用中介性技术）中，效能与对即时需要保持灵活适应能力的关系更为密切。在诸如实验室研究（使用密集型技术）中，总体效能与管理者有效地利用员工、建立合作及团队精神、员工的个人发展以及为项目配备人员（与伯恩斯和斯德克的"有机"系统更加类似）的关系更为密切。

斯蒂尔斯（Steers）总结了技术和组织结构之间关系的研究，得出这样的结论，尽管有一些证据表明更复杂的、不稳定的技术不太可能与更正式的层级结构相联系，但是技术和结构之间不存在简单的、一致的关系。

佩罗整合模型

虽然以往研究的证据还不具有结论性，但是这一趋势足以使一些理论家构建一个概括化模型，去分析技术、环境不确定性与组织形式之间的关系。例如，佩罗就是从组织任务的两个特性（基本的技术维度）开始研究的，这两个特性分别为：

1. 任务的常规化程度（很少例外的程度）。

2. 任务完成基于可分析性原则和已知的解决问题方式（相对于由于问题的变化而需要不断发现新的解决问题方式而言）的程度。

这两个维度使得佩罗能够将各种技术分到如图11-4的四格表中。在方格1中我们看到的是最具有"工艺"特点的技术，原料和基础产品本质上是保持一致的，但是个别消费者可能需要一些特别的特征。例如，玻璃器皿生产厂、乐器厂或其他被伍德沃德称为"单位或小批量"的生产厂家。最典型的是分散的生产组织，在这种组织中，最低的技术层拥有相对低的工作决定权，上级拥有高权力和高决定权。

图 11-4 生产技术的类型

	任务可变性	
	一致的、稳定的 很少例外	一致的、不稳定的 很多例外
不可分析研究 不清楚原因和结果	1 工艺型 （分散的）	2 非常规生产型 （灵活的、多元集中的）
可分析研究 清楚原因和结果	4 常规型 连续的过程 （正式的、集中的）	3 工程型 （灵活的、集中的）

（左侧纵轴：问题可分析性）

方格 2 被佩罗称为"非常规生产型"，或更极端地说是研发型工作，这类工作需要更灵活的组织，也就是伯恩斯和斯托克所称的"有机"组织。这些行业的组织表现为：技术和管理部门具有高决定权，相互影响程度高，专家决策分散化，相互依赖程度高，因而对有效协调结构具有高需求。

方格 3 包含定制的产品，但只存在于那些经得起技术分析法检验的知名领域。因此我们这里讨论的是那些为制造企业和生产组织设计传统设备的工程公司，制造企业和生产组织运用这种设计去制作钻床、自动马达等等。在这个模型中，技术层面拥有相对多的处理权，因为它拥有在设计和制造过程中解决问题所需要的技术。协调是通过与消费者的高互动以及消费者的反馈达成的。组织是灵活的，也是集中的，因为组织存在一些已知的问题解决程序。

方格 4 是传统的常规制造活动，包含大批量生产或连续加工（其技术为员工所熟知）过程。伍德沃德分类中"大批量装配生产"和"连续加工过程"都落入这个方格，两者都涉及汤普森提到的长连接技术和持续性的高度依赖相关联。这个方格中的公司显示出最大的、正式的、集中的官僚组织形式倾向，其中的协调主要通过规则和计划来达成。但是应该注意到，一些极端情况下，在像自动炼油这样的连续工艺技术中，却并非如此。相反，在极端情况下，其各种关系都适合于正在完成的任务特性。因而在炼油厂存在高度的常规化，也存在高度的分权，即将权力下放给那些具有高度责任感和在明确的规章制度内非常谨慎的技术工人。

佩罗模型的现实意义在于它把关于任务、环境和技术特征的研究整合为一个理论框架，因而就可以一种更系统的方式对组织任务的特性进行分类。然而，还需要进一步收集对这种更复杂的分类提供支持的数据，以组织的动态性理论来阐释组织为什么需要对自身进行构建，而这一方式是佩罗模型尚未考虑全面的。

小 结

在这一章我们回顾了早期的组织开放系统模型，以及一些描述组织环境、组织使命、组织目标、组织任务以及内部结构之间复杂关系的分类方法。对这些分类方法的回顾再一次证明了我们所研究的组织现象的复杂性，如果难以得到一个简单清晰的人性观，难以得到一个简单清晰的领导及影响过程观，难以理解群体动力学，那么要得到一个简单清晰的对于某种事物的观点就更难了。这种事物同交叠联盟、角色组以及正式和非正式群体一样复杂，所有这些事物都尝试在动荡、复杂的环境中实现多个目标，这个事物就是我们所说的组织。

然而，我们生活在组织社会中，如果我们不做出起码的努力去理解组织现象，就会有成为组织牺牲品的危险。我们没有必要去抱怨官僚主义、嘲笑组织的无效，或者害怕组织的权力控制我们的生活。我们必须找出能够影响组织的观点。上面所呈现的分类方法和概念为我们的这种探索提供了基础。但是这些概念都是相当静态、全面的，在下一章我们将转向更加动态性的组织变革与发展概念，以及不那么全球化的组织模型。

第12章

作为动态性、发展性系统的组织

在这一章我将介绍几种组织发展模型,这会引导我们对所理解的组织重新界定。这些模型将组织作为一种动态性的系统来考虑,因为它们强调随着组织面临各种不同的内外部事件,在组织中所发生的某些过程。劳伦斯(Lawrence)和罗什(Lorsch)提出了一系列关键性概念来阐明"分化"(differentiation)和"整合"(integration)效应;加尔布雷思(Galbraith)指出当组织发展并变得越来越复杂时,各种不同的组织设计决策是如何与信息加工需求相联系的;科特(Kotter)提出的动态诊断模型将最后一章确定的结构要素结合在一起,为如何从结构上干预组织(如果人们想要影响组织的话)奠定了基础。

之后我将回顾组织健康的概念,并提出一个组织应对模型,这将引起对组织发展以及行动研究概念的分析。

组织的动态性模型

注重分化和整合效应——劳伦斯和罗什

劳伦斯和罗什提出了一种考虑组织的方式，可以解释为什么不同类型的组织在不同类型的环境或技术中的有效性不同。其关键假设是组织的每个职能部门（如生产、研发、销售部门）应对整个环境的某个不同部分，并且该部门的人员发展了一种认知观，这种认知观反映了他们对环境中这一特定部分的特定适应能力。这个过程被称为分化。以研发部门和销售部门之间的对比为例加以说明。一个研究人员经常处于一种时间跨度较长并且很难获得突破的技术环境中，一开始会发生很多错误，即便在一个动态的技术环境中也会花费几个月甚至几年才能获得研究结果，并且非常重视同行的认可。同一家公司中的销售经理有一个很短的时间跨度，关注各类顾客，很迅速地获得销售信息，并且关心那些研究人员不感兴趣的、即使是在相当稳定的销售环境中也时常有所变化的问题（如价格政策）。

每个组织都必须应对的另一个关键过程是整合，将这些不同的认知风格和问题解决方式整合成一系列更具一致性的目标导向活动。在广泛的组织研究中，劳伦斯和罗什发现有效的组织通过发展整合的结构来应对这些差异，这种整合的结构起到调节和协调的作用，而不是强迫每个部门去接纳一个共同的观点。因此，在任何特定的组织中经常需要完成几个不同类型的、反映不同环境和技术特征的任务。而实现整体绩效的关键在于将不同的任务整合到一个一致的组织策略中。

每个组织都必须根据不同的环境特征决定组织的最佳分化程度，也必须根据对哪些职能可以给组织带来特定的竞争优势的分析，来选择合适的整合方式。例如，有些企业可能认为它们未来成功的关键在于新产品开发，因而需要整合研发、工程和生产职能；其他企业可能认为它们未来的关键是为旧产品发展新市场；还有企业会认为它们的成功将取决于提高生产能力以占据市场，其策略可能需要财务（筹集资金建立新工厂）、生产和人事（保证可获得有效的劳动力）职能的高度整合。

整合的机制可以是单个管理者、委员会或整个部门，这取决于任务规模。当个别管理者不得不在各部门"交界面"履行整合角色时，会发现成功的整合者对两方面的意见都会产生共情作用，他的影响不是源于公司的高层官员，而是源于他与各部门间的亲密联系，他倾向于开放的、直率的，而不是压抑的、避免潜在冲突的，他还倾向于将决策下放到能够获得相关信息的最底层。

总之，伍德沃德、汤普森、邓肯以及佩罗（见第 11 章）关注技术环境的基本模型，这种技术环境使部门结构与环境的特定方面相联系。劳伦斯和罗什指出，所有的组织，尤其是大型组织通常并没有对适于生产职能的组织安排进行反思。整个组织结构方式将考虑如何解决如下问题：（1）如何分化最好（地理上的，根据技术、根据生产或者根据服务群体，或者建立在其他基础上）；（2）如何定位各分化部门之间的关键交界面（这些对保证组织的竞争优势是非常必要的）；（3）用什么机制去整合或协调所确定的交界面。

注重信息处理——加尔布雷思的设计理论

加尔布雷思模型始于这样的假设，组织是一个复杂的系统，与环境相关的首要问题是对信息的获取和利用。事实上，在上一章回顾的各种技术模型以及环境模型都可以看作信息处理模型，组织设计可以看作在实现组织目标的过程中对信息的利用问题。

组织结构设计是随时都在发生的过程。它也是为了适应环境变化，决定如何使策略选择与其他相关选择之间保持一致的过程。这些选择涉及劳动分工（分化）、部门间协调（整合），如何将个体整合进组织以及如何改变上述任一方面或所有方面。

权变理论的基本命题是：（1）不存在最好的组织方式；（2）并不是所有的组织方式都同样有效。从这两个基本命题出发，加尔布雷思指出组织面临的关键问题是"任务不确定性"，这种不确定性被定义为"为了完成任务所获得的信息与组织已拥有的信息之间的差异"。这种定义与邓肯和佩罗提出的分类方法完全一致，但是他把这个问题置于动态的背景中，注重对需要多少信息以及多少信息可用进行诊断。因此产品和技术的多样性程度决定了组织所必须收集的信息的数量。从完成任务所需要的各种专业技术的数目派生出的内在因素，同样与产品的多样性和技术的复杂性相关。加尔布雷思考虑的另一个重要因素与马奇、西蒙和赛厄特决策模型的关系更为紧密，这个因素就是产品质量、数量以及计划的完成与其他组织目标相互影响并受到先前承诺（与其他产品密切联系的金钱或资源）或协商结果（与一个最初有很少一致意见的强大联盟合作）限制的程度。

不确定性的程度越大，决策和信息处理的数量就越大。假设组织的信息处理以及采取不同的组织方式应对任务不确定性的能力是有限的，那么组织方式的变化实际上就是组织处理信息以及对事先不可预测的事件进行决策的能力变化。

图12-1显示了9种不同的应对不断增加的不确定性的方法。这些机制可以看作组织从小到大、从简单到复杂的运行是发展的和进化的。

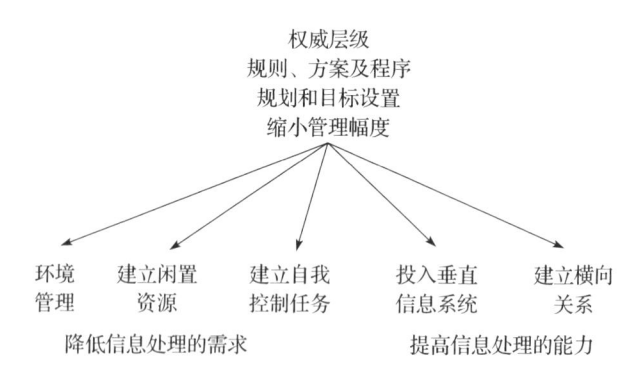

```
                    权威层级
                规则、方案及程序
                 规划和目标设置
                  缩小管理幅度

    环境    建立闲置   建立自我   投入垂直   建立横向
    管理     资源     控制任务   信息系统    关系
      降低信息处理的需求        提高信息处理的能力
```

图12-1 应对不断增加的不确定性的组织设计策略

1. 权威层级。如果两个或更多的人需要进行工作协调，最简单和最有效的信息处理方式是直接沟通。但是，如果他们在地域上是分散的，或者直接沟通的人太多，或者人们不具有目标一致性（组织活动的本质），那么最简单的处理机制就是建立一个层级，并使所有的信息由上级向下传递。这种机制可以在多层系统如典型的多级正式组织中重复使用。然而每种沟通渠道只能传送一定数量的信息，除非信息很简单并且不会失真，否则在信息传递的过程中会发生不可知的信息失真现象。如果任务不确定性需要进行更复杂的信息沟通，那么组织必须使用更复杂的信息处理系统。

2. 规则、方案及程序。规则、方案及程序的基本目的是保障信息渠道免受无关信息的干扰，使一些关于特殊情况的信息能够向上传递。因此在一个可预测的简单任务环境中，所有的偶然情况都可以事先识别，工作手册告诉员工在每种偶然情况中应该做什么。只有那些在手册中没有涉及的情况，员工才可以向上进行沟通以获得管理者的解决方法。因此，除了通过规则、方案及程序，个体也可以通过一些培训方案和系统设计保证员工的标准化行为，如工业工程师为生产线工人或飞机设计师为飞行员制定的指南原则。当然，这种系统减少了组织最低层级的自主权，而且会导致低士气和疏离工作的问题——除非员工只想最低限度地参与工作。

加尔布雷思提出一个重要观点，即每种方法都是对前一方法的补充而不是替代，因此规则、方案及程序是对层级的补充而不是替代。但是它们使层级所必须处理的信息量减少到最低。随着任务不确定性的增加，层级中会出现未被规则覆盖的例外情况，而且在解决问题时还会发生时间滞后现象，层级也就变得超负荷，因此再一次需要增加新的信息处理方法。

3. 规划和目标设置。随着信息处理需求的增加，一个做法就是给信息所在的最低层级分配更多自主权，但是这样做的前提是组织有一种方法确保员工在拥有更多自主权时能从公司的整体目标出发做出正确的反应。确保这种反应的方法有两种：（1）增加员工的专业培训使他们内化组织目标；（2）增加规划的总量以确保员工提前理解组织将走向何方。

与汽车装配厂相比，自动炼油厂的员工拥有更高的专业化程度并受过更高级的培训，拥有更多的应对不可预期事件的自主权，能更多地参与规划过程。规划适合于为更低层级的部门制定策略和目标，这样就可以使个人或自治性工作群体决定采取合适的行动以实现这些目标。在某种意义上，这种方式本质上就是目标管理，这也是每个管理层的目标。使员工参与到目标设置的过程中，确保下属了解并接受目标，给下属更多的自主权（增加"授权"量），当不可预期的情境出现时才更有可能实现这些目标。

有必要指出的是，层级的存在是为了处理例外以及当不可预期的情境发生时调整规划，因而那些可以用规则和标准化程序解决的事情还是要用规则和标准化程序解决。随着组织的成长，组织要通过规则和程序进行更多的决策，组织会产生对负责实施规划和程序的专家的需求，这就意味着管理者和专业人员的数量会随着任务不确定性及组织规模的增加而增加，需要的直线管理者更少。由于直线管理者从一些行政事务中解脱出来，他们可以控制更多的下属，因此会使整个组织更有效。

4. 缩小管理幅度。如果组织持续超载，可以通过缩小管理幅度来应对，即给每个管理者分配更少的下属。然而这就增加了管理者的总量（这可以解释为什么随着组织规模和复杂性的增加，管理者与员工的比率会提高）。这种方法成本很高并且不总是有效，因为组织联结者的总数增加了，而信息必须通过这些联结传递。处于这种情境中的组织开始寻找更好的方法。基本上有两种可能：降低信息处理的需求和提高信息处理的能力（见图 12-1）。

5. 环境管理。组织可以通过努力控制一部分环境来调整应对信息超载的策略。例如，生产过程因原材料供应中断而受到影响，或销售过程由于销售渠道不可靠而受到影响，组织可以进行"垂直整合"（integrate vertically），即更多地介入环境以获得对不可预期因素的控制。一个电线生产公司可以通过获得铜矿来保证原材料的持续供应，或者一个食品加工公司可以通过可靠的货运公司来保证产品的销售。为了不依赖大学研究的新生产技术，公司可以建立自己的研发部门。如果问题是由于政治不稳定而导致的罢工和员工跳槽而使得劳动力开支提高，那么公司就会从事政治活动以影响政府或工会的政策。如果问题是原材料价格波动，如石油价格波动，那么公司开始从事政治活动以影响对外政策，从而获得更稳定的价格。所有的这些策略都可以看成努力降低环境的不确定性,进而减少组织内部的信息处理超载情况。然而,所有的这些策略可能代价太高,公司不得不寻找其他办法。

6. 建立闲置资源。一种减少信息超载压力的办法是降低绩效标准,可以拖延进度表,也可以在高峰期购买额外资源。因此一个应对波动订单的机械车间或者一个应对不断变化的设计需求的设计群体,可以增加额外的机器或额外的设计师去处理超载阶段,也可以当变化发生时进行减速(让进度减慢)以解决变化问题。经验研究已经表明大多数组织都持有一定的闲置资源来应对任务不确定性。这种方法能不能解决信息处理问题,取决于与其他方法相比其成本的大小。

7. 建立自我控制任务。随着组织成长,任务和生产线也会增多,需要应对更复杂的技术,因此有更多的信息需要处理,可以观察到它们处于从"职能"型组织向"生产"型组织转变的组织变革中。组织变革的本质是减少由于产品范围和地域范围过大引起的各种职能(如工程、生产、销售和市场)超载。通过建立小的自治部门,根据产品和地域允许每个小部门相对自主地完成必要任务。

结果,每个部门只需要处理与其产品、市场或领域有关的信息,全部的信息处理量变得易于管理了。这种组织阶段被称为"分权"或"事业部制",因为组织被分为相对更加自治的部门,并且组织根据所有部门的整体绩效来进行管理。这样组织就能够应对更大范围的任务和管理更大范围的地理区域,但也可能由于每个部门内部的潜在资源重复而产生新问题。重组决策的时间选择在战略上来说是很复杂的，很多大型组织建立了混合形式，这种形式中销售和制造根据产品或地域进行分权，而市场或财务可能继续集权以利于跨部门的合作，同时使成本最小化。

随着支配大量资源的项目团队以及被授权管理自己工作职责（包括质量控制、价格、原材料的获得，将成品分配到组织其他部门）的自治性工作组的建立，同样的过程可以在组织各部门内部看到。

上述的每种组织设计决策，都是为了减少每个部门中所必须处理的信息量，但是由于决策的成本可能使得决策的使用受到限制，因而又提出了两种提高组织信息处理能力的方法。

8. 投入垂直信息系统。如果使用得当，组织的层级形式能又快又准确地进行信息传递，这样就可以通过修补信息系统，提高信息传递能力。如果由于例外情况迫使规则和规划不断取消，那么组织的高层很有必要获得快速而准确的信息，以重新调整规划、规则和程序。为了实现这个目标，组织必须增加人、计算机、信息系统和分析程序。分析程序最基本的功能是：（1）收集新事件的信息、事件变化的信息以及与目前规划和程序相关的信息；（2）消化这些信息；（3）有效地向高层传递这些信息；（4）有效地向低层传达新规划和程序。以复杂的、计算机化的数据处理系统为基础的信息、控制和决策支持系统的迅速增长，可以看作在面临任务不确定性增加和潜在的信息超载时，对快速有效的调整规划的反应。

9. 建立横向关系。最后的也是最有趣和最复杂的组织设计决策是部分抛弃了组织权威必须按层级安排这一原则。如果任务不确定性和信息超载显示出管理者和员工是在谁具有相关信息而不是谁向谁报告的基础上彼此对话，组织就可以通过鼓励各种形式的横向沟通、建立相同水平的群体间联系和联络、主持会议或为了信息沟通的目的而施加任务压力，进而使横向沟通合规化。

如果这种联络或整合角色在信息处理和决策的过程中变得至关重要，组织就可能很难决定把整合者置于组织的什么位置。例如，在一个地域分散的生产公司中，为了合作目的设立一个"综合"生产经理是很必要的，这个经理的工作是确保由地域决定的各类政策（如原材料的采购）与其他由本部生产线经理决定的政策（如生产限额、计划和质量标准）相一致。随之而来的问题是，这位生产经理应该向地区的"地方经理"报告，还是向负责最大化生产线利润的总部生产线经理汇报？这就需要视情况而定。然而，矩阵型组织已经出现了，在这样的组织中个体拥有整合的角色，他们有两个上司，要同时对两个上司负责。在真正的矩阵型组织中，所有的决定都要与两个上司共同协商，这两个上司都要参与对具有双重汇报关系的员工的绩效评价。

在最近的一项研究中，戴维斯和劳伦斯将这种矩阵型组织结构描述为钻石形（见图12-2），强调了这样一个事实：一个真正的矩阵实际上已经背离了传统的层级组织形式。区分这两种组织形式以及定义矩阵型组织的要素就是"多重命令系统"，在这个系统中，人们有两个或更多平等负责的上司。这种组织形式不需要很多人都具有很高的信息处理能力，但它迫使人们采取新的行为模式。矩阵型组织只有在上司和下属学会如何在多重命令系统结构中进行管理时才起作用。

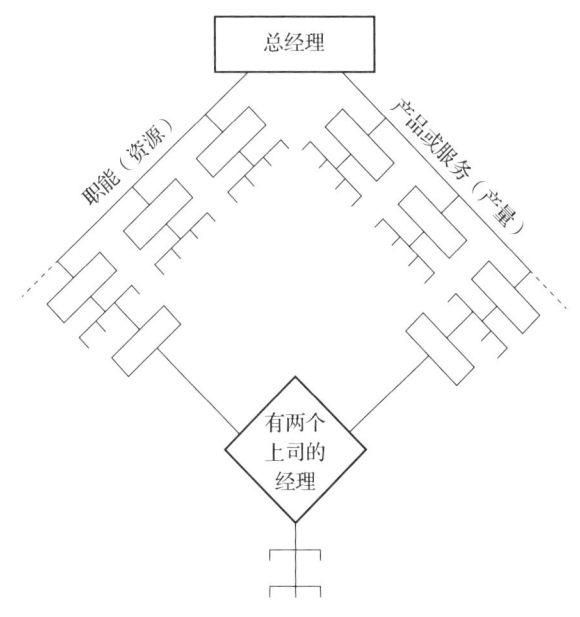

图 12 – 2　矩阵型组织结构的例子

总结

加尔布雷思以一种连续、发展的方式为组织提供了一些可以使用的设计选择。这些设计从简单的层级概念开始，然后是规则和规划、通过员工专业化促进分权、缩小层级中的控制幅度、管理环境、建立闲置资源、分权于能够管理自我控制任务的部门、投入改进垂直信息系统以及建立各种横向关系如群体、联结角色、整合者、矩阵型组织。他提醒我们注意两点：（1）引进新的信息处理方式，但并不排除以前的方式，只是以前方式的一种补充；（2）每个组织都必须通过一些方式应对不确定性和信息处理要求。如果这一过程得不到严格的管理，组织没有选择一种最合适的方式，那么组织就会自动求助于闲置资源，因为不能与信息处理要求保持同步就会使组织衰退，增加预算支出、降低绩效水平，直到信息被处理。"不做决定就是一种决定，如同移除层级超载策略就是决定使用闲置资源。"

当组织产生新的策略时，以下考虑尤其重要，如扩大生产线、进入新的地理区域、决定接受其他组织作为财务扩张的一部分以及增加整体目标的复杂性。组织应对必须处理的信息进行明确的计划，并纳入整体战略规划。

注重组织诊断——科特的组织动力学

组织的研究者和管理者在试图促进组织职能发挥时都面临这样一个问题：缺少一个可以分析组织正在发生什么的总模型和诊断分类。科特将组织理论的一些重要变量放入如图 12-3 的诊断模型中，用以分析短期、中期、长期的组织动力。模型中的基础概念要素包括：

1. 关键的组织过程：主要信息的收集、沟通、决策、物质/能量传递，以及组织的员工和机器对物质/能量的转换行为。

2. 外部环境：一个组织的任务环境可以被定义为所有可能的

供应商（劳动力、信息、资金和原材料等等）、市场、竞争者、调解者，以及与组织目前的产品和服务相关的协会；更宽阔的环境可以被定义为公共态度、技术发展状态、经济、职业系统、政治系统、组织以及个人的人口统计学特征、社会结构、目前的价格水平、法律等等。

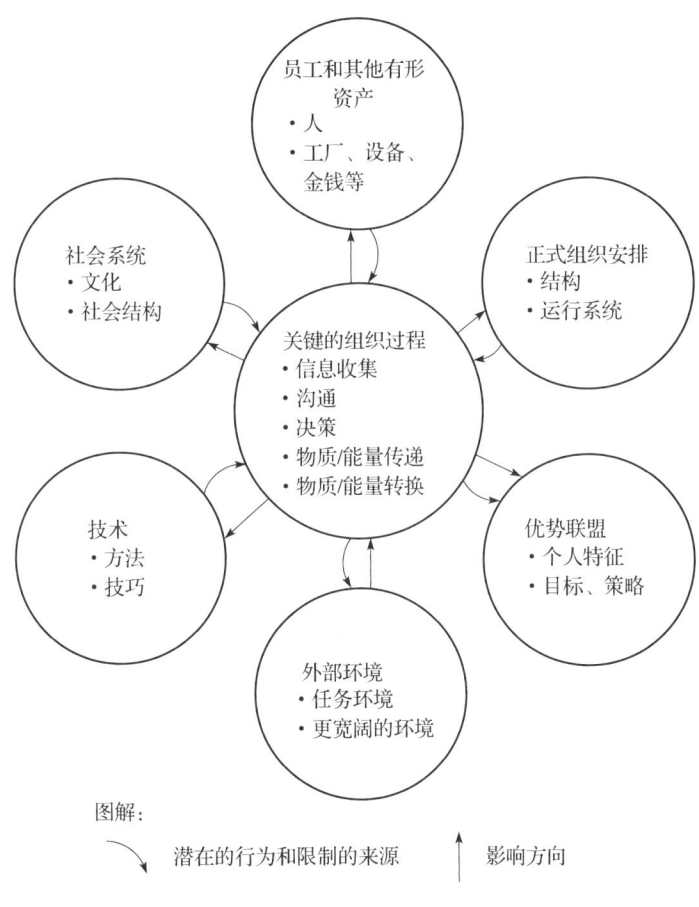

图解：
↘ 潜在的行为和限制的来源　↑ 影响方向

图 12 - 3　分析短期组织动力的基础概念要素

3. 员工和其他有形资产：组织员工的规模（数量）和内部特征、车间和办公室、设备和工具、土地、财产清单以及资金。

4. 正式组织安排：对所有的正式系统进行明确的设计，以调节组织员工（机器）的行为。

5. 社会系统：文化和社会结构，文化可以定义为组织中大部分成员（或员工的子群体）认同的规范和价值。社会结构被定义为在权力、从属关系以及信任等方面员工间存在的关系。

6. 技术：当参与到组织过程中时，组织中的员工所使用的、用程序输入机器的主要技术（以及潜在的因果假设）。

7. 优势联盟（支配联盟）：（组织的）目标和策略、个人特征以及那些将组织看作一个整体并控制其基本政策制定的最少数的合作群体的内在关系。

短期组织动力（只有几个月）是由关键的组织过程与其他六个要素每一个之间的特定因果关系引起的。换言之，这些要素中的任何一个发生变化，如产品需求降低（环境），或者员工技能水平变化，或者一个新激励系统的引进（正式安排），或者员工道德的变化（社会系统），或者新生产技术的引进，或者关键的管理变革，都会对组织决策和信息处理方式产生直接影响（见图12-4）。反过来，组织过程的任何变化也将引起其他六个要素的变化。因此个体可以追踪启动事件的影响，对某种产品需求的降低通过对内部过程的几个连续性影响，进而对其他诸如士气状态或内部社会系统这类要素产生更深远的影响，这就像霍曼斯所假设的内部和外部系统间的交互作用。然而，科特所提出的是更精练的分类以及如何考虑更长时间范畴的动力学理论。

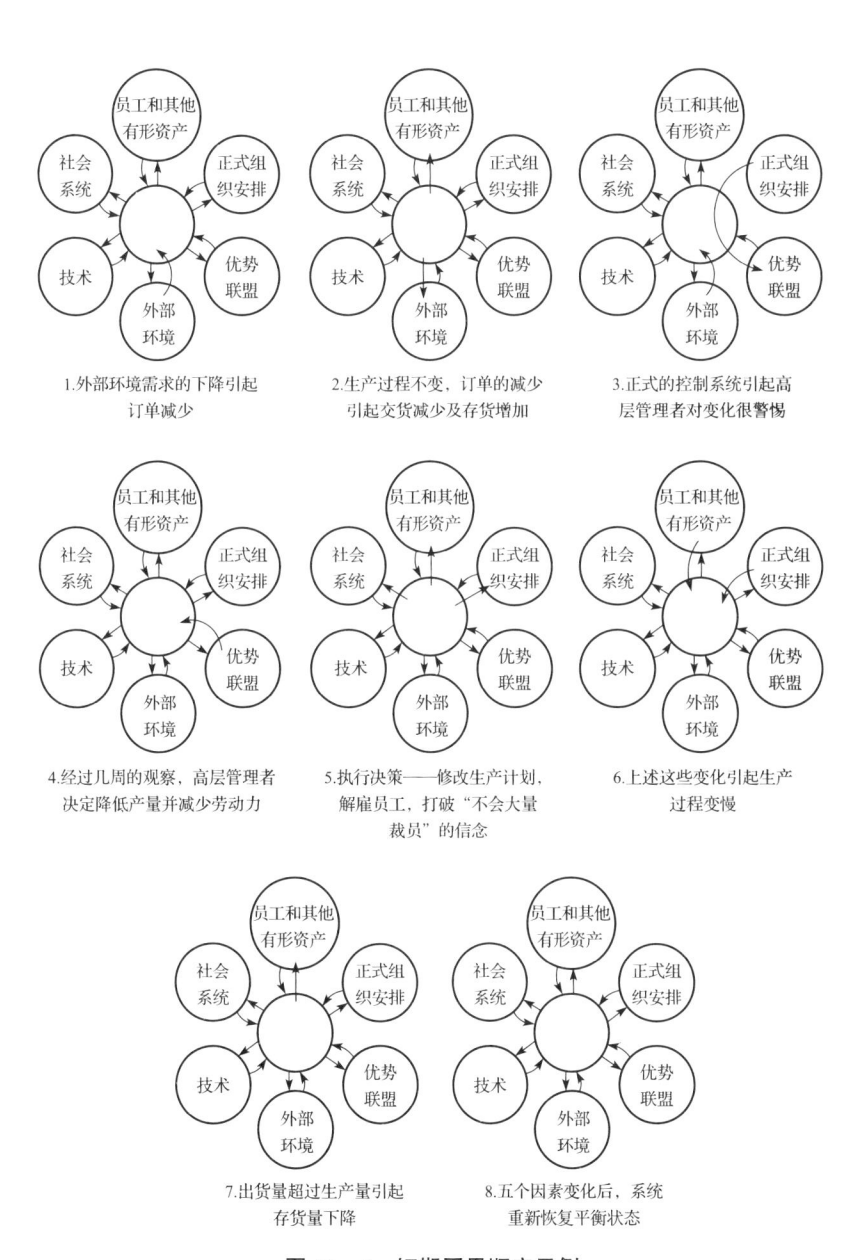

1. 外部环境需求的下降引起订单减少

2. 生产过程不变，订单的减少引起交货减少及存货增加

3. 正式的控制系统引起高层管理者对变化很警惕

4. 经过几周的观察，高层管理者决定降低产量并减少劳动力

5. 执行决策——修改生产计划，解雇员工，打破"不会大量裁员"的信念

6. 上述这些变化引起生产过程变慢

7. 出货量超过生产量引起存货量下降

8. 五个因素变化后，系统重新恢复平衡状态

图 12 - 4　短期因果顺序示例

中期组织动力（长至几年）是由围绕组织过程的六要素之间缺乏一致性引起的。比如，如果优势联盟的基本策略是基于对外部环境的非正确假设，或者如果正式奖赏或控制系统与员工教育水平或文化态度不一致，或者如果组织所提供的有形资产不足以制造复杂的产品（技术），等等，组织将逐渐失去平衡并不得不寻求能使其基础结构要素"协同"的方式。这样，一个更长时间的过程出现，相比于短期组织动力的相对变革特征，这个过程涉及更复杂的组织变革。

长期组织动力（长至十年）是由每一个结构要素随着组织演化而变得更加分化、复杂并且每个要素的演化或多或少都趋于适应性状态这样一个事实引起的。考虑到某些要素相比于其他要素会对整个组织施加更多动力性或驱动性影响，随着时间流逝这些要素很可能有更少的一致性或协同性，这样就会由其他要素的驱动性效应而引发某些要素要适应必要变革的需要。这些要素引发适应的能力继而决定组织作为一个整体在变化的环境中保持生机的长期能力。

驱动性要素可以是七个要素中的任何一个或者是它们的结合。它可能是一个优势联盟（一名积极进取的企业家）或一项快速变化的技术；它也可能是被立法修正的社会系统，从而改变员工可接受的工作类型；或者它可能是组织的正式安排过于传统导向，有关工作程序的规范和规章需要重新考虑。无论驱动性力量源于哪里，都将花费相当的时间去决定其他要素能不能适应。因为驱动性力量的来源经常是不可知而且多变的，那么考虑每个基础要素怎样维持适应性就至关重要了。比如，可以利用多种技术来保持多种产品的生产，保持多种渠道向所有环境部分开放，使资产处于良好形态及良性运维之中，根据组织面临的不同任务确保正式安排的灵活性、差异性，开发一种高信任、适应性、灵活性的社会系统，以及在优势联盟内发展学习型态度和多种技能。

总之，科特模型提供了一个系统的检查表，这一检查表涉及分析要素、根据时间范围所考虑的要素间互动类型以及要追求的发展目标（如果要使长期运行的适应性达到最大的话）。这种模型从开放系统的角度出发，得出了其理论逻辑，即如果要最大限度地提高适应性，就必须分析各种各样的互动。

关于"组织"的重新定义

这一章试图根据最近几十年关于组织的理论和研究说明这样一种趋势，将组织作为一个与多重环境进行动态交互作用的、开放的、复杂的系统看待，试图从不同水平和不同程度的复杂性去达成目标、完成任务，随着与环境的交互作用推动新的内部适应并获得进化和发展。这种思维方式最好用一组普遍性命题而不是一个单一的、无所不包的组织定义加以总结。

1.组织必须被看成开放系统，即它与环境不断地进行交互作用，接受原材料、人、能源和信息，将之转换成产品和服务，这些产品和服务随后被输出到各种环境之中。

2.组织必须被看成具有多重目标或职能的系统,参与组织与环境的多重交互作用,如果不考虑这种多重交互作用和职能,就无法理解组织中子系统的很多活动。

3.组织由很多相互作用的子系统组成。不再是根据个体的行为分析组织现象,根据联盟、群体、角色或其他概念要素分析这些子系统的行为变得越来越重要。

4.由于子系统之间存在不同程度的相互依存,一个子系统发生变化很可能会影响其他子系统的行为。

5.组织存在于一组动态环境中,动态环境由一定数量的其他系统组成,这些系统有的比组织大,有的比组织小。环境通过不同的方式对组织和子系统提出需求和限制。如果没有考虑清楚这些环境的要求和限制,没有考虑清楚组织短期、中期、长期应对这些要求和限制的方式,就不能理解整个组织的运行过程。

6.组织与其环境具有多重联系,因而对组织边界进行清晰界定变得非常困难。最好根据稳定的输入、转换以及输出过程而不是根据规模、形态、职能或设计这类结构特征,来理解组织概念。

第13章

提高组织效能

组织效能是什么

虽然本书中我们一直在使用组织效能这个术语,但由于其内在的模糊性和复杂性,一直没有给出明确的定义。如果个人、群体或是一些更大的系统(如组织),仅有一个明确且单一的目标,人们就能测量达成目标的进程,那么组织效能就可以用实现目标进程的快慢程度、经济程度或者有效程度来定义。但是一旦这样定义,就会出现两个问题:第一,个人、群体或组织因为一些更宽泛的判断标准而选择了错误的目标,例如本身没有任何运动天赋却想成为世界上跑得最快的人,或是试图将产品卖给根本就没有此类需求的客户群;第二,在现实情境下,很少只有一个目标在起作用，所有的人类系统都具有多目标的特性，并且这些目标都是同时起作用，而其优先级是在不断变化的。任何一个目标进程都可以被测量，这种测量值被定义为组织效率。但是如何在众多不断变化的目标中正确地选择出优先级高的目标，从而保证组织基本职能都能实现，就是一个复杂的过程了，这个过程与效能的概念相类似。

早期的组织理论都满足于将组织的职能或目标单一化、具体化，如追求利润最大化、为社会提供有用的产品、提高生产率、使雇员具有良好的士气。为什么这些看似可行的标准不能用来衡量效能呢？（1）如果一个组织的目标只是追求利润最大化或生产率，那么从某些方面看似合理的组织行为，最终却被发现是效率极低的；（2）真实的组织的确有多重职能和目标，这些目标有的是相互冲突的，组织必须容忍和处理这些冲突。因此，为追求利润最大化，组织可以进行自以为合理的大裁员，但这种做法会在某种程度上破坏企业道德，而低企业道德水平就意味着疏远员工，最终可能会导致消极怠工或者罢工，其直接后果就是低生产率和最终的利润削减。由此可见，定义效能很困难。效能是一种在短期运行中将利润最大化的能力，还是在更长一段时期内维持利润以保证组织生存和生长的能力？

或者，举另一类例子，如果我们考虑一下像大学、教学型医院或监狱这样的组织，我们可以马上说出它们的职能或目标，而且说出的都是主要的、不可或缺的职能或目标：大学必须在教学的同时，通过研究创造有效的知识；而教学型医院需要在照顾和治疗病人的同时，为实习生和居民提供学习的机会；监狱必须看管好犯人，但同时要提供给他们改造的机会。那么组织的效能是通过什么来判断的呢？是通过组织在一种职能上的绩效，还是通过两种独立职能的绩效，或是通过对几种职能进行了某种复杂整合之后的绩效？

有一种途径可以用来解决这种困境，那就是根据系统层面的标准来定义效能。如果认识到每个系统都有多重职能，认识到每个系统都存在于一个可以提供一些不可预测的输入的环境之中，那么一个系统的效能就可以定义为其生存、适应、维持自身和成长的能力，而不考虑组织要实现的特定职能。一些研究组织的学者如阿吉里斯、特里斯特、赖斯、卡恩和本尼斯（Bennis）都明确地支持过这类观点。在这类观点中，最清晰的关于效能的判断标准是由本尼斯提出的。他结合在某个特定的时间点上测量产出和满意度这一测量效能的传统方法，对效能的这类观点进行了介绍，还提出了"健康"这一更加综合的概念：

> 如果我们将组织当作适应的、问题解决型的有机结构，那么关于效能的推断就应该以组织处理问题的过程为基础，而不是靠产出的静态测量，尽管这些可能是有用的。换句话说，没有哪种单一的测量组织效能或满意度的方法（因为不存在反映组织绩效的单一的时间片段）能提供组织健康的有效指标。

然后，本尼斯提出了以下几个诊断组织健康的标准，这些标准非常有趣，因为它们和加霍达（Jahoda）提出的个体心理健康标准有异曲同工之处：

1. 适应性：解决问题，并能根据变化着的环境要求灵活应对的能力。

2. 认同感：对组织是什么、组织目标是什么、组织将要做什么等有关问题所具有的知识与洞察力。具体包括：组织目标在多大程度上能被组织成员理解并分享？对组织成员身份的自我知觉与他人的组织知觉一致性有多大？

3. 检验现实的能力：发现、精确感知和正确解释环境（特别是那些与组织运行有关的环境）的真实特性的能力。

4. 整合：第四个经常被引用的标准，是整个组织各个子部分的"整合"状态，只有这样，这些部分才不会跨目标运行。实际上这个标准构成了其他标准的基础。

阿吉里斯认为最后一个标准是核心，他致力于大量的研究，并力图把找到的那些允许个人需要和组织目标相整合的条件理论化。他把对产出的约束、破坏性的竞争以及导致员工以损害组织目标为代价来达到个人需要的冷漠态度，都视为不健康的或工作效率低下的。关于个人与组织目标的整合，麦格雷戈也提出了类似的理论脉络。他指出，如果管理者能够根据一组更有效的人类动机假设来指导实践，将有利于对关注人和关注产品的整合。根据布莱克和莫顿的观点，如果管理层成功地做到了以人为中心和以产品为中心，那么组织效能也就实现了。基于此理论，他们开发了明确的培训计划来发展这一管理模式。最后，劳伦斯和罗什指出，在主要的组织子部分之间分化与整合的最优程度可作为组织效能的最好衡量标准。

总之，一个系统层面的组织效能标准，必须是一个包含了适应性、认同感、检验现实的能力以及整合的多重标准。

既然效能是一个多重标准，那么就可以排除一个错误的假设，即只要选择了正确的人，并训练他们去从事相应的工作，效能就能被保证。同样，以为只要与员工建立人为的关于满意度的心理契约，或者仅降低团体间的竞争，或者仅开展管理培训，或者仅建立正确的组织结构，就能保证组织效能的假设也是错误的。进一步讲，这一系统层面的概念引导着我们从不同视角来思考这个问题：将组织视为一个整体系统时，组织应该怎样来应对环境？它应该怎样获得信息并有效运用？存在什么样的机制来转换信息，特别是在环境持续性变化的时候？内部运行是否足够灵活以应对外部的变化？组织的应对能力如何才能提高？

组织应对

适应性应对周期

组织的适应性应对周期被描述为一系列的活动或过程，这个过程以组织内部或外部环境在某方面的变化开始，以形成一个更适应、更互动的平衡告终。为了确定每轮周期的不同阶段或过程，我们必须要查明组织通常难以应对的具体领域。这样咨询顾问和研究者才可能采取各种方式帮助组织提高效能。

为了实现对每轮周期目标的分析，我们可以思考五个连续且独立的阶段。但事实上这五个阶段或多或少是同时发生的，它们之间有交叉重叠的部分，因为组织处于多样性环境中，需要与环境进行持续性的交互作用。

1. 感受到内部或外部环境在某些方面发生变化；

2. 将有关变革的信息导入组织中可以对其采取行动的部门，并且体会信息的潜在含义；

3. 根据获得的信息，改革产品或改革组织中与变化相悖的进程，同时减少或控制相关系统中不应出现的负面反应，并稳固这些改革；

4. 输出与在环境中最初感知到的变化更为一致的新产品或新服务等；

5. 通过进一步理解变革后的环境状态和内部环境整合程度，来获得变革是否成功的反馈。

让我们通过一个简明的例子来解释一下这个过程。假如有一个生产厂家考虑制造某种电子设备，因为太空计划的推进，对这种产品将有大量的需求（阶段1），这个信息必须经过该组织中处于能对此信息做决策位置的组织成员的审慎思考。换句话说，仅凭市场调研的结果是不够的，必须使该部门中的最高管理层确信做这件事情具有意义（阶段2）。如果该计划得到了最高管理层的认可，那么该公司就要调整生产，以制造更多这样的电子设备（阶段3)。但是这些调整可能会附带出现一些不好的问题,如可能由于不合理地加大工作量而导致罢工。为了使变革稳步进行,必须在不破坏当前生产的情况下谋求变革和发展。接下来,这些产品将投放到市场上销售(阶段4)。最后,通过销售数据和市场需求预测,组织分析这一变革是否成功并得出结论;而通过内部环境的评估就可以确定那些原来预测的负面影响是否被降至最低(阶段5)。这个适应性应对周期与科特的组织动力学模型相比,被认为是一个更具全面性的例证,然而这两个概念是完全一致的。

我们可以再举一个大学联谊会的例子。某个联谊会的领导感到大学的管理层要改革相关政策以关闭各联谊会,除非学风得到很大提高(阶段1)。此联谊会领导召集相关的成员开会,并让他们意识到联谊会目前可能面临着被关闭的危险(阶段2)。他们提出一个计划,通过减少对社会活动的强调和提高对学习活动的重视来改变整个风气,同时要避免负面效应的产生,即失去其他联谊会的支持(阶段3)。通过这些步骤的实施,该联谊会领导可能会意识到必须说服校园里的其他联谊会也实施该计划,因为学校政策只有在整个联谊会系统都做出相应调整以后才可能改革。在学生的分数评定、测验成绩和教室行为方面有了实际的改善(阶段4)后,学校管理层就会核实联谊会的声誉是否得到了改善、联谊会成员现在的态度如何,再来确定相关政策是否应调整(阶段5)。

这些例子中变化始于外部环境。即使一开始是意识到内部环境中某些不对的地方,这个应对系统也是适用的。一个组织感觉到员工的道德水平较低,或者有些部门之间存在着破坏性的内部竞争，或者一个技术合理的生产过程并没有得到正确应用，或者管理态度和实践并没有在员工中激发恰当的动机和提高员工的忠诚度。一旦组织意识到了在其内部有某种变化或问题，它就必须洞察到这一信息，并根据所列的五个阶段进行一系列的变革。我们在第 12 章总结的诊断模型对于怎样找到促使变革的潜在资源是非常有用的。

适应性应对周期的问题和陷阱

如果将每轮适应性应对周期看作由几个阶段组成，那么在保持和提高组织效能时，我们就能定义各阶段可能出现的问题。在每个阶段都会有特定的问题和陷阱。

1. 没有意识到环境变化或实际上错误地理解了正在发生的环境变化。这是组织失败的最常见原因。如果组织能觉察到开发新产品、服务或者流程的时机何时成熟，那么许多企业都可以适应新条件、出现新转机。如果组织有多重主要职能，例如大学，特别重要的就是要准确地觉察到有关教育态度的改变，包括公众对教育态度的变化、校友对学校做出贡献的感受变化，学校在社区中的角色变化及其在学术界的声誉、全体教师的士气等等。市场调查、消费者心理学和民意调查等咨询和应用研究专业已经得到了发展，正是由于其在一定程度上适应了组织对于内外环境更为精准理解的需求。

2. 没能将信息传递到相关部门。这种情况在大企业中经常会发生，员工很难将相关的信息告知经理。例如，很多人事部门意识到如果直线管理层能采用关于员工工作动机的复杂性假设，那么管理过程将更加有效。但是如果这个信息没有通过一个有效的方式告知直线管理者，谁也不能说这个信息进入了系统或得到了恰当的领会。这个例子说明了另一困境。要改变一个人对于人性的理解，需要态度、自我认识和工作流程进行一系列相应的改变。这些改变因其威胁性而遭到很大的抵触，也就是说，它意味着之前组织运行的方式都是错误的。因此，要使这个信息被输入、领会，必须有一个重要的、长期的规划以影响态度、自我认识和工作流程，而且这个规划必须以一个现实变革模型为基础，这个模型会在本章稍后进行阐述。

将信息输入相关系统存在的困难，导致了把外部咨询顾问或者研究者作为信息的传递者和"变革代理人"。一个工作群体已经强烈地意识到了问题的存在，可能就会雇请咨询顾问来再次确认问题并将结果告知相关部门。这个咨询顾问则会运用他的特权来帮助做出变革的相关部门了解和接受这些信息。

3. 没能使相关系统做出相应的变革。造成这个结果的原因可能是对变革的重要性缺乏认识，或是组织内部有些顽固者拒绝变革。组织规划者或高层管理者经常天真地假设只要宣布需要变革并下达命令，就会出现预期的结果。但现实往往并非如此。对变革的抗拒在组织中是很常见的现象。无论是增加产量，还是采用某种新技术或工作方法，通常都会发现，如果这种变革是强加在那些直接受影响的经理和普通员工身上，那么他们将拒绝或者阻碍这一变革。

变革遭到抵制的主要原因是任何组织的转换或者生产部分都是自成体系的。它们自行产生自己的工作方式、稳固的人际关系、共同的规范和价值观以及在自身环境中应对与生存的技能。换句话说，一个组织的子系统与整个组织的运行原则是一致的，如果要改变子系统，首先必须觉察到管理层政策上的变化，然后决定自身的变化并稳固这种变化，按照管理层的需求将产生好的结果并获得反馈。因此，如果需要变革的部门经理，将自己的角色更多地当成协助系统的应对者，而不是发号施令者，会更容易获得成功。有证据表明，最好的完成变革的方法是让需要变革的系统中的相关人员直接参与决策。系统自身决策的权力越大，其抗拒变革的可能性越小。

当一个子群体实施变革，却没有考虑到给其他子群体造成的后果时，变革带来的变化将难以稳定持久。有例子说明如果一个部门的管理流程改变对另一个部门造成了威胁，就不得不放弃这些改变以维持组织的整体士气。因为组织中的各个部门都是紧密相连的，所以在一个部门变革时，必须要充分考虑到可能对其他部门产生的影响。无论什么情况下，只要有可能，就应当使用系统间联系的积极一面，也就是说，如果一项变革成功地实施到了一个系统，那么这项变革自身就有向其他系统扩散的倾向。

关于此过程的一个很好的例子就在于改变管理者对于员工态度的假设。如果最高管理层改变他们对员工的态度，那么因为他们与组织中其他部门的战略联系，态度的改变导致的行为改变会自动地作为一种力量影响到所有的下属，使下属也产生相应的变化。但是如果在公司的中层或底层来寻求变革，这种变革往往会失败或停滞不前，因为没有恰当的向上发展的渠道以及与其他部门的有效联系。

4. 一旦在组织内发生了变革，就会留下输出新结果的问题。从企业方来看，这就是一个销售和市场问题。对于其他组织来说，可能就是尽快与相关环境系统沟通所发生的变革问题。如果联谊会要花很长时间来改变学术成绩标准，以致在学生分数提高之前学校的管理层就已经决定关闭联谊会，这样的话，联谊会改变学术成绩标准是起不到作用的。

如果组织想要输出信息，重点就是"广告"。但是因为广告通常涉及获得对另一组织的竞争优势，会产生信息失真的因素，这样就降低了沟通的可信性。"第三政党"或者咨询顾问在这里所扮演的角色就是输出有关系统内部变革的可靠信息。这样，管理层和联谊会可能会共同任命一位中立的教员来评估联谊会成员态度的改变。类似地，一些要求外国援助的国家宣称它们正在向政府民主化迈进，我们就把"政治观察员"派往这些国家，以评估它们要求的有效性；有些工业企业声称它们已经具备了可提供有效而便宜的武器系统或某个其他产品的能力时，政府机构就把其代表派往这些企业。在上述所有案例中，所要关注的是正确输出有关系统变化的信息，这些变化在较高的生产率或新产品、新服务这类指标中是不可能马上被看到的。

5. 难以获得变革成功的反馈也是一个常见问题。这个问题本质上与首先认识到环境中的变化是一样的。我们只需要补充的是，许多组织已经明确地建立了系统以评价变革并给自身提供必要的反馈信息。例如在一个内部改革中，可能会有员工关系部门的一个研究小组，他们最初的工作是定期进行员工调查以确定员工如何对管理政策的变化做出反应；当政治策略发生变化时，政治组织会立刻进行民意调查以确定公众的反应；生产控制部门会评价一个新的生产过程是否会促进效率的提高；等等。这里的危险在于，认为一个人已决定做一件与众不同的事情而且将要做这件事，但是没有考察这件事的现实性结果。

总的说来，在适应性应对周期的每个阶段，都可以确定典型的陷阱和问题。最重要的一点就是，组织效能的维持和提高取决于成功地应对，也就是必须成功地通过每一个阶段。如果组织不能影响其自身的生产系统，即使拥有世界上最好的市场调研部门也是没有用的；如果组织不能认识和洞察到环境变化的信息，即使有一个非常灵活的生产或转换运行系统，也是没有任何帮助作用的。

组织变革和发展

当组织被看作动力性应对系统时，人们就开始推敲那些关于组织如何变革以及如何才能影响和管理变革的相关概念。事实上，在过去几十年里，组织心理学发展最为迅速的一个领域被人们冠以各种各样的名字——"组织发展""行动研究""应用行为科学"。这一部分将简单回顾这一领域的发展,剖析决定这一领域发展的假设和变革理论,阐释本书前面章节讨论的那些概念及其联系。

毫无疑问,当代应用行为科学、行动研究和计划性变革(planned change)的理论之父就是科特·勒温。他所做的关于领导风格的研究以及第二次世界大战期间旨在改变消费者行为的计划性变革实验,吸引了一代学者从事群体动力学及实现变革计划的研究。在这里,特别要提到的就是组织心理学中一个经典的变革研究,在哈伍德制造公司做的实验证明,那些直接参与变革规划的员工最终受到变革的影响最大。这一领域的基础存在于本书提到的系统模型之中,而且这一领域也代表着一些历史观点的集合,其中每一个观点都曾以重要方式影响着"计划性变革和组织发展"的实践者:

1. 群体动力学领域,由勒温和他的后继者提出与发展。

2. 社会测量学领域,从这一领域发展出了角色扮演和其他类型的社会干预概念。

3. 应用人类学领域,从这一领域形成了对社会系统的细致观察以及理解这一系统微妙的内部动力的传统。

4. 领导力培训和敏感性训练,这是在20世纪五六十年代由国家培训实验室开发的。

5. 临床咨询心理学,这一领域由罗杰斯、帕斯(Perls)及同事、本尼斯等人提出,这些人对组织咨询顾问所使用的咨询和培训模型产生了强有力的影响。

6. 组织的自我研究，这些研究是由一些公司进行的，始于20世纪30年代，贯穿整个50年代。这些公司有西方电气、美国电话电报公司、埃克森（Exxon）、联合碳化物公司（Union Carbide）、通用电气和宝洁等。这类研究将组织心理学家，如罗斯里斯伯格（Roethlisberger）、麦格雷戈、利克特、布莱克、谢帕德和贝克哈德（Beckhard），与那些乐意用新方法来管理组织变革的有远见的管理者联合起来。在这些联合中，出现了很多重要的行动研究实验，这些实验有助于提炼变革理论和干预技巧。

7. 组织结构和设计理论，比如，前面提到的那些有助于为多数组织进程研究提供理论基础的理论，以及那些把更经典的社会学与人类学理论与正在发展的更实用的概念结合起来的理论。

8. 群体间和组织间理论，这一理论源自谢里夫及其同事对群际冲突及竞争的开创性研究，还源自检验群际协商和权力关系的政治科学传统。

20世纪60年代，组织发展领域受到了组织的欢迎，这一领域由一些"奇思怪想"来控制，如敏感性训练、团队建设、调查反馈、沟通分析、目标管理等。这些技术的应用已经有点消退，但是组织发展为管理变革进程所提供的观点，已成为最高管理者思想的一部分，而不管他们是否采用这些专业化的技术。重要的是，要认识到作为基本原理和解决问题方式的组织发展与作为一系列技术的组织发展之间的差别。因为，正是基本原理及构成其基础的一套假设，令研究和组织理论有了根基。任何特定的技术，如调查反馈或敏感性训练都可以作为这些假设中某种假设的例子，但并不是完全地与这些假设一致。有关行动研究以及有关抵制变革的两组假设都需要进行验证。

行动研究

行动研究思想的本质要追溯到由科特·勒温所提出的两个假设：

1. 没有什么比一个好理论更实用了。
2. 如果想要研究一个组织（系统、群体），试着改变它。

实际上，勒温是说，组织是动态的系统，除非我们在那些动态过程中以某种方式对其进行干预，否则我们不可能真正理解组织。但是干预不能也不应该是个随意的过程，因为那样既没有效率又违反道德规范。相反，干预应该建立在有关系统如何运行的理论模型之上，而且这个模型应该能在理想状态下准确预测干预的后果。行动研究模型描述的行动次序是建立模型、实施干预、收集干预效果的数据以及在下一次干预之前验证理论。

还有几个假设隐含在这个模型之中。

3. 包括控制组和控制性实验操作的纯粹研究模型在处理人类系统时是不可行的，也是不恰当的。

它们不可行是因为：（1）像组织这么复杂的事物，我们没有足够精确的测量方法来确定控制组的构成；（2）从道德规范上，我们不能赞同这样的立场，即为了达到控制的目的，一项被认为对组织 A 带来好处的干预，却不给作为控制组的组织 B 提供；（3）即使我们能够测量和确定控制条件，我们也不可能控制环境以把真正的变异原因从自变量和因变量中分离出来；(4)任何干预都有可能以多种方式对组织运行产生影响，所以很难将特定干预的特定效果分离出来（想一下"霍桑效应"问题）。

4.群体和组织科学可以建立在仔细设计组织干预（不是实验处理）并研究其效果的准实验模型和行动研究的基本原理基础之上。

仔细设计干预意味着有深思熟虑的理论，而研究干预的效果则意味着不管是客观观察法，还是访谈法、测量法或是其他任何一种技术，只要尽可能使评估接近零误差，都适合于进行干预评估。然而在行动研究模型中真正的两难问题在下一个假设中被提出。

5.用来评价先前干预效果的任何一种测量方法（除非是完全不显眼的）本身就自动成为下一个干预。

在人类系统中，不管是被调查，还是被采访或被观察，这些行为都会对系统造成影响。因此，不管是运用什么测量方法或观察系统，必须与其基本干预理论相一致，或者不能在评价先前干预的过程中产生不必要的干预情况。例如，如果管理层决定对员工进行问卷调查来评价一个新的管理监督项目，很有可能这个问卷不但测量了员工对新项目的态度，也包含了其他一些态度——如问题呈现的方式、鼓励员工去思考这个项目、问卷对员工的困扰、部门中员工可能会共享的数据，这些都可能潜在地或者以未知的渠道影响着对整个群体的调查。这样，不但不能确定出现的效果是由管理监督项目引起的，还是由调查本身引起的；而且在调查之后，整个人员系统已经是发生变化了的系统，这个系统已经生成了现在必须要考虑的新态度。这个现象导致了第六个重要假设。

6. 研究干预的道德规范不能脱离咨询或治疗干预的道德规范。

这是最重要的假设之一，因为它在组织研究项目中经常被忽略。如果人类系统中的任何测量方法都是在某种程度上对该系统的干预，那么我们只能认为当时特定的测量方法本身就是有利的干预。而且什么是有利的干预，必须用临床标准而不是研究标准。换句话说，在研究者证明组织中任何特定的研究干预是正确的之前，这个研究者必须从咨询或者治疗的角度来证明这个干预是有利的。如果从咨询或治疗角度来看，干预可能是有害的，那么就应该对这个研究本身提出质疑，也许应该放弃这个研究。

例如，一个针对整个组织范围的访谈或问卷调查项目，设计此项目是用来"测量"公司员工士气的，按照上述推理方式，只有组织和研究者共同认为测量每一个人是系统内的有利干预，才能实施这个项目。每个人的测量结果都应该予以探讨，而不能只考虑收集基本信息，并且在讨论中研究者应当担任咨询顾问的角色，以便帮助组织做出明智的决策。

这个推理方式不仅适用于群体和组织，而且适用于个体。一个用多种技术来治疗病人的临床医生，从观察治疗的完全不同的效果中，了解到有关这个病人的大量情况。然而这个医生不能不加区别地就进行实验，而必须以什么技术被认为对这个病人最有益为指导原则。同样地，组织研究者必须采用医生的角色，并以临床实践的道德规范为指导原则。既然任何对系统的交互作用都会成为一个干预，那么我们应该觉察到即使诊断性干预也能成为有力的行动干预这一事实。

计划性变革理论

为了设计出有效的干预，需要了解某种综合的变革理论，它可以解释怎样开始变革、怎样管理整个变革进程以及怎样巩固需要的变革结果。开始变革时的问题特别突出，因为普遍观察到人们都是抵制变革的，即使变革的目标明显是非常有益的。有很多变革理论反映了一个从变革到发展的连续历程。为了更好了解我们这里讨论的组织和群体中计划性变革是如何发生的，最好使用由勒温和利比特及其合作者分析计划性变革时最先提出的模型。沙因后来详细解释了这个模型，并试图用它来理解各种不同现象，这些现象出现在从对战犯的强制性劝服到教育或者发展环境中的各种变革中。以下几个假设构成此模型的基础：

1. 任何变革进程不仅包括学习新事物，而且包括抛弃已出现的、可能已经被很好整合到个体的人格和社会关系中的旧事物。

2. 如果没有变革的动机，变革是不会发生的。如果变革的动机还没有出现，那么这种动机的激发通常是变革进程中最困难的部分。

3. 组织变革，如新的结构、新的进程、新的薪酬系统等，只有在组织中的关键成员进行个体变革后才会出现，因此组织变革总是以个体变革为中介。

4. 多数成熟的变革涉及态度、价值观和自我形象等，不关心这些方面现有的反应会令人内心痛苦并且感受到威胁。

5.变革是一个多阶段性的循环过程，就像前面提到的适应性应对循环一样，而且所有阶段都必须以某种方式进行协商，这样才能说发生了一个稳固的变革。

阶段一：解冻——产生变革的动机

创设变革动机是一个包括三个具体机制的复杂过程，所有这些机制都必须发挥作用才能确保个体感受到激励，从而放弃现有的行为或者态度。

机制一：现有的行为或态度必须被明确地否定（被证明是不正确的），或者在长时间内没有得到肯定。换句话说，个体发现自己对于世界的假设是不正确的，或者有些行为并没有带来所期待的结果，甚至引起了不好的后果。这种否定出自各种不同的来源，而且它也是痛苦或者不适的主要来源，这种痛苦或不适激发了变革进程。如果一切运行良好，没有不适，就没有变革的动机。围绕干预进程最严重的道德问题，与何时通过给个体提供信息以引起不适才是合法的这一问题有关。如果其他人做了否定某人这样的事情，而这个人去咨询顾问那里寻求帮助，显然就不存在道德问题。

机制二：这种否定必须产生足够的内疚或焦虑，才能激发变革。如果这种不适在一个较低的水平，那么通过否认或者回避否定源就可以轻而易举地解决这种不适。然而，如果这个人意识到自己真的没有实现某个重要的价值观或者理想（产生内疚），或是处于被自己内心情感完全击垮的危险之中，或是可能失去某些自己一直在追求的重要奖赏（产生焦虑），那么这种不适就成了一个真正的激发因素。然而，这个人可能仍然尝试使用防御机制来避免变革的痛苦。

机制三：通过减少变革的障碍或减少对过去失败的恐惧感，创造心理上的安全感，是第三个重要的因素。在这里，变革者的作用是在没有降低否定性信息的影响力或效力的情况下，让这个人觉得安全和有能力应对变革。不管给个人施加多大的变革压力，只有这个人在放弃旧的反应并学习新事物来应对不确定情形时感到是安全的，才可能发生变革。或许激发变革最困难的方面就是，随着个人相信变革是可能的而且是能够达到的，用某种个人安全感来平衡让人痛苦的否定性信息。一旦他感到变革是安全的，接受了否定性信息，并且具备了要变革的动机，那么新的学习就会发生。

阶段二：变革——在新的信息和认知重组的基础上形成新的态度和行为

产生变革动机的效果就是向一个人提供了新的信息来源和新的概念或是看待旧信息的新方式（认知重组）。这个过程通过以下两个机制中的一种就可发生。

机制一：认同行为榜样——导师、朋友或某个人，尝试着用行为榜样的观点来审视问题。学习一个新的观点、新概念或新态度最有效的方法就是，看它在另一个人身上是怎样起作用的，并且把那个人看作自己的新态度或新行为的榜样。变革者有时也会成为认同的目标，这一点相当重要，因为咨询顾问的行为是与要学习的新态度或新行为完全一致的。然而，认同也可能是一个非常有限的方法，因为它使这个人过多地关注单一的信息来源。

机制二：审视整个环境以得到与个人的特殊问题有关的信息，从多种信息来源中选择信息是非常困难的，但是通常能产生更多有效的变革。我们从行为榜样身上学到的东西可能不符合我们独特的个性。通过审视整个环境，我们所学到的东西从定义来看就很符合，因为我们只能使用有关的信息，并且只能控制好我们所使用的信息。

应该注意的是，变革是一个认知过程，通过获得新的信息和新概念来推动这一过程。除非这个人有了真正变革的动机，否则他不会注意那些新信息或者想学习新的概念。因此，很多变革项目的失败就在于没有首先测试他们实际上能否激发任何变革的动机，就直接走向了第二阶段。如果没有动机，这些变革项目就必须转向更困难的情感层面来尝试创设可激发动机的情境。

阶段三：重新冻结——稳定变革

经常会发现，为激发态度改变而设计的项目在培训期间确实产生了引人注目的效果，但是一旦个人回到日常的生活中，这种效果就无法持续下去。这个问题的出现通常是因为学到的新事物并没有完全融入个人的个性，或者这些新事物在变化程度上超出了他的重要人际关系所能容忍的限度。管理者学到了一种对待下属的新态度，但是现实中这个管理者的上司和下属对旧态度感到更加舒服，那么他们就立即开始否定新态度，这样就引发了一个让变革退回到最初状态的新循环。因此，要保证任何变革的稳定性，就要特别注意新反应的综合情况。

机制一：个人应该有机会来测定新的态度或行为是否与其自身的自我概念相符合，是否与其个性中的其他部分相一致，能否舒适地被整合。应该注意的是，审视作为一种变革机制的整个认同过程，其好处就是个人在一开始就倾向于选择适合自己的那些反应。咨询顾问或变革者在宣布最初的变革趋于稳定的时候，特别是变革建立在认同或者模仿的基础上的时候，一定要很谨慎。

机制二：个人应该有机会测定他人是不是接受和肯定这种新的态度和行为模式。或者，变革项目应该定位于那些能够彼此强化新行为的人们或群体。这种方法是组织中的团体训练比个体培训更有效的原因之一：团体训练保证了在团体中习得和强化的行为模式一致地成为每一个成员自身行为系统的一部分。这种变革需要更大量地交换意见，开始时可能推进较慢，但维持得更久。

在这个框架内，咨询顾问或者变革者不得不使用各种策略以确保每个阶段和机制都能完全协商。如果目标是组织变革，就不仅需要个体变革，还需要更长远的模型来决定与谁开始变革过程——某个特定的个体有多大的权力，与组织中其他成员的关系如何，为变革做了怎样的准备？组织变革的复杂性不仅源于评价个体态度特定转变可能性的困难，也源于在不同个体中协调变革以产生组织变革结果的复杂性。

咨询顾问在组织发展中扮演的角色——过程咨询

考察了行动研究和计划性变革这两个概念的基础性假设后，现在通过进一步考察咨询顾问或者变革者在整个组织变革过程中的作用，就可以为我们关于组织发展的讨论下结论了。如果我们接受这样的假设，即个体、群体和组织作为一个整体被视为复杂、动态的系统；也接受另一个假设，即"健康"或者效能必须通过某种能有效应对的能力最终得到证实，那么就可以断定变革者或咨询顾问的作用就是帮助系统提升其内在的应对能力。这种推理方式就引出了过程咨询这一概念，在这个概念中，咨询顾问的作用就是帮助组织诊断自身、选择自身的应对反应并决定自身进程。咨询顾问必须是一个能帮助组织自助的专家，这就意味着要知道系统的动态性和过程性，确实要对帮助技能非常熟练。

还不太清楚是否应该让咨询顾问担任专家或"医生"的角色，这可能意味着变革者知道怎样做才是对组织最有利的。组织发展的基本原理显示出，咨询顾问关注组织的内部整合会更有效。过程咨询必须披露不协调的决策，例如，以长期的员工士气为代价获得短期内的最大利润。但是按照同样的推理，咨询顾问还应该指出那些以长期利润为代价来换取短期员工士气的策略。本质上，咨询顾问的作用不应该是影响组织追求这些目标中的任何一个。

概括来说，我不认为组织发展咨询顾问的作用是将组织人性化，或者支持参与型管理或Y理论或是任何其他的特定理论。我确实相信组织发展咨询顾问的作用就是披露那些个体管理者或整个组织在进行自我审视、有效应对、检验现实以及为了达到长期效能而整合自身努力时经历的问题。这个论点的理论基础是：(1) 当事人基本上想要提升能够帮助自己的自我形象；(2) 只有当事人知道哪一种治疗行为最终起作用；(3) 自我诊断和应对技能是要学会的最重要的东西。在实践层面，对于咨询顾问来说，仅仅有关于当前组织如何运行的知识就给出专门建议是不够的，如果咨询顾问认为那是他们的任务。

有关组织发展干预效果的研究一直非常少，也没有结论。部分原因在于行动研究框架所呈现出的技术困难。评价不同类型组织干预的效果问题，类似于评价教学策略或心理治疗方法中的问题。组织发展是一个"临床"领域。在这个领域，基于对证据性案例的积累，最终可以洞察到究竟是什么在起作用。在收集这类临床性数据时，变革者必须仔细评估其自身假设，如果他们从自身假设出发开展工作，而不是从与行动研究和计划性变革相关联的那些假设出发，他们就应该建立一个深思熟虑的模型以证明他们所做的干预是正确的。

结论：有效应对的组织条件

这一章从一些评价组织效能或健康的综合标准开始，然后详细说明了在一个快速变化的环境中为了保持或者提高组织效能所必需的应对过程，接下来描述了作为改进组织应对过程的重要方法之一的组织发展。在结论部分，我要指出的是哪些组织内部条件对有效应对的发生是必需的。从某种程度上来说，这个论述是循环式的。因为一定程度的健康必须通过维持和提高健康水平来达到。因此，我们确定的组织条件，与之前引用的健康的最终标准有些类似：

1. 成功应对需要有效和可靠地吸收和沟通信息的能力；

2. 成功应对需要内部灵活性和创造力，以根据获得的信息所要求的做出相应的变革；

3. 成功应对需要整合组织的多重目标并对其进行承诺，基于这一点，有意愿，变革才能出现；

4. 成功应对需要支持性的、没有威胁的内部氛围，因为威胁感会破坏良好的沟通、降低灵活性和促使自我防御而不关心整个系统；

5. 成功应对需要不断地重新设计组织结构以使其与组织目标和任务保持一致的能力。

这五个条件在一个大型组织这样的复杂系统中并不容易达到。但是可以概括出一些实现这些条件的指导原则。我想根据本书前面章节提到的基本变量来呈现这些指导原则。

1. 我们先看看人力资源中的招募与社会化。我们会问现在使用了选拔、评估和培训员工的方法，能否在员工的脑海中产生出组织想要的员工的形象呢？如果这些方法传递出对个人需求和能力的漠不关心，那么员工在其职业生涯早期就可能学会限制参与、甘于平庸，对于变革要求的反应则是感受到了威胁和焦虑，而不是认为它是有益的或者应对它尽责。如果组织关注于建立长期效能，难道它一定不能建立一个雇用和社会化员工的系统，以使员工感受到安全和被需要、使他们的工作有意义和对组织目标积极承诺吗？难道它一定不能将关注人才心理成长纳入组织职业发展系统中以保证在未来某个时候所需要的灵活性和创造力吗？看来，保证应对不可预测环境能力的最好方法是，鼓励组织中的所有成员迎接变革（也就是发展），哪怕以某些短期效率为代价。

2. 接下来，转到员工的任用和心理契约。很明显，如果组织为了整体组织效能，期望其成员能为其尽力、具有灵活性，并且能很好地处理工作中的人际关系，实际上它是在要求他们对企业是道德型参与，致力于组织目标并将内在价值观放在组织目标上。很清楚，如果组织期望有这种承诺，那么它必须为员工提供与这种参与相一致的报酬和条件。它不能简单地通过一张大额支票就获得承诺、创造力和灵活性，而必须提供诸如自主权、实实在在的责任、回应挑战和心理成长的机会之类的非经济报酬。

或许，组织在这一点上能做的最重要的事情就是提出适应组织现实的人性假设。这也意味着某些组织试图了解每个人是什么样的人、每个人在不同的职业生涯及生活阶段真正想要的是什么。通过对人们进行广泛的概括，管理者不但要冒着对经验现实犯错的危险，更糟糕的是，这种概括通过假设员工基本上都是一样的而侮辱了员工。如果管理者开始呈现并检验他们的假设，他们就将开始发展认识事实的方法，而且将表明对员工关心的程度以减少员工的受威胁感或受贬低感。当假设越来越接近现实时，管理和领导实践将开始建立某种氛围，这种氛围是实现有效可靠的沟通、创造性的努力、灵活性以及长时间的承诺所必需的。

3.接下来，让我们来看看群体和群际关系问题。毫无疑问，群体是任何组织不可或缺的部分，而最基本的选择不是是否拥有它们，而是如何创设条件并在这种条件下让群体力量朝着组织目标运行，而不是破坏组织目标。在前面两条指导原则中，间接提到了此答案的一个方面。已有证据清晰显示，如果员工感到受威胁、受贬低或是未受到赏识，他们会联合起来形成对抗管理的群体。因此，为了防止这样的群体形成，需要在管理实践中对员工的威胁少一些，尽最大可能去帮助员工整合好个人需要与组织目标。

此答案的第二个方面在于培育出更有效的群体成员关系和领导力。尽管我们中的大多数在群体中有着丰富的经历，但是我们不太可能有机会关注那些让群体变得更有效或者更无效的因素。如果组织中的成员找到了更好的理解群体运行方式的方法，他们就不可能形成那种注定会失败的群体。如果形成的群体能够获得某种心理上的成功，并且这种成功被看作有效管理结果的一部分，那么群体力量更有可能因为组织目标而凝聚在一起。要形成一个有效群体，仅有好的意愿是不够的。它需要有关群体如何运行的知识和管理群体过程的技能。

当我们转向群际竞争问题时，很明显，某个单一组织或系统的部门或群体间的竞争，在长期内必定会降低组织效能，因为竞争会导致有缺陷的沟通，导致了更大的顺从压力和更低的灵活性，还导致了对子群体的承诺而不是对整个组织目标的承诺。这里的窘境是竞争也会带来非常高的动机水平和生产率。然而，正如许多案例所表明的那样，当组织中的部门被刺激产生竞争时，短期内会提高生产量，但是长期的后果却是减少群体间的沟通和内部的灵活性，且长期的后果已远远大于短期的收获。组织必须要发展的是规划，也就是以一种整合的方式获得动机和承诺，保持各部门之间沟通渠道畅通，主张关注整体组织绩效而不是个人或者子群体的绩效，并且要允许面对冲突并解决冲突。因为处理群际冲突是非常困难的，所以最好是从一开始就避免冲突。

4. 组织设计中最困难的一部分就是怎样让合适的人在合适的时间，以合适的解决问题和合作的态度，来沟通合适的任务。组织设计和组织结构的问题出现在组织选择任何一种结构来管理人的过程中。为了保持健康，组织就必须不断地把组织结构重新设计看作基本的应对机制，但是这部分也是最困难和最易受挫的，因为结构重组既消耗时间又消耗精力。

5. 最后，我们来看看领导力。首先，最好把领导力看作组织内的一种职能，而不是个体的特质。它可以在群体或组织成员之间分配，而不是被自动地授予主席或是任何有正式权威的人。因此，在一个有效的组织里，良好的领导力和良好的成员关系将融为一体。为了帮助群体达成目标，一个成员的任务就像正式领导者的任务一样多。

其次，组织领导力有一项独特的职责来管理系统及其环境之间的关系，特别是有关设置组织目标以及界定组织据以发展其认同感的价值观和规范的关键职能。这个职能必须由那些与组织 – 环境边界接触而且有权为组织制定政策的那些成员来完成。同样，这个至关重要的责任通常落在组织的高层管理者身上。如果组织没有清晰的目标而且不能发展出认同感，也就没有要承诺和沟通的内容。同时，高层管理者也就不必单方面地强调目标及认同感。没有理由去解释为什么组织不能合作性地、参与性地设置其目标并发展认同感，如果要这么做的话将置每位成员于最低的层级。高层管理者必须要做的就是确保目标的设定，他们可以选择多种方式来完成目标设置。

我想支持这样一种观点，组织效能取决于良好的沟通、灵活性、创造力和真正的心理承诺。这些条件可通过以下途径获得：（1）通过招募、选拔和社会化活动来激发人而不是贬低人；（2）通过更现实的心理契约和对发展变革的认知基础上的更真实的心理关系；（3）通过更有效的群体行动；（4）通过不断地重新设计组织结构；（5）基于目标设置和价值观界定活动的更好的领导力。这个论点不是基于对人有好处或是让人感觉更好这一假设。相反，这一论点是，如果系统成员能够相互进行良好的沟通并具有承诺、创造力和灵活性，那么这个开放系统将运行得更好。

译后记

埃德加·沙因是一位享誉国际的心理学家和管理大师,他曾于 2000 年 6 月荣获美国培训与发展学会颁发的终身成就奖。沙因于 1965 年撰写了《组织心理学》一书,这是世界上第一本组织心理学方面的著作。1970 年、1980 年他又先后两次对此书进行了修订,这是第三版,此后再未有修订版面世。多年来,此版本一直畅销不衰。个中原因正如沙因自己所言,"虽然这一领域已经得到了长足发展,新的研究成果不断涌现,但是我在本书中所描述的那些基本概念仍然是思考组织与领导力的有效方式"。据亚马逊网站统计,迄今该书已经被 100 余本英文学术专著引用,在全世界范围内被其他学术文献引用的次数更是不计其数。

沙因从个体与组织、动机与人性假设、领导力与参与性、组织中的群体、组织结构与动力学等五部分,通过对基础概念的清晰阐释、对理论与实践的再认识,为我们勾勒出复杂多样、动态多变、开放发展的组织这一有机体的心理样态。继此书出版之后,沙因基于咨询实践及其反思,陆续推出了《组织文化与领导力》《企业文化生存指南》《新职业锚》《过程咨询》《谦逊领导力》《谦逊的问讯》等系列专著,引导着人们对实践中的组织与人进行反思与再认识。当我们把这些书串起来后才会发现其中蕴含的潜在知识体系，才能真正领悟到沙因将此书命名为"组织心理学"之深刻用意，才能真切感受到沙因作为组织心理学的开拓者和奠基人，一直都在用心地与我们这些实践者进行着谦逊对话与问讯指导。

人是一切社会关系的总和。如何理解人性？麦格雷戈让我们清晰地认识了 X 理论和 Y 理论，让我们认识到"管理行为是对人性的选择性适应，而不是让人性来配合我们的需求"。沙因提醒我们"大多数人仍未能真正理解这些理论（X 理论和 Y 理论）在实践中意味着什么"，并以他开创的组织心理学知识体系引领我们探索如何才能真正做到知行合一。书中的标识性概念，只有我们基于自身实践反思时才能真正理解。如果你正被个体发展、团队建设或者组织变革等与人性或人性相关的问题所困扰，可以打开这本书，静静地阅读，试着与沙因对话。沙因会引导你开启一段曼妙的探索之旅，这段旅程上会有很多你想象不到却与你一样的同行者。这是一段在真实的组织情境中、在历史和现实中释放人性之美的探索之旅。

本书的五部分将旅程分成五段。每段旅程的所见所闻让我们反观自身发展或实践中的成与败，冲击着我们原有的认识，引导着我们意识到局部与整体、内部与外部、可能与现实、当下与过去和未来之间的种种联系以及其中蕴含着个体与组织生命体的联结，引领着我们来到旅程的最后一段，让我们领悟到组织结构再设计、组织变革与组织发展的本质在于对人性的洞察、对人性之美的释放。整个篇章的组织逻辑与新时代的新发展理念相当契合。

合上此书再回望时，你可能会感受到一股力量或顿悟——啊哈，终于揭开了组织心理学神秘的面纱！正是组织有机体的复杂多样、动态多变、开放发展，才使得个体与组织生命融为一体，个人需求与组织使命双向奔赴时所呈现的生命样态生生不息、繁荣向上！

沙因在为本书的中国读者写序时，曾这样写道："中国正处于快速发展的阶段，管理组织的能力是要发展的核心能力之一，这种能力必须增强。"作为译者，我很庆幸，自己和所依存的组织恰逢这个快速发展的阶段。如何提升基层组织治理效能，如何加强基层组织的人文关怀与心理疏导，为什么"人心是最大的力量"，十多年来，这些是我作为基层组织管理者、十余项咨询项目负责人所面临的主要问题。每当难点突破和重点落实出现问题时，我就会重读此书，寻求沙因的过程咨询，试着以谦逊心态来重新认识、重构关系，往往就生成了新动力、新结果，带来个体与组织的新一轮发展。如果每个人的职业发展或管理实践都会有一位重要导师的话，那么我的导师就是沙因。相识已久却从未见过面。偶尔，头脑中会冒出一个画面，如果请他用"组织心理学"来解读这些年的中国之治，解读人心是最大的力量，他会如何开启这场对话呢？可以确定的是，这将是一场激荡东西方管理实践反思的思想对话，还将是一段启迪更多人在组织中探寻自我的美好旅程。经典往往历久弥新，常读常新。此书就是这样的经典。

本书的翻译和出版是许多人共同努力和坚持付出的结果。首轮翻译是在 2008 年，当时参加翻译工作的有高记、唐汉瑛、周宝华、谢隽、卢莲、邓莎莎、朱雅婷、陈芸、张俊芳，全书由我和王斌审核定稿。16年过去了，再次受到中国人民大学出版社邀请对本书原译稿再完善，我很开心。感谢出版社的信任，让我们有机会弥补当年因自身对组织与人性理解的局限性而难以精准地呈现沙因组织心理学的严密逻辑的缺憾。感谢16年来我的家人、同事、项目伙伴、学生，帮助我在不同组织中洞察人性、共同创造美好。这一轮审读和修正历时半年，对个体与组织、领导力与参与性、组织中的群体、群体结构与动力学、组织变革与组织发展等概念表达及其相关阐释进行了重点修正，力求以更严谨的语言体现沙因以这些标识性概念勾勒组织心理学全貌之用意。此轮修正，还要特别感谢正在北京大学攻读博士学位的王馨悦同学。她以自身对英文的驾驭能力和信息管理的专业素养，以谦逊的态度在译稿中标出多个关键点提醒我再斟酌，这也促成了我定稿后的再次修正。尽管译稿的修正全力以赴，但依然感受到译稿与原著的差距，不足之处恳请读者见谅。

马红宇

Authorized translation from the English language edition, entitled Organizational Psychology, 3e, 9780136413325 by Edgar H. Schein, published by Pearson Education, Inc., Copyright © 1980, 1970, 1965 by Prentice-Hall, Inc.

All rights reserved. No part of this book may be reproduced or transmitted in any form or by any means, electronic or mechanical, including photocopying, recording or by any information storage retrieval system, without permission from Pearson Education, Inc.

CHINESE SIMPLIFIED language edition published by CHINA RENMIN UNIVERSITY PRESS CO., LTD., Copyright © 2025.

本书中文简体字版由培生集团授权中国人民大学出版社在中华人民共和国境内（不包括中国香港、澳门特别行政区和中国台湾地区）独家出版发行。未经出版者书面许可，不得以任何形式复制或抄袭本书的任何部分。
本书封面贴有Pearson Education（培生集团）激光防伪标签。无标签者不得销售。

图书在版编目（CIP）数据

组织心理学：第三版/（美）埃德加·沙因著；马红宇，王斌译. -- 北京：中国人民大学出版社，2025.7. -- ISBN 978-7-300-33475-2

I. C936

中国国家版本馆 CIP 数据核字第 2024BG1113 号

组织心理学（第三版）

[美] 埃德加·沙因　著
马红宇　王斌　译
Zuzhi Xinlixue

出版发行	中国人民大学出版社		
社　　址	北京中关村大街 31 号	邮政编码	100080
电　　话	010-62511242（总编室）	010-62511770（质管部）	
	010-82501766（邮购部）	010-62514148（门市部）	
	010-62511173（发行公司）	010-62515275（盗版举报）	
网　　址	http://www.crup.com.cn		
经　　销	新华书店		
印　　刷	北京联兴盛业印刷股份有限公司		
开　　本	890 mm × 1240 mm　1/32	版　次	2025 年 7 月第 1 版
印　　张	11 插页 2	印　次	2025 年 7 月第 1 次印刷
字　　数	217 000	定　价	79.00 元

版权所有　　侵权必究　　印装差错　　负责调换